新发展格局

国内大循环为主体
国内国际双循环相互促进

王昌林◎著

中信出版集团 | 北京

图书在版编目（CIP）数据

新发展格局：国内大循环为主体　国内国际双循环相互促进 / 王昌林著. -- 北京：中信出版社, 2021.1（2021.5重印）
ISBN 978-7-5217-2564-3

Ⅰ. ①新… Ⅱ. ①王… Ⅲ. ①中国经济–循环经济–经济发展–研究 Ⅳ. ①F124.5

中国版本图书馆CIP数据核字(2020)第247821号

新发展格局——国内大循环为主体　国内国际双循环相互促进

著　　者：王昌林
出版发行：中信出版集团股份有限公司
（北京市朝阳区惠新东街甲4号富盛大厦2座　邮编　100029）
承 印 者：三河市中晟雅豪印务有限公司

开　　本：787mm×1092mm　1/16　　印　　张：20.25　　字　　数：254千字
版　　次：2021年1月第1版　　印　　次：2021年5月第5次印刷
书　　号：ISBN 978-7-5217-2564-3
定　　价：69.00元

目　录

推荐序　构建新发展格局关键在深化改革 / 王一鸣　V

第一章　加快构建双循环新发展格局：理论逻辑、发展条件与主要着力点

双循环新发展格局的内涵　002

加快构建双循环新发展格局的必要性和紧迫性　006

构建双循环新发展格局的主要优势与制约因素　012

加快构建双循环新发展格局的主要着力点　022

第二章　双循环新发展格局提出的时代背景

双循环新发展格局是我国应对世界百年未有之大变局的主动调整　040

双循环新发展格局是全局性谋划和战略性布局　057

第三章　双循环新发展格局的内涵逻辑和主攻方向

深刻理解双循环新发展格局的核心要义　078

当前推动形成双循环新发展格局的有利条件　080

存在的主要问题　084

把握双循环的基本逻辑　087

第四章　深化供给侧结构性改革，畅通供需循环

供给侧结构性改革是构建国内大循环的战略方向　100

供给侧结构性改革面临的主要问题　108

推进供给侧结构性改革、畅通供需循环的主要路径　115

第五章　建设高质量收入分配体系，畅通国民经济分配环节

建设高质量收入分配体系，助力构建双循环新发展格局　126

完善要素市场化配置，畅通初次分配环节　139

更好发挥政府作用，畅通再分配环节　153

完善政策支持体系，畅通第三次分配环节　161

第六章　建设现代交通和物流体系，畅通流通环节

构建现代综合交通运输体系，夯实要素流动与循环基础　169
构建现代物流体系，支撑经济高效流转与内外循环　183
建设应急物流体系，提升突发事件循环保障能力　193
推动跨业跨界跨域深度融合发展，畅通交通物流与经济社会大循环　199

第七章　加快完善国内统一大市场，畅通市场循环

加快完善国内统一大市场，推动构建双循环新发展格局的意义和机制　209
加快完善国内统一大市场，畅通市场循环的核心内容　218
推动国内统一大市场加快融合发展的主攻方向　227
加快建设国内统一大市场，畅通市场循环的改革举措　237

第八章　深入推进区域重大战略实施，畅通城乡区域间循环

构建新发展格局与推动城乡区域协调发展的逻辑关系　246
以实施区域重大战略为引领促进构建新发展格局　250
构建区域战略安全体系，增强新发展格局稳定性　261
强化举措促进畅通城乡区域循环　265

第九章　推进更高水平对外开放，为构建新发展格局提供强大动力

着力推动“一带一路”大市场循环畅通　274
以外贸高质量发展为抓手推动国内国际供需良性循环　282
引进来和走出去并重推动国内国际产业链供应链畅通　291
将自贸试验区（港）建设成为双循环开放发展新高地　299
推动改善有利于双循环相互促进的全球经济治理环境　304

后记

313

推荐序　构建新发展格局关键在深化改革

王一鸣

第十三届全国政协经济委员会委员

中国国际经济交流中心副理事长

国务院发展研究中心原副主任

习近平多次强调，要推动形成以国内大循环为主体、国内国际双循环相互促进的新发展格局。构建双循环新发展格局，是我国应对百年变局、开拓发展新局的主动调整，也是重塑我国参与国际合作和竞争新优势的战略选择，更是事关全局的系统性、深层次变革。

当今世界正经历百年未有之大变局。大变局之“变”，既表现为生产力层面的新一轮科技革命和产业变革，它正在成为影响全球变局和大国兴衰的重要变量；也表现为生产关系层面的经济全球化调整，它正在引发全球产业链、供应链收缩，重塑全球分工格局和治理体系。作为这两者交互作用的结果，国际力量对比变化和大国博弈加剧成为大变局的最大变量，美国对我国的战略遏制日趋强化，也反映了中国崛起正在改变原有的力量对比和世界格局。新冠肺炎疫情全球大流行使百年大变局加速演变，逆全球化趋势加剧，单边主义、保护主义上升，国际经济循环明显弱化，必须更多依靠国内市场拉动经济增长，充分发挥我国超大规模市场、完整的工业体系和强大的生产能力的作用，更大力度挖掘国内需求潜力。

从国内看，我国转向高质量发展阶段后发展条件深刻变化。我国人均国内生产总值已超过 1 万美元，城镇化率超过 60%，中等收入群体超过 4 亿人，2020 年预计国内生产总值将突破 100 万亿元，转向高质量发展具有诸多优势和有利条件。与此同时，我国发展不平衡、不充分问题仍然突出，创新能力不适应高质量发展要求，产业链、供应链稳定性和竞争力不强，城乡区域发展和收入分配差距较大，生产体系内部循环不畅和供需脱节现象显现，国内有效需求尚未得到充分释放。我们既要从需求端着手，坚持扩大内需战略基点，更多依托国内市场，形成国民经济良性循环，更要从供给端发力，坚持供给侧结构性改革的战略方向，提升供给体系对国内需求的适配性，使供给结构更好地适应需求结构特别是消费结构的变化。

大国经济通常都以国内大循环为主体。我国作为世界第二大经济体，国内大循环对经济发展起主体作用，既是客观必然，也是内在要求。在当前外部环境日趋错综复杂，单边主义、保护主义上升，国际经济循环明显弱化甚至受阻的情况下，把发展立足点更多地放在国内，充分发挥国内大循环的主体作用，有利于在一个更加不稳定、不确定的世界中把握发展的主动权。以国内大循环为主体，并不是要形成封闭的国内单循环，而是形成更加开放的国内国际双循环。在全球化背景下，各国经济活动都不可能完全封闭起来运行，国内循环与国际循环相互依存、不可分割。我国早已深度融入经济全球化和国际分工体系，国内大循环离不开国际产业链、供应链的配合，产业技术进步同样离不开参与国际合作和竞争，封闭起来只会拉大与国际先进水平的差距。

构建新发展格局，核心是循环，要打通生产、分配、流通、消费的堵点和梗阻，关键在改革，促进生产要素自由流动和资源优化配置，提高国民经济循环效率，增强经济发展的内生动力。生产环节重在畅通创新链、产业链和供应链，分配环节重在解决居民收入分配和城乡收入差距问题，流通环节重在加强现代流通体系建设和畅通金融业与实体经济循环，消费环节重在扩大居民消费和推动消费升级。“十四五”时期推动形成新发展格局，重点要增强自主创新能力，加快科技自立自强；推进产业基础高级化，提高产业链稳定性和竞争力；坚持实施扩大内需战略，释放国内需求潜力；构建高水平社会主义市场经济体制，提高国民经济循环效能；推进更高水平对外开放，重塑国际合作和竞争新优势。

加快构建以国内大循环为主体、国内国际双循环相互促进的新发展格局有很多问题值得深入研究。中国宏观经济研究院主动担当、积极作为，王昌林院长组织全院力量对双循环新发展格局的内涵特征、核心要义进行了系统解读，对其理论逻辑和发展条件进行了多维度分析，从生产、分配、流通、市场、城乡区域、对外开放等方面对构建双循环新发展格局的重大任务和实施路径进行了系统阐释，因此，这是一部具有较强理论意义和现实意义的研究成果，也是关于构建新发展格局的一部力作。

第一章

加快构建双循环新发展格局：理论逻辑、发展条件与主要着力点

加快构建以国内大循环为主体、国内国际双循环相互促进的新发展格局，是根据我国发展阶段、环境、条件变化做出的战略决策，是事关全局的系统性、深层次变革，对“十四五”和未来更长时期我国经济社会发展有重要且深远的影响。要深刻认识新发展格局的理论逻辑、核心要义、基本要求，促进更深层次改革、更高水平开放和更有质量创新，着力打通生产、分配、流通、消费等国民经济循环中的堵点和梗阻，把握主攻方向和主要着力点，推动形成新发展格局。

双循环新发展格局的内涵

准确把握加快构建以国内大循环为主体、国内国际双循环相互促进的新发展格局的科学内涵，要深刻理解构建新发展格局的理论逻辑和核心要义。

国内大循环

国内大循环主要是指经济大循环，重点包括三个层面的内涵。

一是国民经济活动的大循环，主要是指社会再生产全过程，即生产、分配、流通、消费的国民经济活动往复循环。其中，生产是起点，包括简单再生产和扩大再生产，在国民经济活动中处于决定性地位。分配是连接生产和消费的桥梁，包括对劳动者的补偿和生产资料的增加，是生产关系的重要体现；社会再生产的协调顺利发展，客观上要求将生产资料和劳动力等社会资源按照一定比例合理分配到国民经济的各个部门。流通是生产和消费的纽带，既包括交通、物流、商贸等传统小流通，也包括金融、征信、通信等支撑资金、信息流动的现代大流通。消费是社会再生产的终点，也是新一轮再生产的起点。马克思指出，从根本上说，生产决定消费，消费反过来会对生产起作用。作为社会再生产的最终环节，消费是经济活动的最终目的，一切经济活动归根结底都是为了满足需求而进行的。社会再生产的核心问题是社会总产品的实现，即各种产品通过交换后，既要在价值上得到补偿，又要在实物上得到替换。

二是实体经济和金融协调发展的大循环。实体经济是国民经济的根基，金融是实体经济的血脉。从社会再生产过程看，经济大循环必然是实物运动循环和价值运动循环的结合，是实体的商品生产、分配、流通、消费过程与货币资金运动在社会再生产全过程中的合理分配、流动循环相结合的过程。金融与实体经济良性互动、良性循环，是国家金融稳定和金融安全的基础，也是实现国民经济可持续发展的保障。如果实体商品生产和服务的社会再生产过程同货币运动脱节，经济大循环就会不流畅甚至断裂，难以实现持续健康发展。

三是在国内地域空间范围的大循环。构建双循环新发展格局是对国家发展的整体格局而言的，是国内生产分工、合作、统一市场的大循环。由于各个地区资源禀赋、要素条件、发展阶段等存在差异，不可能什么都自己做，放弃分工和合作，只有发挥比较优势，积极参与社会再生产过程的分工和合作，才能够较好地实现经济发展。特别是在当今社会分工日益深化的条件下，经济大循环必然体现为社会再生产在地域空间意义上的循环，包括国内城乡和区域间的循环，形成优势互补、协调联动的城乡区域发展体系。

国际循环

在全球化背景下，经济大循环必然包含于全球地域空间范围内各环节、各领域、各层次的国际循环，主要是指一个国家和地区通过发挥自身比较优势，参与国际分工和合作，实现经济发展的一个过程。比如，在改革开放后相当长的一段时期，我国发挥劳动力丰富、成本低的优势，通过设立经济特区和经济技术开发区等方式，积极引进外资、先进技术和管理经验，承接国际产业转移，参与全球经济分工与合作，形成了资源和市场“两头在外”、大进大出的国际大循环格局，成为“世界工厂”，有力促进了经济快速发展。

以国内大循环为主体、国内国际双循环相互促进

以国内大循环为主体不仅仅是简单的数量对比关系，主要是指一个国家对社会生产过程具有较强的主导权和控制力，包括在一些重要的产业发展、资源供应等方面做到安全可控。从国际上看，主要大国经济体都是以国内循环为主体，国际循环只是国内循环的延伸和补充。比如，美国、德国、日本等大型经济体都是以国内经济循环为主体，其国内需求对 GDP（国内生产总值）的贡献率都在 70% 以上，产业结构以知识技术密集型为主导，产业分工以研发设计、高端制造和品牌运营为主，对产业链的关键环节控制力较强。

国内国际双循环相互促进是指国内生产和国际生产、内需和外需、引进外资和对外投资等协调发展，国际收支基本平衡，形成相得益彰、相辅相成、取长补短的关系（见图 1–1）。重点要处理好供给和需求、国内和国际、自主和开放、发展和安全等重要关系，立足国内大循环，发挥比较优势，充分利用两个市场、两种资源，畅通生产、分配、流通、消费各环节的循环，同时积极创新参与国际分工与合作的方式，深度融入全球经济，不断拓展经济发展新空间。

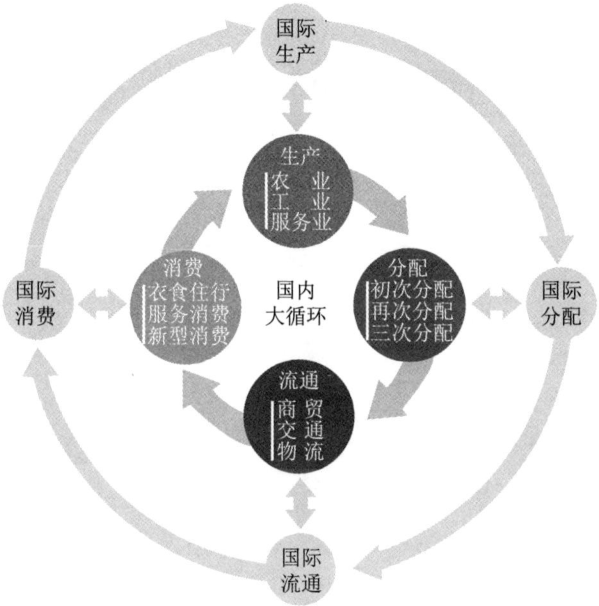

图 1–1　国内国际双循环相互促进示意

加快构建双循环新发展格局的必要性和紧迫性

加快构建以国内大循环为主体、国内国际双循环相互促进的新发展格局，是适应我国新发展阶段、新发展环境、新发展条件的必然要求，是着眼于我国长远发展的重大战略部署。

适应我国社会主要矛盾转化和开启全面建设社会主义现代化国家新征程的客观要求

2019 年我国人均 GDP 超过 1 万美元，其中北京、上海、广州等 14 个城市的人均地区生产总值超过 2 万美元（见图 1–2）。总的来看，我国已进入由中高收入国家向高收入国家迈进的阶段，长期所处的经济短缺和供给不足的状况已经发生根本性转变，社会主要矛盾已经转化为人民日益增长的美好生活需要和不平衡不充分的发展之间的矛盾。其显著特征是需求结构变化，人民对美好生活的向往总体上已经从“有没有”转向“好不好”，迫切需要适应需求结构升级的要求，提高供给质量和效率，畅通国民经济大循环，构建新发展格局。如果说过去我们靠市场和资源“两头在外”，参与国际大循环解决了温饱问题，那么在新时期、新阶段，要实现全体人民共同富裕，再靠这种发展模式是难以实现的。

与此同时，我国工业化、城镇化阶段发生重要变化。2019 年我国三次产业结构比例为 7.1∶39∶53.9，城镇化率达到 60.6%，总体

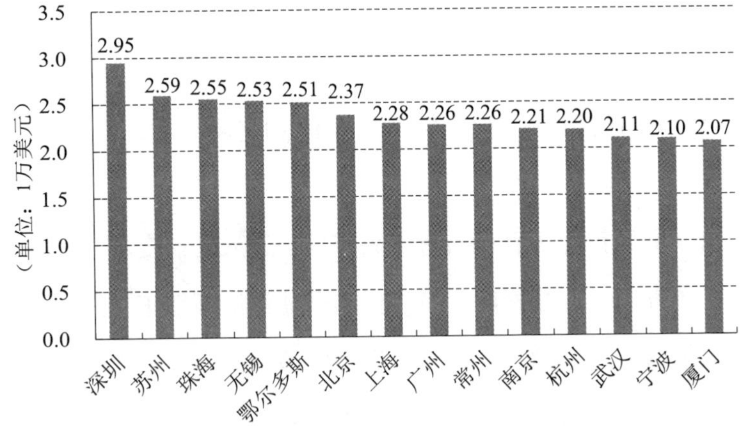

图 1–2　2019 年我国人均地区生产总值超过 2 万美元的 14 个城市

资料来源：Wind

上处于向工业化和城镇化中后期迈进的阶段。随着我国逐步进入以精深加工、技术密集型产业和知识密集型服务业为主导的时期，必须加强自主创新，推进深度工业化，满足需求升级的需要。从区域发展和新型城镇化看，在沿海地区率先发展，实现“一部分人、一部分地区先富起来”的阶段性目标之后，需要大力实施区域协调发展战略，推进农业转移人口市民化，构建国民经济在全国地域空间范围的大循环，缩小区域和城乡发展差距，为现代化建设注入新的动力。

从发展趋势看，“十四五”和今后一段时期，我国将进入全面建设社会主义现代化国家、向第二个百年奋斗目标进军的阶段。这是中华民族伟大复兴历史进程的大跨越，必须加快建设科技强国，发展现代产业体系，形成强大国内市场，构建高水平社会主义市场经济体制，全面推进乡村振兴，推进区域协调发展和新型城镇化，实行高水平对外开放，改善人民生活品质，统筹发展和安全，构建双循环新发展格局，为全面建设社会主义国家开好局起好步。

适应国际环境发生复杂深刻变化的必然选择

当今世界正经历百年未有之大变局，进入动荡变革期，主要表现在三个方面。一是国际力量对比和全球经济版图正在发生重大变化。以中国为代表的一大批新兴发展中国家群体性崛起，世界经济版图呈现“东升西降”态势，百年来少数几个西方国家主导国际经济政治的格局正在发生根本性变化（见表 1-1）。二是新一轮科技革命和产业变革深入发展。以 5G（第五代移动通信技术）、人工智能、物联网、基因工程、新能源等为代表的新一轮科技、产业变革迅速兴起，这必将深刻改变人类社会生产方式和生活方式，并带来世界各国比较优势和竞争优势的再造，重塑国际产业分工与竞合格局，加速改变国际力量对比，世界各国特别是大国之间围绕抢占数据、生物种质基因等新型战略性资源和科技产业革命制高点的争夺更加激烈。三是全球治理体系面临大变革。近年来经济全球化遭遇逆风，一些国家民粹主义盛行，单边主义、保护主义严重冲击现行国际多边体系，全球投资经贸规则面临重构，世界贸易组织、世界银行等面临改革，争夺全球治理和国际规则制定主导权的斗争十分激烈。

表 1-1　世界主要国家和地区 GDP 占世界的份额变化　（单位：%）

年份	1820	1870	1913	1950	1973	1998	2018
英国	5.2	9.1	8.3	6.5	4.2	3.3	3.0
德国	3.8	6.5	8.8	5.0	5.9	4.3	5.0
西欧合计	23.6	33.6	33.5	26.3	25.7	20.6	—

续表

年份	1820	1870	1913	1950	1973	1998	2018
苏联	5.4	7.6	8.6	9.6	9.4	3.4	—
美国	1.8	8.9	19.1	27.3	22.0	21.9	24.0
日本	3.0	2.3	2.6	3.0	7.7	7.7	6.0
中国	32.9	17.2	8.9	4.5	4.6	11.5	16.0
印度	16.0	12.2	7.6	4.2	3.1	5.0	3.0
亚洲合计（不包括日本）	56.2	36.0	21.9	15.5	16.4	29.5	—

资料来源：1820—1998 年数据来自麦迪森著《世界经济千年史》，2018 年数据来自经济合作与发展组织的统计

新冠肺炎疫情在全球大流行进一步加速了世界百年未有之大变局。一方面，疫情加速了世界经济数字化转型，促进了新科技革命和产业变革快速发展。另一方面，疫情冲击之下，以邻为壑的贸易保护主义、孤立主义、民粹主义甚嚣尘上，一些国家把供应链安全上升为国家战略，纷纷推动供应链本地化、区域化和分散化布局，全球产业链、供应链、创新链分工格局面临重构，世界经济不稳定性、不确定性上升，面临深度衰退的风险。

在世纪疫情和百年变局交织叠加背景下，中美关系发生重大变化，尽管两国仍有很大合作空间，但中美之间经济、产业、科技等竞争日益加剧。面对外部环境变化带来的新矛盾、新挑战，必须根据形势变化，对“十四五”和未来更长时期我国经济发展战略、路径做出重大调整完善，构建双循环新发展格局，集中精力办好自己的事，最大程度激活内生动力和内生因素，以国内发展基本趋势向好的确定性应对外部环境变化的不确定性。

适应我国经济发展条件和比较优势变化的内在要求

过去，我国劳动力丰富，但资金、技术缺乏，与发达国家的经济互补性很强，通过加入国际循环进而带动国内循环，能够很好地发挥比较优势和后发优势。现在，我国劳动力仍然丰富，但成本持续上升，资源环境约束强化，同时资金供给相对充裕，技术水平有了较大提高，国内市场潜力巨大，国内需求开始向富裕型升级。统计显示，1990 年我国劳动力总数、固定资本形成和研发支出占世界的比重分别为 27.6%、1.5% 和 2.0%，而到 2018 年变化为 22.9%、27.2% 和 24.0%（见图 1–3）。过去偏重以参与国际循环带动国内、东部沿海地区经济率先发展的旧双循环格局越来越难以为继，迫切需要重塑竞争优势，构建以国内循环为主体、国内国际双循环相互促进的新发展格局。

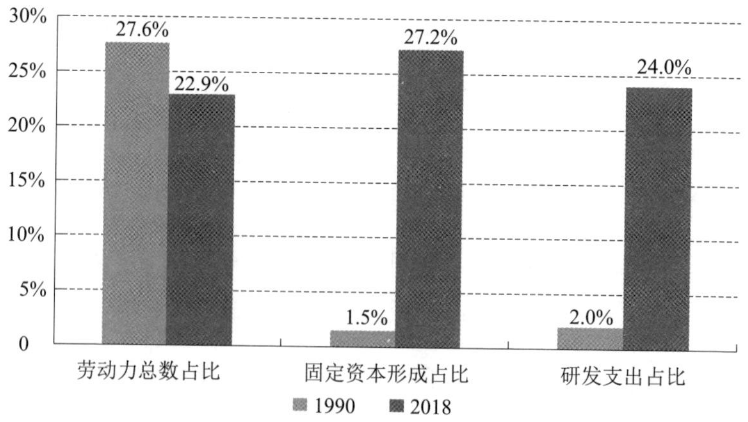

图 1–3 1990 年和 2018 年我国劳动力总数、固定资本形成、研发支出占世界的比重变化

资料来源：Wind

此外，还要看到，我国劳动力比重、储蓄率、投资率、全要素生产率、潜在经济增长率等都已发生重要变化。比如，近年来，我国劳动力供给减少，人口老龄化加快，由此造成劳动力成本较快上升。国民储蓄率由2010年的50.7%下降到2019年的44.6%，其中居民储蓄率由42.1%下降到34.8%（见图1-4），投资增长面临较大压力。传统的商品消费热点逐渐退潮，而文化、体育、旅游等新的消费热点尚待培育和形成。从全要素生产率看，随着改革进入攻坚阶段，以及技术引进的空间变小，近年来，我国全要素生产率呈现下降趋势。据测算，2012—2019年我国全要素生产率年均增长2.3%，低于1993年以来3.8%的平均水平。这些变化使我国潜在经济增长率下降，迫切要求加快实施扩大内需战略，畅通国民经济大循环，构建新发展格局。

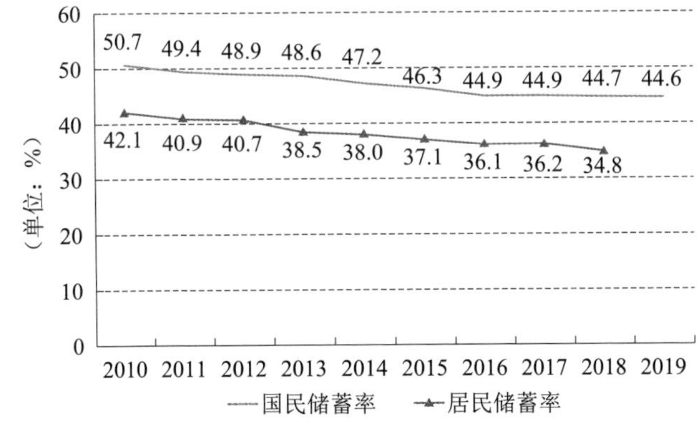

图1-4　2010—2019年我国国民储蓄率、居民储蓄率走势

资料来源：CEIC

构建双循环新发展格局的主要优势与制约因素

改革开放40多年来，我国已经具备构建以国内大循环为主体、国内国际双循环相互促进的新发展格局的诸多优势和有利条件，同时仍存在一些制约因素。

构建双循环新发展格局的主要优势

强大的国内市场初步形成

党的十八大以来，我国经济保持稳步增长，经济总量稳居世界第二。我国社会消费品零售总额实现较快增长，年均增速达10.5%，扣除物价上涨因素，年均实际增速为9.2%，2019年突破40万亿元，成为全球第二大商品零售市场，是汽车、手机等成百上千种产品的全球最大消费市场。比如，我国汽车销量连续11年蝉联全球第一，目前年销量约为美国的1.6倍，智能手机销量约占全球销量的30%。从发展趋势看，我国已拥有4亿多中等收入群体，且规模持续扩大，未来居民消费不仅有量的持续扩张，而且更具多样化、个性化、品质化特征，消费市场发展潜力巨大。同时，我国正处在新型工业化、信息化、城镇化、农业现代化深入发展阶段，扩大有效投资、优化投资结构的空间很大。2019年我国常住人口城镇化率为60.6%，但户籍城镇化率仅为44.4%，尽管增长速度变缓，但仍有较大上升空间，预计“十四五”时期年均新增城镇人口1000万人以上（见图1–5），这将会带动相关投资和消费增长。在工业化方面，尽管我国进入工业化中后期，但新型工业化不断深化，推动产业转型升级、发展战略性新兴产业蕴含巨大的投资潜力。另外，补短板强弱项、加快新型基础设施建设等也为扩大有效投资拓展了较大空间。

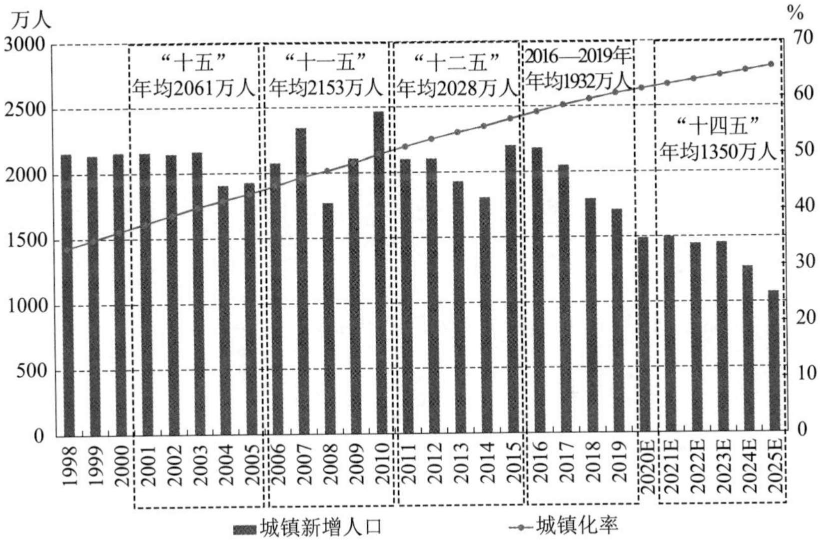

图 1-5　1998—2025 年我国常住人口城镇化率

资料来源：Wind

生产制造能力强大，产业配套体系齐全

我国通过参与国际大循环充分释放了经济发展活力，快速从一个农业国跃升为世界第一制造业大国，建立起门类齐全、规模庞大、配套完整和具有较高技术水平的产业体系，强大且多层次的生产制造能力和完善的产业配套体系为国内大循环的形成奠定了良好基础。从产业门类看，我国拥有 41 个大类、207 个中类、666 个小类工业行业生产能力，涵盖劳动密集型、资本密集型、知识密集

型和技术密集型等全部产业类型，是全球唯一拥有联合国产业分类中所列全部工业门类的国家。从产业规模看，我国制造业增加值自2010年起已经连续10年稳居世界第一，2019年制造业增加值占全球比重达27.9%（见图1-6）。在500多种工业品中有200多种产品产量位居全球第一。根据《财富》杂志发布的2020年世界500强企业名单，我国上榜公司数量达到133家，历史上第一次超过美国（121家）成为世界第一。从产业配套看，我国产业发展基础设施日益完善，园区平台载体逐步增多，检验检测、计量、标准、认证认可等公共服务能力逐步提高，物流和供应链体系逐步完善，5G、人工智能、工业互联网、物联网等新型基础设施和产业服务平台加快发展，为传统产业升级和新兴产业发展提供了良好的配套支撑。

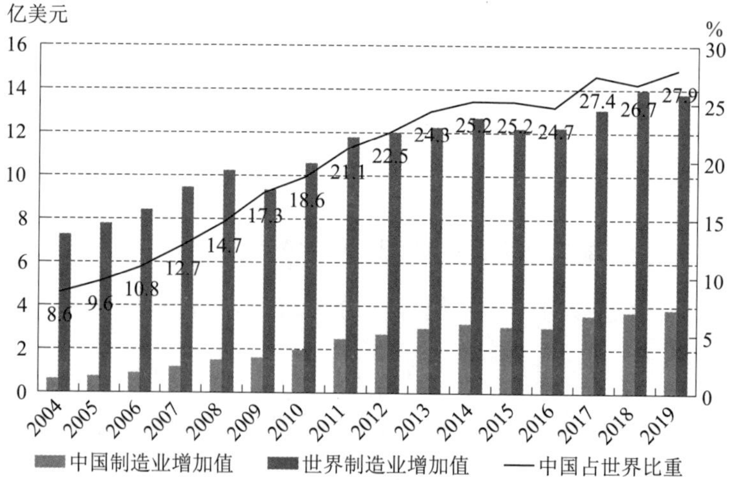

图1-6　2004—2019年我国制造业增加值占世界制造业增加值比重

资料来源：Wind

要素条件雄厚充裕

从劳动力资源看，我国有约9亿劳动力、有1.7亿受过高等教育和拥有专业技能的人才，每年大学毕业生有800多万，人力资本积累已达到较高水平，科技人力资源总量接近1亿人。丰富的人力资源为经济高质量发展增添了新动能，成为引领国内大循环的人才支撑。从资金供给看，我国已拥有世界上最大的银行体系，已成为全球第二大股票市场、第二大债券市场、第二大保险市场，外汇储备规模多年居全球第一，愈加强大的资本市场和外汇储备为构建双循环新发展格局提供了丰富的资本支撑。从基础设施看，我国形成了以“十纵十横”综合运输大通道为主骨架，综合交通枢纽为支点，铁路、公路、水运、航空、管道等运输方式门类齐备的综合交通网络。截至2019年底，我国高速铁路营业里程突破3.5万公里，高速公路通车里程15万公里，稳居世界第一。与此同时，我国还拥有服务能力强大的物流系统、高度发达的通信网络、规模庞大的能源生产输送网络，以及水利设施和城市市政设施，各类基础设施组成的一张张“小网”以及彼此之间衔接联动形成的一张基础设施“大网”支撑了各类资源要素的高效流转。当前以互联网、人工智能、区块链为代表的新型基础设施快速建设，与传统基础设施比翼双飞、一道发力，形成了“新基建”与“老基建”深度融合发展的总体格局。日趋完善的基础设施网络体系，大幅提升了供给需求的对接效率，有效降低了经济社会发展的边际成本，为构建双循环新发展格局提供了强大的交通运输保障。

创新能力大幅提升

我国科技整体实力显著增强，创新能力建设成效突出，科技创新在畅通循环中发挥着越来越重要的作用。从科技研发看，2019年我国研发经费支出占国内生产总值的比重为2.23%，超过东亚与太平洋地区平均水平2.05%、欧盟平均水平2.18%（见图1–7），发明专利授权量居世界首位，国际科技论文数量和国际科技论文被引次数均位居世界第二，科学与工程类人才规模大、增速快，科技创新所需各类要素充沛。我国科技成果质量不断提高，在科学前沿取得了一批标志性、引领性重大原创成果，在战略领域攻克了一批关键核心技术，正在进入成果爆发阶段，科技创新国际领先显露曙光。从产业技术看，我国与发达国家的差距不断缩小，与过去难以望其项背相比，现在在多个领域已进入并跑甚至领跑阶段，比如在5G国际标准立项中我国企业占40%以上，涌现一大批具有国际影响力的创新领军企业和科技型中小企业，部分高新技术产业进入世界前列。我国有33家企业入选2020年全球独角兽公司百强榜单，19家企业进入2020年全球最有价值的100大科技品牌，知识密集型产业增加值的全球份额超过20%。从创新、创业、创造生态看，我国形成了以中关村、深圳为代表的一批创新集聚区，为创新驱动发展提供了有力支撑。我国的超大规模市场和完备的产业体系，为新技术提供了广阔的市场应用场景，有助于其快速大规模应用和迭代升级，电子商务、共享经济等新业态新模式蓬勃发展。中国人民具有勤劳勇敢的创新基因，全社会创新精神勃发、创新文化浓厚。我国创新能力的大幅提升为畅通国内大循环提供了强大动力和支撑，也为塑造我国在国际大循环中的重要地位奠定了坚实基础。

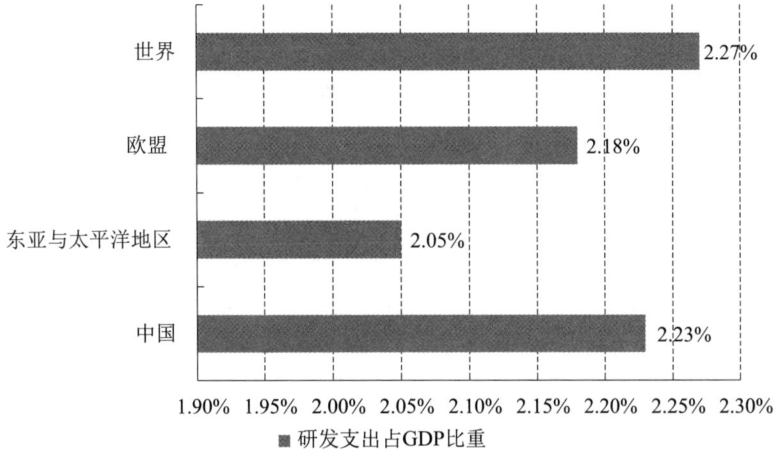

图 1-7　2019 年中国、东亚与太平洋地区、欧盟、世界研发强度

资料来源：Wind

社会主义市场经济体制不断完善

我国始终坚持在社会主义制度下发展市场经济，不断深化对市场和政府作用关系的理论认识并在实践中更好地处理两者关系，为构建双循环新发展格局提供了良好的制度保障。从生产环节看，产权保护法治体系更加完善，确立了全国统一的市场准入负面清单制度，通过优化调整国有经济战略布局，持续深化国企国资改革，着力健全民营经济发展环境，各类市场主体活力和素质明显提升，为加快构建双循环新发展格局奠定了坚实的微观基础。从分配环节看，劳动、资本、土地、知识、技术、管理、数据等生产要素由市场评价贡献、按贡献决定报酬的机制逐步完善，劳动报酬在初次分配中的比重稳步提高，有助于强化国民经济循环的内生动能。从流通和市场体系建设看，加快推进要素市场化配置改革，持续深化土地、户籍等制度改革，健全资本市场，促进要素在不同性质主体和城乡区域间自由有序流动，同时吸引和汇聚国际市场中的高端要素，着力提高要素配置效率，为产业转型升级和国内国际双循环相互促进创造了条件。市场化价格机制基本建立，商品由市场定价的比重已超过97%，市场配置资源的决定性作用日益显现。围绕使市场在资源配置中起决定性作用，我国大力推进政府职能转变，以国家发展规划为战略导向，以财政政策和货币政策为主要手段，就业、产业、投资、消费、区域等政策协同发力的宏观制度体系更加完备。通过持续深化“放管服”改革，进一步放宽市场准入，加强了事中事后监管，并在全国范围推行营商环境评价，确立竞争政策基础地位，健全了公平竞争审查制度，着力构建起市场机制有效、微观主体有活力、宏观调控有度的经济体制，有利于发挥社会主义制度优势，实现有为政府和有效市场的有机结合，从而为加快构建新发展格局提供不竭的体制动力。

全方位、多层次、宽领域的开放格局基本形成

改革开放40多年来，我国坚持对外开放的基本国策，推动国内国际要素自由流动、资源高效配置和市场深度融合，对标国际高标准规则完善开放型经济新体制，成长为全球第一货物贸易国、第二利用外资和对外投资国，以及第一外汇储备国，深度融入经济全球化，在全球经济治理中的位势由跟跑者向并跑者、领跑者转变。特别是党的十八大以来，我国逐步形成陆海内外联动、东西双向互济的全面开放新格局，推动共建“一带一路”倡议落地生根、走深走实，顶住保护主义和单边主义逆风，坚持推动贸易投资自由化、便利化，使得开放型经济发展的质量和效益迈上新的大台阶，也赢得越来越多的国际赞誉和支持，为我国促进国际经济循环，进而畅通双循环创造了有利的外部条件。

更为重要的是，我们有党的坚强领导和中国特色社会主义制度的显著优势，有改革开放以来积累的雄厚物质技术基础，为构建双循环新发展格局提供了强大的体制动力和物质保障。

构建双循环新发展格局的制约

一是供给侧结构性问题仍然突出。从制造业看，一般产品过剩，而高品质、高端产品供给不足，目前一些高端装备、关键基础元器件和零部件严重依赖进口。服务业发展不充分，人民群众对健康、教育需求很大，但有效供给不足。实体经济循环和金融循环结合不紧密，资本市场还不完善，间接融资比例高，直接融资占比偏低，实体企业融资难、融资贵问题比较突出。实体经济与房地产失衡，近年来，房地产投资增速一直高于平均投资增速，2017—2019 年，房地产开发投资年均增长 8.8%，较固定资产投资增速、制造业投资增速分别高 2.6、3.0 个百分点（见图 1–8）。目前，房地产相关贷款占银行业贷款的 39%，还有大量债券、股本、信托等资金进入房地产业，这不仅造成较大的风险隐患，也在一定程度上挤压了实体经济的空间。

二是收入分配存在结构性梗阻。当前我国国民经济循环不畅，一个很重要的原因是分配环节出了问题。从初次分配看，在宏观国民收入分配格局中，劳动报酬占比偏低（近年来在 51% 左右）。国际比较数据显示，OECD（经济合作与发展组织）国家劳动者报酬在 GDP 中的份额一般在 56% 左右，比我国高 5 个百分点左右。从

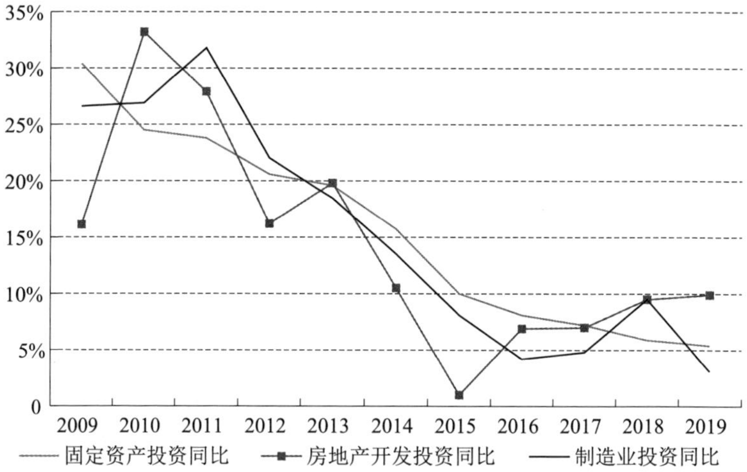

图 1-8　2009—2019 年我国房地产开发投资、固定资产投资、制造业投资增速

资料来源：Wind

再分配看，我国初次分配后的居民收入差距与 OECD 国家比较接近，但再分配调节后的收入差距大于这些国家。从第三次分配看，随着我国经济发展和社会文明程度提高，全社会公益慈善意识日渐增强，但第三次分配发挥的作用不足。发达国家慈善捐赠总额占 GDP 的比重通常在 2% 左右，我国慈善捐赠占 GDP 的比重仅为 0.2% 左右。收入分配的结构性梗阻导致居民增收可持续动力不足，这在一定程度上也导致了部分行业的生产过剩，制约了社会再生产的良性循环。

三是流通体系还存在不少堵点。从物流体系看，标准化程度不高，物流网络分布不均衡，各种运输方式衔接不畅、融合不够，尤其是新冠疫情冲击下航空运输能力不足、境外物流网络欠缺，物流成本仍然较高。从商贸体系看，实体店等传统商贸面临巨大转型压力。从市场环境看，统一大市场尚不健全，要素自由流动存在一定程度的壁垒，商品和服务跨区域流通仍不畅通。从信用体系看，市场诚信环境有待改善，合同拖欠款纠纷时有发生，这提高了交易成本，降低了流通效率。

四是内需潜力巨大与有效需求不足并存。随着我国向高收入国家行列迈进，规模巨大的国内市场不断扩张，内需潜力巨大；但居民消费倾向总体偏低叠加储蓄向投资转化不畅，有效需求不足。从消费看，低收入群体有消费意愿，但支付能力不强，中等收入群体有较强的支付能力，但因公共服务不足和保障水平较低导致总体消费倾向偏低。目前，我国的消费率水平比当年处于相似发展阶段的日韩等国低了 7 个百分点左右，潜在消费需求难以被有效释放。从投资看，储蓄向民间投资转化的渠道仍然不畅，制造业投资和民间投资增长乏力。一些体制性、机制性问题仍未得到根本解决，部分领域对民间投资进入仍存在隐性门槛。

加快构建双循环新发展格局的主要着力点

加快构建以国内大循环为主体、国内国际双循环相互促进的新发展格局，必须集中力量办好自己的事，重点要从九大方面发力，打造未来发展新优势。

实施扩大内需战略

这是构建双循环新发展格局的战略基点。稳定的国内需求是一国经济发展最为稳定、持久的动力。同时，庞大的国内需求也是我国最大的优势，是我国应对外部环境复杂变化的底气所在。为此，要深入实施扩大内需战略，增强我国经济发展的内生动力，使我国发展立于不败之地。

一是全面促进消费。消费是我国经济增长的主要引擎，居民消费是潜力最大的内需，应顺应消费升级趋势，增强消费对经济发展的基础性作用。第一，应提升传统消费。汽车、家电等传统大宗商品消费占社会消费品零售额的比重接近 20%，是居民消费升级的主要组成部分，要顺应我国汽车、家电等消费步入成熟阶段后的变化与要求，完善相关政策，推动其以质量品牌为重点，朝着绿色、健康、安全的方向发展。第二，应培育新型消费。在现代信息技术带动下，信息消费产品、线下业态数字化改造、网络消费、智能消费、定制消费、体验消费等消费新模式蓬勃发展，适应了消费升级需求，拓展了消费增长空间。第三，应发展服务消费。随着收入水平的提高，居民消费由商品消费为主转向服务消费为主是客观规律。2019年，我国居民人均服务性消费支出占比为45.9%，比2018年提高了1.7个百分点。但受体制机制和相关政策影响，我国健康、养老、育幼、文旅、体育等服务业对内对外开放步伐缓慢，相关改革滞后，造成一些服务供需矛盾突出，一些服务需求潜力难以激发的局面。这就要求进一步优化营商环境，大幅放宽服务业市场准入要求，推动生活服务业向高品质和多样化升级。第四，应适当增加公共消费。公共消费指的是政府在一般公共服务、国防、公共安全、教育以及卫生健康等方面的消费支出，公共消费关乎安全与保障。这就要求在财政可承受的前提下，合理增加教育、医疗卫生、公共文化体育等领域的公共消费支出。第五，要进一步优化消费环境。优化消费环境是激发消费潜力的必要保障。要聚焦消费者权益保护这个关键环节，大力营造安全放心的消费环境。

二是拓展投资空间。投资是内需的重要组成部分，也是扩大再生产、促进技术进步的重要途径。要提高供给体系对国内需求的满足能力，以创新驱动、高质量供给引领和创造新需求，就无法绕开投资这个关键环节，必须发挥投资对优化供给结构的关键性作用。第一，应聚焦关键领域和薄弱环节，加大补短板强弱项投资力度，着力完善传统基础网络，加快建设新型基础设施，补齐社会民生等领域短板，发挥投资对促进城乡区域协调发展、改善民生等方面的支撑作用。第二，应着眼于实体经济转型升级和培育新增长点，着力扩大制造业投资。纵观人类发展历程，每一次科技革命和产业变革都推动了生产力水平的极大提高和社会商品的极大丰富，促进了人类社会生产方式和生活方式的革命性变化。当前，由信息技术引领的新一轮科技革命和产业变革方兴未艾、深入发展，稳住并扩大制造业投资是抓住这一难得的历史机遇的关键一环，既要鼓励企业加大技改投资，推动传统产业智能化、绿色化、服务化、高端化，又要激发市场投资先进制造业的积极性，瞄准产业链长、带动性强的机器人、新材料、高端装备、智能制造等领域加大投资力度，增强新产业新业态顺应新需求的能力。第三，应着眼于增强基础支撑能力，提升跨区域协同水平和保障生态安全等，加大一批重大工程和重大项目建设投资。

提升科技创新能力

这是构建双循环新发展格局的关键。只有提升科技创新能力，突破一批关键核心技术，才能畅通产业链循环；只有提升科技创新能力，培育一批新产业、新业态、新模式，才能不断引领和创造新需求，扩大就业岗位和空间，提高劳动生产率，增加人民群众收入；只有提升科技创新能力，促进产业高端化、数字化、绿色化，才能破解日益严峻的资源环境约束，打造国际合作和竞争新优势。

一是着力突破一批关键核心技术。我国电子信息、生物医药、飞机制造等重要产业的核心技术、基础研发工具、关键部件和工艺设备等受制于人，存在明显断链风险，导致产业循环不畅。急需聚焦“卡脖子”环节，加强联合攻关，尽快取得实质性突破，这是关系我国发展全局的重大问题，也是形成以国内大循环为主体的关键。对近期需要实现产业化的关键核心技术，要发挥新型举国体制优势，积极探索“企业为主导 + 科研院所和高校为主力 + 政府支持 + 开放合作”的组织模式。对需要长周期持续投入的关键核心技术，以新的机制和模式组建若干国家级产业技术研究机构，开展长期攻关。积极培育我国参与国际合作和竞争的新优势，努力在双循环新发展格局中掌握主动权。

二是大力提升企业技术创新能力。企业是创新的发动机，人才、资金、技术等创新的资源要素只有通过企业才能有效组合，转化为现实生产力，进而促进经济循环。但是，企业创新能力不足已成为当前制约双循环的突出短板。2019 年全国规模以上工业企业研发投入占主营业务收入的比重仅为 1.3%，远低于发达国家 2.5%~4% 的水平，有研发活动企业的比重不足 1/3，电子信息、生物医药等领域研发投入水平与发达国家差距更大。迫切需要适应经济转型发展和日趋激烈的国际竞争要求，进一步加大对企业创新的经济政策支持，加快建立包容审慎的监管体制，采取切实措施加快提升企业技术创新能力。

三是切实加强基础研究。基础研究是创新的源头活水，但我国研发资金中用于基础研究的比例仅为 6% 左右，与发达国家相差数倍。我国科技水平在一些领域已经取得重大突破，与发达国家的差距不断缩小；同时大国之间围绕科技革命制高点的争夺越发激烈，过去以引进吸收为主的技术创新方式已不适应当前需要。这就要求我们必须加大基础研究投入，提高基础研究水平，完善基础研究体制机制，积极探索能够引领未来、代表进步方向的下一代技术，努力使我国基础研究进入世界领先水平，切实提升原始创新能力。

四是加快完善科技创新体制机制。我国现行科技创新体制主要是在计划经济向社会主义市场经济转轨时期形成的，与当前构建双循环新发展格局所要求的加快建设科技强国、实现创新驱动发展还不适应，资源配置重复、科研力量分散、创新主体功能定位不清晰等问题比较突出。迫切需要适应新形势、新要求，加快推进科技创新体制改革，使创新主体各归其位，释放我国巨大的创新、创业、创造潜力，为构建双循环新发展格局注入强大创新动力。

推动产业链、供应链现代化

这是构建双循环新发展格局的主攻方向。当前，全球产业链、供应链面临重构，这对我国的产业链、供应链现代化带来挑战。应深刻认识到推动产业链和供应链现代化、提高全球产业分工地位的紧迫性，充分发挥我国集中力量办大事的制度优势和超大规模的市场优势，加快构建新时代产业基础能力体系，打造具有更强创新力、更高附加值、更安全可靠的现代化产业链。

一是夯实产业基础能力。产业基础能力决定着产业发展高度和国家产业安全水平。要加快实施产业基础再造工程，加大对基础零部件、关键材料、工业软件、检验检测平台和新型基础设施等领域的投入力度，进一步调动国内产业力量，强化协同，促进“点式突破”与“链式协同”相结合，推动重大示范工程实施，加快补齐产业基础短板。

二是提升产业链控制力。是否拥有产业生态主导企业、是否拥有具备“撒手锏”的零部件供应企业，是决定产业链控制能力的关键。因此，提升产业链控制力的重点是以企业和企业家为主体，培育产业生态主导企业和核心零部件企业，增强对全产业链、关键环节、标准和核心技术的控制力。积极营造有利于企业家创新、创业、创造的良好环境，调动企业家干事创业的积极性，支持实体经济企业做大做强。应激发国有企业、现代科研院所和新型研发机构的创新活力，建立适应重大技术攻关和产业链主导企业培育的考核评价体系，加快提升核心竞争力。同时，加大对“专精特新”中小企业的支持力度，鼓励中小企业参与产业关键共性技术研究开发，持续提升企业创新能力。强化创新企业培育，把发展培育壮大创新型企业放在更加突出的位置，打造数量多、质量优、潜力大、成长快的创新型企业集群。

三是促进产业链联动发展。推动产业链联动发展是实现产业链、供应链现代化的重要途径。应重点促进产业链上下游联动发展，支持上下游企业加强产业协同和技术合作攻关，促进服务业和制造业深度融合发展，增强产业链韧性，提升产业链水平。促进供需联动发展，围绕“巩固、增强、提升、畅通”八字方针，提高供给质量和效率，发挥超大规模市场优势，打造具有战略性和全局性的产业链。促进内外联动发展，坚持独立自主和开放合作相结合，促进国内标准和国际标准衔接，在开放合作中形成更强创新力、更高附加值的产业链。促进产业链、价值链、创新链联动发展，加强产业化、市场化联动，建立共性技术平台，促进成果转化应用，打造“政产学研资”紧密合作的创新生态，解决跨行业、跨领域的关键共性技术问题。促进要素协同联动发展，坚持政府引导和市场机制相结合，强化实体经济发展导向，以相关政策协同为保障，促进科技创新、现代金融、人力资源等要素资源顺畅流动，加快构建以信息、技术、知识、人才等要素为支撑的新优势。

加快农业农村现代化

这是构建双循环新发展格局的重大任务。当前我国最大的发展不平衡是城乡发展不平衡，最大的发展不充分是农村发展不充分。构建新发展格局，突出短板在“三农”，深厚基础也在“三农”。必须优先发展农业农村，聚焦聚力改善农业供给、扩大乡村消费、优化要素配置，加快农业农村现代化，发挥和强化“三农”压舱石作用。

一是推动农业供给侧结构性改革，促进供需适配。人民对美好生活的需要，相当一部分体现为对绿色优质农产品的需求，以及对“看得见山、望得见水、记得住乡愁”的美丽乡村的向往。目前，我国农业供给体系对需求变化的适应性不强，优质农产品供给不足，乡村旅游产品单一，难以满足多层次、多样化市场需求。必须坚持深化农业供给侧结构性改革，以农业高质量供给引领和创造新需求。提高供需适配性，首要任务是解决好十几亿人的吃饭问题，保障国家粮食安全，把中国人的饭碗牢牢端在自己手中，将经济发展的底盘牢牢托住。同时，加快转变农业发展方式，优化农业生产结构和生产力布局，推动农村一、二、三产业融合发展，加快全产业链、全价值链建设，优化供给结构，改善供给质量，提高农业质量效益和竞争力。

二是实施乡村建设行动，扩大农村有效需求。目前，我国农业农村基础设施短板还很突出，农田水利、农村公共服务设施、环境基础设施等建设存在巨大的投资缺口，无论消费，还是投资，都蕴藏着巨大的成长空间。应全面实施乡村振兴战略，强化以工补农、以城带乡，加快乡村建设，加快推进一批牵引性强、有利于生产和消费“双升级”的现代农业农村重大工程项目，特别是适应农村新产业、新业态、新模式发展的现代基础设施，如信息基础设施、冷链物流设施等，全面提高农村基础设施和公共服务水平；同时，加快推进城乡市场一体化建设，培育城乡流通主体，健全农村消费网络，提高农村消费便利化水平，降低农村消费成本，提升农村居民消费品质，有效释放农村农民需求。

三是优化城乡要素配置，促进“人地钱技”汇聚。要素自由流动和平等交换，是推动农业农村现代化的基础。目前，妨碍城乡要素自由流动和平等交换的体制机制壁垒尚未根本破除，农业农村发展缺资金、缺技术、缺人才的问题还十分突出，劳动力、资本、技术等要素良性循环格局尚未形成，导致农业农村发展活力不足。必须加快建立健全农业农村优先发展的体制机制和政策体系，创设出台一批含金量高的重大政策，促进各类要素更多向乡村流动，在乡村形成人才、土地、资金、产业、信息汇聚的良性循环，为乡村振兴注入新动能。其中，人地关系是关键。应在农村“三块地”改革上有更大突破，构建基于城乡人口流动的土地权益匹配机制，增强要素流动协同性，让农业转移人口能安心落户、融入城市，让返乡群体、工商资本能扎根乡村、创新创业。

推动区域协调发展

城乡区域是构建新发展格局的空间载体，城乡区域经济循环是国内大循环的重要方面。目前，我国城乡区域之间经济循环还存在不少堵点，促进城乡区域间要素自由有序流动、激发城乡区域优势是构建新发展格局的应有之义，可为新发展格局构建提供广阔的纵深空间、多梯度增长与多样化发展的载体支撑。

一是发挥重大区域战略实施的引领作用。重大区域战略实施可为新发展格局构建提供强大的动力引擎。京津冀、长三角和粤港澳大湾区是支撑我国经济创新增长的重要动力源，发挥京津冀、长三角、粤港澳大湾区的综合优势，可率先在畅通经济循环上取得新突破，为新发展格局提供实践探索和先行示范。长江、黄河两大流域横跨东中西部、地域广阔，以长江经济带发展、黄河流域生态保护和高质量发展战略实施为依托，积极有序推进产业转移承接和经济协作，有利于促进东中西部循环联动和东西双向对外开放，可为全国跨区域大循环提供有力传导。

二是深入实施四大板块区域战略。我国东部、中部、西部和东北地区处于不同发展水平，技术水平梯度差异大，且资源禀赋条件各异，这为全国加快形成大循环提供了大有可为的纵深回旋空间，也为国内国际双循环相互促进提供了多元化的支撑保障。今后一个时期，加快推动西部大开发形成新格局，推动东北振兴取得新突破，促进中部地区加快崛起，鼓励东部地区加快推进现代化，不仅有利于促进区域梯级联动发展，也有利于培育更多消费、投资和出口新增长点，从而在扩大内需和推进更高水平对外开放方面支撑加快形成新发展格局。

三是统筹新型城镇化和乡村振兴战略实施。推进以人为核心的新型城镇化，需要发挥中心城市和城市群的带动作用，需要进一步提升城镇综合承载力，需要推进宜居城市建设，这个过程将创造巨大的需求。此外，全面实施乡村振兴战略，深化农业供给侧结构性改革，可以进一步激发农村农业发展潜力，形成更多新增长点。为此，应全面提高城镇化水平和质量，积极发挥县城和乡镇的城乡循环支点作用，以工补农、以城带乡，促进城乡要素双向流动和城乡协作互动，加快形成城乡循环联动新格局。

四是着力拓展海洋发展新空间。我国既是陆地大国，也是海洋大国，海洋同样具有广阔的发展潜力和空间，海洋也是构建新发展格局的重要空间载体。应按照海洋强国建设要求，坚持陆海统筹发展，以陆促海、以海带陆，积极向海发展，提升海洋科技创新能力，合理开发利用海洋资源，培育壮大海洋经济增长点，加强陆海互联互通建设，发挥海洋优势，持续扩大对外开放合作，为构建新发展格局提供陆海统筹循环新支撑。

建设现代流通体系

建设现代流通体系是构建双循环新发展格局的重要纽带。高效的流通体系能够在更大的范围把生产和消费联系起来，对于扩大交易范围，推动分工深化，提高生产效率，促进财富创造具有重要作用。构建新发展格局，必须把建设现代流通体系作为一项重要任务来抓。

一是构建现代综合交通运输体系。尽管我国综合交通网络已具有相当规模，但与新发展格局要求相比，交通网络布局功能和运输结构仍不合理，部分骨干通道能力紧张，城市群、都市圈交通网络以及综合交通枢纽发展不足，西部地区、农村地区、边境地区等交通设施仍然相对滞后，这些“硬件”设施短板需要予以精准补齐。

与此同时，运输服务、组织、管理等“软实力”提升的任务更为紧迫，需要充分对接现代经济运行和流通组织要求，创新运输服务和组织模式，大力发展智能交通、绿色交通，建设统一开放有序的运输市场，畅通国际、区域、城乡要素流转水平。

二是构建现代物流体系。物流延展力和功能衍生性有限，与现代供应链、产业链、价值链组织运行联动不足，是当前影响我国物流发展以及流通效率提升的重点问题。需要以国家物流枢纽为战略支点，加快建立适应新发展格局下经济运行、产业联动的物流“通道 + 枢纽 + 网络”和流通“平台 + 模式 + 渠道”的总体布局。全面提升物流服务品质，大力发展智慧、绿色、冷链等专业物流，发掘中欧班列、西部陆海新通道等经贸流通价值，助力实体经济降本增效。强化应急物流体系建设，提升应对突发事件保障能力。

三是推动交通物流等传统小流通与金融信息等现代大流通深度融合发展。流通发展方式相对传统，“小流通”与“大流通”联动不足，是制约流通效能提升，进而导致支撑国民经济循环运行有效性不足的重要原因之一。需要以跨界的思路开拓创新，充分发挥互联网、大数据等现代信息技术赋能作用，推进交通物流数字化、智能化改造和跨领域融合发展。培育壮大具有全球竞争力的龙头骨干流通企业，打通国际流通渠道。对标国际先进流通规则和惯例，完善流通市场体系，建立健全征信体系，加强土地、人才、规章标准等要素支撑体系建设。强化与现代金融的深度联动，充分释放“流量效应”，培育通道经济、枢纽经济等现代流通经济新业态、新范式。

改善人民生活品质

这是满足人民美好生活的需要，也是构建双循环新发展格局的重要引擎。改善人民生活品质，不断增强人民群众的获得感、幸福感、安全感，关键要做好就业和收入分配文章。只有实现更充分和更高质量的就业，才能实现收入的稳定增长，进而带来消费环节的顺畅，才能最终实现物质资料再生产的良性循环；只有加大人力资本投资，才能提高劳动生产率，实现居民持续稳定增收和生活品质改善，促进劳动力再生产实现良性循环；只有扩大中等收入群体，才能进一步扩大消费和拉动消费转型升级，形成强大的国内市场和有效内需，助力构建双循环新发展格局。

一是稳定和扩大就业。就业是民生之本，是收入之源。更高质量和更充分的就业不仅是增强人民获得感、幸福感、安全感的重要保障，也是逐步实现全体人民共同富裕的重要保障。更高质量、更充分的就业带来收入的提升和收入分配结构的优化，收入平稳增长及分配结构优化必然带来消费规模的扩大及消费结构的升级，进而实现物质资料再生产的良性循环。稳定和扩大就业，要强化就业优先政策，坚持经济发展就业导向，完善促进创业带动就业、多渠道灵活就业的保障制度，支持和规范发展新就业形态，更加注重缓解结构性就业矛盾，努力扩大就业容量、提升就业质量、促进充分就业。

二是促进人力资本投资。人力资本投资是促进劳动力再生产良性循环的保障。目前我国劳动、资本、土地、知识、技术、管理、数据等生产要素由市场评价贡献并按贡献决定报酬的机制，以及促进人力资本积累的激励机制不完善，这制约了居民持续稳定增收和生活品质改善。此外，更加公平可持续的社会保障制度还不健全，教育、医疗、养老、住房及包括重特大疾病等在内的生活风险压力过大，导致部分群体“不敢生育”。促进劳动力再生产实现良性循环，要进一步优化政府支出结构，加大政府对教育事业和职业培训等方面的公共投入，提升全社会劳动力的人力资本水平。要加快制定人口长期发展战略，优化生育政策，增强生育政策包容性，提高优生优育服务水平，降低生育、养育、教育成本，促进人口长期均衡发展。

三是扩大中等收入群体。中等收入群体的边际消费倾向较高，他们有不断提高生活质量的强烈欲望和基本条件，是拉动生产、促进消费的最大群体，也是促进消费转型升级最稳健的动力。因此，让大部分人进入中等收入群体不仅是消费升级和社会再生产良性循环的基础和前提，也是构建新发展格局的关键。扩大中等收入群体，要大力拓展民众收入及财富的增量渠道，通过大众创业、万众创新，让一切劳动、知识、技术、管理、资本等要素的活力竞相迸发，让一切创造社会财富的源泉充分流动。同时，多渠道增加居民财产性收入，加强产权保护，增强人民群众财产安全感，让有潜力的低收入人群尽快步入中等收入群体行列，使之成为大国内部可循环的主力军。

实行高水平对外开放

这是构建双循环新发展格局的必由之路。推动双循环必须坚持实施更大范围、更宽领域、更深层次对外开放，通过强化开放合作，更加紧密地同世界经济联系互动，才能既推动我国经济和世界经济生机勃勃、充满活力，又增强发展的主动权和安全性，提升国内大循环的效率与水平。

一是着力推动“一带一路”大市场循环畅通。我国与“一带一路”沿线国家的基础设施、贸易、资金等互联互通已取得显著成就，但仍需深入推进，才能推动“一带一路”建设走深走实，畅通“一带一路”大市场。应同各方共同继续努力，加快形成陆、海、天、网四位一体设施联通网络。应在项目建设、开拓市场、金融保障、规范企业行为、加强风险防控等方面下功夫，促进我国与“一带一路”沿线国家贸易畅通。应推动建立稳定、可持续、风险可控的金融服务体系，让资金在“一带一路”沿线国家高效流动起来。应加强合作机制建设，形成多层次合作架构，为“一带一路”大市场循环提供坚实的制度保障。

二是以贸易创新发展为抓手推动国内国际供需良性循环。贸易是连接国内国际两个市场的主要途径之一。我国对外贸易正处在新旧动能转换的关键阶段，面临前所未有的外部风险和挑战，必须加大转方式、调结构力度，实现高质量发展，才能有力地促进国内国际双循环。应用足用好超大规模市场这张“王牌”扩大进口，使我国成为全球商品和服务的巨大引力场。应不断提升出口质量和效益，走优质优价道路，增强出口产品的国际市场竞争力。应适应疫情防控常态化趋势下全球服务贸易发展要求，大力发展服务进出口。应顺应新一轮科技革命下国际贸易发展新趋势，培育跨境电商、数字贸易等面向全球的贸易新业态、新模式。

三是引进来和走出去并重，推动国内国际产业链、供应链畅通。我国已成为利用外资和对外投资大国，但资本双向流动的质量和效益有待进一步提升，从而增强我国在产业链、供应链双循环中的资源配置能力。应继续积极稳妥推动企业走出去进行投资和国际产能合作，为国际社会特别是“一带一路”沿线国家提供资本供给，深度参与和引领国际产业链、供应链重构。应稳慎推进人民币国际化，为国内国际实体经济循环提供强大的货币金融支撑。应在增强自主创新能力的同时，探索新形势下的国际科技合作新路径，建立健全开放式自主创新体系。

牢牢守住安全底线

这是构建双循环新发展格局的重要前提和保障。随着社会主要矛盾发生变化，各领域改革走到关键时刻，在构建新发展格局的过程中，如果不能科学地处理好各种关系，有可能会给经济社会发展带来较大负面影响，甚至导致风险扩大、矛盾激化。因此，需要增强安全意识，强化底线思维，打好防范外部经济和资源能源冲击风险的有准备之战，也要打好内部金融领域和生态领域的战略主动战。

一是加强经济安全风险预警、防控机制和能力建设。充分发挥新型举国体制优势，针对人工智能芯片、5G 芯片、原研药、新型发动机、新能源电池、精密仪器仪表等高技术产业链的关键环节，加大原始创新投入力度，完善国家重大基础科技研发平台体系，促进相关技术装备供应的多元化，大幅提升对核心技术、标准、生产工艺的掌控能力和安全可控水平。实施产业竞争力调查和评价工程，增强产业体系抗冲击能力。对产业链、供应链安全进行评估，识别风险等级，分类施策，及时提供风险预警与应对方案。制定和实施制造业降成本专项行动，稳定国内制造业发展。

二是确保粮食安全，保障能源和战略性矿产资源安全。对我们这样一个有着14亿人口的大国而言，手中有粮、心中不慌在任何时候都是真理，解决好吃饭问题始终是治国理政的头等大事。应把保障粮食安全放在突出位置，健全粮食安全制度体系，全面压实耕地保护责任，推进高标准农田建设，毫不放松抓好粮食生产，稳步提升粮食产能，加快转变农业发展方式，加快农业现代化发展。作为全球最大的能源生产国和消费国，能源和战略性矿产资源安全是关系我国经济社会发展的全局性、战略性问题。要继续加强国内油气干线管网建设、务实推进国际能源合作，建立多元供应体系。同时，发挥我国在能源技术、资金、装备、市场等方面的优势，积极参与国际能源治理，实现开放条件下的能源安全。维护水利、电力、供水、油气、交通、通信、网络、金融等重要基础设施安全，推动战略性矿产资源进口多元化，提高资源能源集约安全利用水平。

三是维护金融安全，守住不发生系统性风险的底线。金融是现代经济的核心，金融活则经济活，金融稳则经济稳。应健全货币政策和宏观审慎政策双支柱调控框架，完善金融管理制度。强化金融机构防范风险主体责任，健全金融控股公司规制和监管。深化金融市场改革，优化社会融资结构，积极有序发展股权融资，稳步提高直接融资比重。增强金融服务实体经济能力，引导更多金融资源配置到经济社会发展的重点领域和薄弱环节，为实体经济发展提供稳定、全面、高质量的金融服务。

四是确保生态安全，实现永续发展。生态环境安全是国家安全的重要组成部分，是经济社会持续健康发展的重要保障。生态环境问题既是经济问题，也是重大的社会和政治问题，必须高度重视。应进一步完善生态环境系统治理方法论，以市场化、专业化和产业化为导向，建立健全生态环境治理市场化长效机制，加快构建政府为主导、企业为主体、社会组织和公众共同参与的环境治理体系。高度重视和逐步强化重点区域、流域环境污染和新型污染物治理，切实以绿色发展引领推动经济发展和生态环境保护相协同。加快推动经济结构转型升级、新旧动能接续转换，协同推进经济高质量发展和生态环境高水平保护。

第二章
双循环新发展格局提出的时代背景

2008 年国际金融危机以来，国际国内环境发生重大变化。2020 年新冠肺炎疫情暴发，长中短期风险共振叠加，全球经济、政治格局加速重构，通过国际循环促进国内循环的传统经济增长方式已经不适应我国现阶段发展。习近平审时度势，从全局角度提出“加快推进以国内大循环为主体，国内国际双循环相互促进的新发展格局”，为未来一段时间内我国经济发展指明了方向。

双循环新发展格局是我国应对世界百年未有之大变局的主动调整

目前，世界面临百年未有之大变局，国际治理体系和全球供应链、产业链、价值链深度调整，外部环境不确定性显著增加，我国外部发展环境有恶化的可能。构建双循环新发展格局，是我国应对外部环境变化的主动调整，对培育我国经济发展新优势、统筹发展与安全的关系意义重大。

国际治理体系加速重构，双循环新发展格局是我国争取更加有利国际地位的主动调整

未来一段时间，国际政治、经济、贸易格局会加速演化，大国博弈加剧，各国争夺新一轮科技革命和产业变革高地将更趋于白热化，全球正在经历百年未有之大变局。在西方国家的经济政策、科技政策内向化、本土化和保守化倾向明显的背景下，构建双循环新发展格局是我国应对东西方相对实力变化的主动调整，这可以进一步增强我国的经济实力和综合国力，推动世界经济发展。

发达国家与发展中国家力量相对变化，全球治理格局加速演化

当今世界正经历新一轮大发展大变革大调整，大国战略博弈全面加剧，国际体系和国际秩序深度调整，人类文明发展面临的新机遇新挑战层出不穷。

从经济格局看，新兴市场和发展中国家快速崛起，国际力量向

着更加平衡的方向发展。20 世纪初，欧美发达国家是世界经济的主要力量，且与发展中国家的发展差距不断拉大。自 20 世纪 90 年代以来，新兴市场和发展中国家逐渐崛起，世界格局呈"东升西降""南升北降"的趋势。按照 IMF（国际货币基金组织）测算，1992 年发达国家 GDP 占全球比重达到 83.6% 的峰值后出现稳定下行趋势，到 2024 年将降至 56.2%；同期新兴市场和发展中国家 GDP 占全球比重则从 16.4% 升至 43.8%。尤其是国际金融危机爆发后，世界经济双速增长特征明显，新兴市场和发展中国家整体实力进一步提升（见图 2–1）。

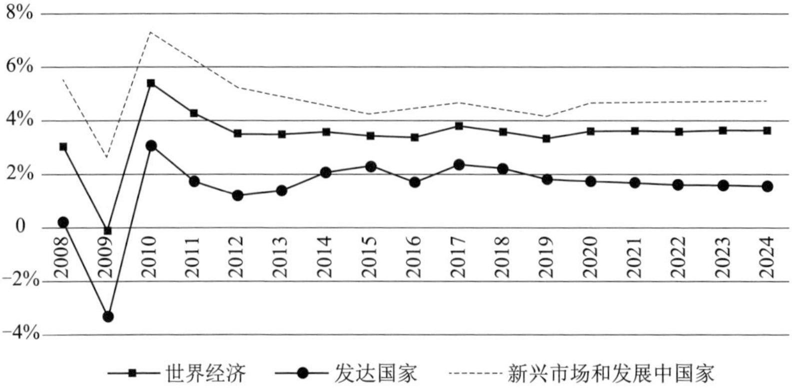

图 2–1　世界经济增长趋势

资料来源：国际货币基金组织

从全球治理格局看，当前国际组织主导的全球治理体系面临一定调整。联合国方面，美国宣布由于 WHO（世界卫生组织）"拒绝执行美方所要求的改革"，将终止与 WHO 的合作关系。此外，美国不顾联合国反对，坚持对伊朗进行单边制裁，严重挑战了联合国权威。IMF 方面，新冠肺炎疫情以来，美国先是阻止 IMF 向伊朗发放 50 亿美元的紧急贷款，而后又以不希望伊朗、中国等国得到救助资金为由，阻止 IMF 增发 5000 亿美元特别提款权（SDR）。未来，国际组织可能面临来自以美国为首的发达国家的更多责难，全球治理体系将受到严重冲击。

从全球经贸格局看，WTO（世界贸易组织）改革谈判博弈激烈，规则前景不明。长期以来，以美国为首的发达国家不断推动 WTO 改革。美欧日等发达经济体推动技术转让、补贴政策、竞争政策、国有企业、发展中国家地位等成为重要议题，意在制定一套新的多边规则把我国“框住”，阻遏我国引进—消化—吸收—再创新，防止中国特色市场经济模式影响力不断扩大。美欧日发达经济体在遏制我国创新成长和削弱我国道路影响力方面，共同利益居多，立场基本一致，我国在 WTO 改革诸多议题中将面临来自发达经济体的普遍压力。由于各成员国难以达成令美国满意的协议，美国以 WTO 上诉机构“滥用权力”为由，不断阻挠大法官的任命，导致 WTO 上诉机制陷入瘫痪。WTO 谈判需要全体协商一致，是一个细致艰难的过程，短期内难以达成，国际经贸环境的不确定性短期内难以平抑。在 WTO 总干事人员遴选过程中，美国与其他国家也存在严重分歧。即使 WTO 新规达成，新国际经贸规则也会对我国体制机制产生深远影响，我国需未雨绸缪，进一步提升经济韧性。

全球科技创新方兴未艾，科技竞争局面日趋白热化

18 世纪中后期以来多次工业革命的经验表明，科技是改变国家竞争力位势的决定性力量。在三次工业革命过程中，世界各国经济实力、综合国力和国际影响力此消彼长、不断发生变化，英国、美国、俄罗斯、德国、法国、日本等国家先后崛起。在第二次、第三次工业革命前后，伴随两次世界大战的深刻影响，以工业革命发源国为中心、以扩散国为外围的世界格局基本形成，并实现了从英国向美国的国际权力转移。从世界近代史的角度看，前三次工业革命居于中心地位的都是美欧日等发达经济体，包括我国在内的发展中国家虽然不同程度地抓住了工业革命扩散机遇，并实现了经济快速发展，完成了全球瞩目的经济成就，但始终属于跟随国，始终居于外围地位。

信息、生物、材料、能源等领域重大突破趋势日渐明朗，新一轮工业革命的脚步趋近，生产技术、商业形态乃至思想理念都将发生颠覆性变化。与前三次工业革命不同，新一轮工业革命将以智能化为核心，包含多领域创新并通过交叉融合进一步加速创新。世界经济论坛调查显示，2025 年前最有可能出现的 21 个技术引爆点中，主要是与信息技术和互联网有关的领域（见表 2–1）。随着各国加速布局 5G 技术，万物互联的基础不断强化，社会数字化转型不断加速，人工智能技术不断取得新突破，新一轮工业革命的重大技术将开始向供给侧大规模推广，对产业模式和供给形态产生颠覆性影响。

表 2–1　新一轮工业革命的主要技术创新领域

数字领域	5G和物联网
	量子计算等新计算技术
	区块链与分布式账本技术
物理领域	新一代人工智能与机器人
	新材料
	新能源
	增材制造（3D打印）与多维打印
生物领域	生物技术
	神经技术
	虚拟现实与增强现实

资料来源：克劳斯 · 施瓦布，尼古拉斯 · 戴维斯 . 第四次工业革命——行动路线图：打造创新型社会 [M]. 世界经济论坛北京代表处，李菁，译 . 北京：中信出版社，2018.

历史经验告诉我们，重大科技革新的发源国将跃入全球权力中心，因此各国将加紧对技术高地的争夺。发达国家均出台了相应政策，强化自身创新能力建设。美国通过《无尽前沿法案》，四管齐下对科研体制进行增量改革，更务实、更有力地支持技术研发和成果转换。一是完善组织架构，改组国家科学基金会，更名为国家科学和技术基金会（NSTF），增设技术局，加强对技术研发和成果转化的组织和支持。二是大幅增加科研投入，2021—2025 财年给予技术局 1000 亿美元的预算资助。三是明确重点投资的 10 个关键技术领域，包括人工智能、高性能计算、先进通信、生物技术等。四是建设区域技术枢纽，在美国最具创新潜力地区投资 100 亿美元，建设 10~15 个区域技术枢纽，打造全球技术研发和制造中心。同时，日本、德国等国家也分别出台机器人革命行动计划、工业 4.0 计划等重大战略，着眼未来竞争，重视国家安全，动用国家力量，加强政府投入。发达国家纷纷加大科研投入，改革科研体制将助推国际科技竞争进一步趋向白热化。

从现阶段看，我国创新能力大幅跃升，科技竞争力显著增强。2015 年，美国《福布斯》曾总结中国领先世界的 7 项技术，但主要停留在移动支付、互联网金融、快递等应用领域。2020 年，我国在 5G、超级计算机、基因编辑、人工智能、射电望远镜、量子通信、航空航天等方面已经跃居世界前列，并在部分领域进入国际最先进水准行列，领先领域已经从应用层面向原创创新层面转变。例如，我国人工智能专利数量已经超越美国，发射了全球第一颗量子科学实验卫星“墨子号”、第一次实现人类探测器在月球背面着陆。

为保持长期以来的技术优势，发达国家科技主权意识显著上升，大幅泛化国家安全概念，保护本土科技优势。一是阻碍正常人员交流。2018 年 6 月以来，美国为限制我国学生赴美攻读机器人、航空航天和高科技制造等专业，将相关专业学生的签证有效期限制为一年。此外，美国还列出需要高级审查的企业清单，如果我国公民前往清单内企业从事研究或管理工作，需要获得美国多个部门的许可才能获得签证。二是通过国内法律阻碍中国企业正常经营。目前，美国通过长臂管辖、实体清单等多种国内政策工具打压华为、中兴、海康威视等我国优秀企业正常经营。三是不断扩大出口管制力度。美国不断修改《国防授权法案》《出口管制条例》《武器国际运输条例》，严控人工智能、机器人、量子信息、微处理器等方面的技术和产品出口。同时，为延缓我国科技企业崛起速度，阻挠 ASML（阿斯麦尔）公司向我国出口光刻机设备，意图从产业链上下游对我国技术发展釜底抽薪。四是在规则领域争夺进一步激化。为争夺下一代通信技术的主导权，西方国家通过多种手段阻止我国企业的商业布局。目前，英国、瑞典、日本等国已经实际将华为设备排除在 5G 建设之外。主要国家和地区人工智能发展概况对比，如表 2-2 所示。

表 2-2　主要国家和地区人工智能发展概况对比

国家（地区）	人工智能企业数（2016年）	人工智能融资规模（2000—2016年，100万美元）
美国旧金山湾区	1045	11010
中国	1477	2762
英国	418	1251

续表

国家（地区）	人工智能企业数（2016年）	人工智能融资规模（2000—2016年，100万美元）
印度	283	—
加拿大	234	695
以色列	202	937
日本	—	437

资料来源：乌镇智库，《乌镇指数：全球人工智能发展报告（2017）》

国际分工格局面临重构，双循环新发展格局是我国提高国际地位的主动调整

目前，全球分工格局和能源版图深度调整，传统国际分工大三角被碎片化区域生产网络替代风险上升，能源供给版图正在被新四角关系取代。构建双循环新发展格局的目的是做大做强我国自身，是应对全球分工格局和能源版图调整的重大举措。

全球产业垂直化分工正在发生深刻变化，经济全球化面临阻碍

20 世纪 80 年代以来，以信息技术革命为代表的科技创新大幅降低了资本、信息和人才在全球自由流动的成本，推动了大型跨国公司主导下以垂直专门化分工为代表的国际分工进程，导致以中间品贸易为代表的全球贸易增速持续高于世界经济增速，以我国为代表的发展中国家得以融入经济全球化进程，有效推动了经济高速增长。然而，国际金融危机以来，经济全球化的这个传统动能已出现疲弱态势，2011—2016 年，国际贸易增速持续低于世界经济增速，跨国投资一直未能恢复到危机前的水平。未来一段时间，这一动能衰减预计更加明显。一是因为 IT（信息技术）、汽车等传统全球价

值链已经比较成熟，增量扩张空间不大，主要进行存量分工的局部调整，而能够进行模块化分工的新兴产业价值链尚未出现。二是因为在大型跨国公司主导的传统经济全球化中，不同国家、不同组织、不同阶层掌握的资源、所处的位势和参与的程度存在明显差异，不可避免地出现获益不均问题，导致收入分配差距拉大，成为逆全球化的主要导火索。

北美、东亚和欧洲三大区域供需网络加速形成，我国参与全球化的方式发生深刻变化

在跨国企业主导的上一轮全球化中，由于各国资源禀赋不同，全球形成了由资源型国家提供资源、东亚经济体从事制造加工环节、欧美发达国家从事核心研发和提供最终需求的大三角网络。目前东亚、北美和欧盟的要素禀赋差异已经显著缩小，基于三大区域市场需求和新型价值链合作方式而产生的新型区域生产网络将迅速发展。新冠肺炎疫情导致全球人员、货物、资本跨境流动受阻，多国政府利用疫情夸大全球产业链“牵一发动全身”的脆弱性，煽动本土制造业回流。高德纳咨询发布的《世界机床调查》报告显示，2019 年全球 15 大机床消费国中有 12 个消费量出现下降；其中，我国消费量大幅下降 25.3%，降幅占全球一半；美国在 12 个下跌国中跌幅最小，导致其全球份额增至 11.9%，达到 2001 年以来的最高水平；墨西哥机床消费则显著增长，占全球份额从 2018 年的 2.4% 增至 2019 年的 3.1%。这些变化预示着北美制造业板块正在成形，“大三角”全球分工格局解体风险上升。

西方跨国企业“内部联姻”现象普遍，经济主权意识明显增强

2019 年全球跨境并购交易总额仅有 1.2 万亿美元，同比下降

25%，为2013年以来的最低水平，占全球并购总规模的不到1/3。其中，2019年我国并购案金额同比大减14%至3803亿美元。地缘政治不确定性上升以及监管机构加强审查，导致许多企业高层和董事会对于在本土市场以外扩展业务缺乏信心，这是跨境并购交易大幅减少的主要原因。美国通过《外国投资风险评估现代化法案》，对外国投资委员会进行改革，扩充其管辖权，修订其审查程序。欧洲理事会正式批准《欧盟统一外资安全审查框架协议》，大幅扩大了外资审查范围。日本政府也修订了《外汇与外国贸易法》，凡是涉及在武器制造生产、航空航天产业等日本政府认定的“国家安全”领域的收购和并购项目，都需事先向日本政府部门提交申请。受新冠肺炎疫情影响，为防止本土企业被外国资本“抄底”，欧盟、意大利、西班牙、德国、法国、加拿大、美国等均表示收紧外资安全审查，防止关键资产和技术被收购。印度等国家还制定了专门针对我国的政策。西方“自我保护”意识增强，我国参与全球分工面临新的挑战。

美国或将成为能源净出口国，全球能源版图发生重大变化

特朗普就任美国总统以来，将“能源独立”作为重要战略目标。近年来，依托页岩气开发取得重要进展，美国逐渐摆脱对能源进口的依赖。2010—2019年，美国原油日产量从755.8万桶大幅跃升至1704.4万桶，年均增长8.4%。2018年，美国地质调查局宣布，沃尔夫坎普盆地和二叠纪盆地的能源可采储量达463亿桶原油、281万亿立方英尺[①]天然气、200亿桶液化天然气，是美国

① 1立方英尺≈0.03立方米。

本土储量最多、最具开发潜力的油田。随着“能源独立”的深入实施，美国本土石油矿藏还将进一步被挖掘，能源供给国的地位将更加巩固。

国际能源格局的传统三角关系转变为更复杂的四角关系。长期以来，国际能源格局呈现“三足鼎立”之势，分别为以沙特为首的OPEC（石油输出国组织）成员国、以俄罗斯为代表的非OPEC成员国家和以美国为代表的消费国。美国页岩气革命取得重大进展后，美国的身份从单纯的需求方，变为兼具需求和供给的双重身份，形成一种集生产大国、消费大国、出口大国为一身的全新能源格局（见表2-3）。在新的四角关系下，中国、印度等发展中国家以及日欧等美国传统盟友构成消费方。

表2-3　美国石油产量和出口量　　（单位：1000桶/天）

年份	产量	出口
2010	7558.37	28.22
2011	7882.73	20.83
2012	8926.46	22.77
2013	10098.68	112.08
2014	11801.45	357.25
2015	12781.00	508.63
2016	12348.54	553.06
2017	13134.85	942.73
2018	15359.94	1851.48
2019	17044.60	2765.57

资料来源：BP能源

在新的能源格局下，我国能源面临新的机遇和挑战。美国从能源消费国转向净出口国，这压低了全球油价，增加了全球油气资源供应，降低了我国能源成本。同时，美国回归传统能源，客观上减少了对新能源的投入，为我国可再生能源领域创造了实现技术超越的重大机遇。同时也需要注意，虽然未来太阳能、风能、核能等可再生能源增速将继续上升，但由于页岩气等大规模开发，可再生能源在全球能源供应中的比重可能不会大幅上升。国际能源署预测，2025 年全球化石能源占比仍然高达 78.4%，较 2017 年仅下降 2.4 个百分点。“能源独立”为美国在国际能源战略博弈方面赢得先机。近年来，美国通过扶持反对派、经济封锁、单边制裁、武力恫吓等方式，在国际上大力打压委内瑞拉和伊朗。如果两国不能顶住美国的压力，那么 OPEC 就会被沙特主导。作为美国的传统盟友，一旦沙特主导 OPEC，那么必将保障美国在能源供应方面占据主动地位。目前，美国制裁多个参与“北溪 –2”项目建设的欧洲企业，试图切断欧盟与俄罗斯的能源往来，增强对传统盟友的控制。2018 年，我国自美国进口矿物燃料仅为 37 亿美元，但在中美第一阶段贸易协定中，2020 年和 2021 年，中国自美国进口能源产品不少于 185 亿美元和 339 亿美元。未来，美国还可能通过其他手段在能源领域对我国施压。

外部经济政治风险显著上升，双循环新发展格局是我国统筹发展和安全的主动调整

2020 年初暴发的新冠肺炎疫情，造成经济长期下行与短期大

幅波动的共振，地缘政治与债务风险加速演化，“灰犀牛”风险不降反升。双循环新发展格局是维护我国经济安全、防止外部风险在内部发酵的“防火墙”。

全球经济呈弱增长趋势，对我国经济紧缩效应上升

由于传统动能衰减，新冠疫情暴发前，全球经济已经进入弱增长时期。世界银行的数据显示，2013—2017 年全球潜在增长率仅为 2.5%，低于 1998—2017 年平均水平 0.5 个百分点。从人口增长、资本积累、技术进步三方面看，未来一段时间，经济仍将处于弱增长时期。IMF 最新预测，受新冠肺炎疫情影响，2020 年全球 GDP 将萎缩 4.4%，随后将缓慢复苏，2025 年预计增长 3.5% 左右。

从人口结构看，全球老龄化趋势难以逆转。世界银行测算显示，2013—2017 年全球经济潜在增长率下降，25% 归因于劳动力供给增速放缓。新冠肺炎疫情暴发前，除欧元区就业率尚有提升空间外，多数经济体已达到或接近充分就业，主要依靠劳动年龄人口的自然增长来扩大劳动力供给。然而，未来一段时期全球人口增长趋缓和老龄化趋势呈现不可逆转之势，这对劳动年龄人口增长形成强力制约。其中，发达经济体于 2010 年后劳动年龄人口绝对数量开始下滑，未来将面临更加严峻的劳动力供给形势。联合国统计数据显示，2015—2020 年，全球人口年均增长率仅为 1.09%，低于 2010—2015 年 0.1 个百分点。预计 2020—2025 年将继续降低至 0.98%，发达国家和发展中国家分别为 0.19%、1.13%，低于 2015—2020 年 0.07、0.12 个百分点。老龄化趋势可能继续加剧，发达国家劳动人口自 2010 年见顶后加速下滑，预计未来 5 年年均减少 0.30%；发展中国家虽然劳动人口仍未见顶，但增速放缓，未来 5 年年均增长

1.14%，增速低于过去 5 年 0.07 个百分点（见表 2-4）。

表 2-4　2000—2030 年全球人口增长和劳动年龄人口增长概况

（单位：%）

	人口年均增长率			劳动年龄人口（15~64岁）年均增长率		
	全球	发达经济体	发展中国家	全球	发达经济体	发展中国家
2020—2025年	0.98	0.19	1.13	0.92	−0.30	1.14
2025—2030年	0.87	0.13	1.01	0.79	−0.32	0.98

资料来源：联合国统计数据库

从资本积累看，全球投资增长率长期放缓。新冠肺炎疫情暴发后，IMF 预测，2020 年全球直接投资将达到 2006 年以来的最低水平，2021 年还将继续下降 5%~10%。跨境资本流动动力不足除疫情影响外，主要有两个原因。一是传统产业利润率趋降，新兴产业尚在培育，有效投资机会稀缺，这在发达经济体尤为明显。二是国际金融危机以来少数巨头企业在经济复苏与增长中受益最多，市场支配能力显著增强，更加倾向于通过寡头地位而不是追加投资获取利润，这对广大中小企业的投资能力和投资意愿形成明显抑制，从而阻碍投资率提高（见图 2-2）。从短期波动看，新冠肺炎疫情为全球资本流动带来主权债务风险。全球各主要经济体纷纷扩大公共支出以刺激经济，政府债务规模持续扩大，而主要经济体停工停产、人员流动受阻导致政府收入减少，后续极易导致主权债务危机。部分欧洲国家，尤其是意大利、西班牙、希腊本身就存在债务隐患的国家，很有可能被迫收紧流动性，并引发一系列连锁效应。由于缺乏投资机会，全球流动性持续过剩。新冠肺炎疫情暴发以来，各国央行紧急提供流动性，进一步加剧流动性过剩问题。全球供应链受阻，大量流动性流入虚拟经济，极易吹大资产泡沫，全球央行为应对严重的通胀压力而不得不采取加息措施，最终可能导致全球性经济危机。

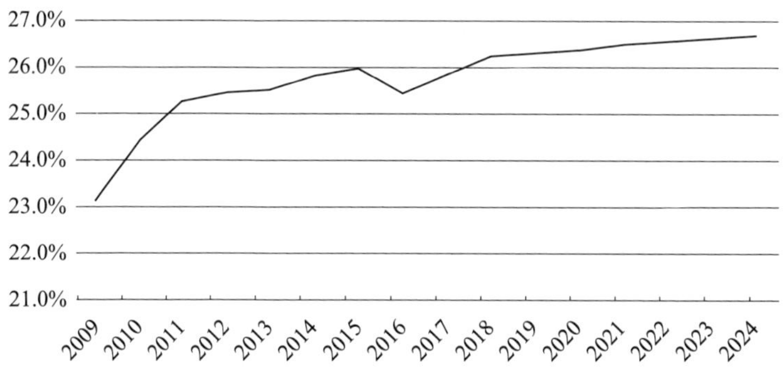

图 2-2　2009—2024 年全球投资率变化

资料来源：国际货币基金组织

从技术进步角度看，新一轮科技革命仍然难以驱动经济快速增长。工业革命以来世界经济大体经历了 5 轮长周期，技术的革命性变革都是长周期转换的决定性力量（见表 2-5）。当前，新一轮科技革命孕育兴起，有望推动世界经济步入第六轮长周期的上行阶段。但是，技术进步仍然难以支持经济进入上行通道，支撑全球经济增长的传统动能将持续衰减，新动能仍处于早期发展阶段，有效投资需求不足。一是传统的 IT、汽车等全球传统价值链已经较为成熟，持续扩张空间不大。二是目前的科技创新仍然停留在应用创新阶段，对降低交易成本、提升消费便利度效果明显，但无法对供给侧各行业产生颠覆性影响。根据世界经济论坛调查，2025年前最可能出现的技术引爆点共有21个，包括智能手机、无人驾驶、区块链等领域，但由于缺乏应用场景，真正大规模商业推广并颠覆现有产业模式和供给形态预计要到2030年乃至更久之后，短期内仍然难以出现大规模的投资需求。

表2-5　工业革命以来世界经济长周期概况

	上行阶段	下行阶段	标志性技术和产业
第一轮	1795—1825年	1825—1850年	蒸汽机、纺织业
第二轮	1850—1873年	1873—1890年	钢铁、煤炭、铁路
第三轮	1890—1913年	1913—1945年	电气、汽车、化学
第四轮	1945—1971年	1971—1990年	计算机、汽车、生物
第五轮	1990—2008年	2008—2025年（预计）	信息技术、生产性服务业
第六轮	2025—2030年（预计）	—	新一代人工智能、新材料等

资料来源：作者整理

从短期波动看，自新冠肺炎疫情在全球蔓延以来，主要经济体经济面临严重的下行压力，贸易投资急剧萎缩。2020年10月，IMF预测，2020年全球经济将萎缩4.2%，较2008—2009年金融危机期间更为严重。WTO和联合国贸发会（UNCTAD）预测，全球贸易将萎缩12.9%~31.9%，外国直接投资将萎缩5%~15%。新冠肺炎疫情对全球的影响范围极广。疫情影响的人口数量占全球75%以上，影响的GDP占全球80%以上，影响的供应链占全球的

90% 以上，人类经济活动三大中心——供给中心（中日韩）、需求中心（欧美）、能源中心（中东）相继被攻陷。

地缘政治风险趋升，影响经济增长的稳定性

2017 年底美国发布《国家安全战略》报告，首次将大国竞争列为首要安全关切，将我国排在俄罗斯前作为主要战略竞争对手。此后，美国不断加码，在周边国家对我国进行施压。一是通过单边制裁、抹黑等方式阻止我国在周边国家的正常项目建设。二是将我国与周边国家的领土领海问题多边化、复杂化，意图升级我国地缘政治风险。东海方向，美国多次强调钓鱼岛适用于《日美安保条约》，并推动对台军售、高级别官员访台，意图恶化中日关系，升级台海局势；南海方向，以自由航行为借口，纠集澳大利亚、英国等盟友船只通过争议海域，支持越南、菲律宾等国家对我国领海声索；中印方向，一方面对外做出愿意调停两国争端姿态，意图树立其公正客观的国际形象，另一方面对两国领土争端持“双标”态度，实际损害我国领土完整。中美在多领域的博弈是中美经济实力、综合国力和国际影响力相对变化的产物，是美国对华战略由接触与合作为主转向竞争为主的重要标志，对我国经济运行的稳定造成一定负面影响。

全球债务风险加剧，引发市场普遍担忧情绪上升

为应对新冠肺炎疫情，各国出台大规模稳定和刺激经济方案，未来很可能造成较为严重的债务问题。截至 2020 年 4 月底，美国出台的财政刺激政策规模超过 25000 亿美元，占 2019 年 GDP 比例超过 10%；日本出台了高达 117 万亿日元的应对方案，占 2019 年 GDP 比例超过 20%；欧洲各国也普遍采取了类似方案，其中西班牙的刺激政策规模占 GDP 比例也超过 20%。一旦某些国家持续保持超高赤字率和超级债务货币化，很可能导致财政纪律失控，引起恶性通货膨胀。目前，一些针对日本市场的研究已经表明，长期的超宽松货币政策客观上维持了大量僵尸企业，阻碍生产率提高。针对新冠肺炎疫情的经济刺激政策虽然避免了经济短期恶化，但也造成了未来去杠杆过程中的诸多风险。去杠杆过缓可能造成市场扭曲长期存在，拉低企业运营效率；去杠杆过快可能造成金融系统性风险，并向实体经济蔓延。不断攀升的债务规模和无法有效运行的市场淘汰机制，将导致经济增长面临新的“灰犀牛”。

双循环新发展格局是全局性谋划和战略性布局

目前，全球经济增速放缓，我国比较优势加速转化，国内发展阶段和供需条件发生变化，经济增长动能发生深刻变革。构建双循环新发展格局，是我国重塑竞争优势、加快建设更高水平对外开放、推动经济高质量发展、优化供需结构的主动调整。

双循环新发展格局是适应国际经济循环新变化，重塑国际竞争优势的新布局

改革开放以来，我国抓住经济全球化的历史机遇，积极融入全球分工合作，实现了经济的跨越式发展。然而，由于外需不振和国内经济规模扩大等原因，以国际循环为主的外向型经济难以适应我国现阶段经济发展，不仅造成经济动力不足，还可能造成全球贸易争端，恶化我国外部发展环境。因此，我国必须加快构建双循环新发展格局，激活内生动力和内在活力，以国内发展向好的“确定”应对外部环境的“不确定”。同时，利用国内经济繁荣发展，带动世界经济复苏，创造对我国更加友好、稳定的外部环境。

改革开放初期，“三来一补”带动我国经济大跨步增长

1978 年党的十一届三中全会上，党中央做出了对内改革、对外开放的伟大决策，拉开了我国发展“三来一补”产业的序幕。1979 年 4 月，广东省委负责人向中央领导同志提出兴办出口加工区、推进改革开放的建议。同年 7 月，党中央、国务院批准广东、福建两省实行

“特殊政策、灵活措施、先行一步”，并试办出口特区。1980 年 8 月，党和国家批准在深圳、珠海、汕头、厦门设置经济特区，1988 年 4 月，又批准建立海南经济特区。在特区土地租金优惠政策下，“三来一补”产业开始最早在特区兴办起来。“三来一补”产业，主要指来件装配、来料加工、来样定制、补偿贸易等相关形式，涵盖服装、鞋帽、玩具、电子、塑料、五金等多个产业门类，多属劳动密集型产业。具体而言，是一种由中方提供土地和厂房，并负责生产加工环节，而由外方提供原料、技术、资金和出口销售渠道的对外贸易形式。这实质是一种“大进大出、两头在外”的经济形式，即生产环节在国内，而原材料进口和成品出口的两头都在国际市场上。

“三来一补”经济形式最早兴起于广东，据查振祥和甘立平（1994）的统计，改革开放后至 20 世纪 90 年代前，全国“三来一补”企业 90% 主要集中于广东省。比如，1978 年，广东省东莞县第二轻工业局设在虎门的太平服装厂与港商合作创办了太平手袋厂。这是全国首家“来料加工企业”，投产第一年就为国家赚取外汇 60 多万港元。而后短短 10 年间，“三来一补”企业在广东遍地开花，广东成为我国第一出口大省。后来随着土地和劳动力成本的上涨，20 世纪 90 年代后，该经济形态逐渐从珠三角向福建、江浙、山东、辽宁等沿海一带延伸，后来也进一步扩展进入四川、河南等人口众多且劳动力价格低廉的内陆省份，大大带动了中国经济的跨越式发展。发展“三来一补”产业后，带动我国出口额从 1979 年的 136.6 亿美元，迅速增长到 2000 年（加入 WTO 前）的 2492 亿美元，增长了近 20 倍。净出口情况由负转正，由 1979 年的贸易逆差20.1亿美元，转变为2000年的贸易顺差241.1亿美元。

加入WTO后，我国全面融入经济全球化，外向型经济跨越式发展

2001年11月11日，我国正式加入WTO，这成为我国对外开放的重大里程碑。加入WTO后，随着国际市场和资金、技术等要素资源的进一步开放，打破了贸易保护的关税壁垒，我国在全球产业分工中的地位显著提升。以海尔、格力、长虹等国产品牌为龙头，逐步形成自主品牌出口潮，而不再仅仅是“三来一补”代工模式。在WTO要求下，我国知识产权保护法律不断完善，随之国外对技术出口管制也有一定放开，我国引入国外先进技术和设备的数量获得较大幅度增长，加上国内自主研发能力的提升，推动了我国高技术、高品质和高附加值的外贸产品出口占比的提高。

从进出口规模看，2004年我国进出口总额突破万亿美元大关（9.55万亿人民币，约合1.15万亿美元），超过日本，跃居全球第三大贸易国（见图2-3）。加入WTO后，我国对外贸易的增速远远超出国内生产总值的平均增速，对拉动国内经济增长起到了举足轻重的作用。

从对外贸易全球占比看，自2001年加入WTO后，我国出口金额的全球占比从2001年最初的4.29%上升至2019年的13.23%，占全球出口额的10%以上。多年来，无论国际国内经济形势如何变化，我国出口份额都稳中有进，我国参与世界产业链分工的深度和广度不断提升。并且，我国进口额的全球占比从2001年最初的3.39%提升至2019年的10.8%，也占到全球进口额的10%以上，中国依赖国际市场进口原料和消费品的程度也在同步加深（见

图 2-4）。

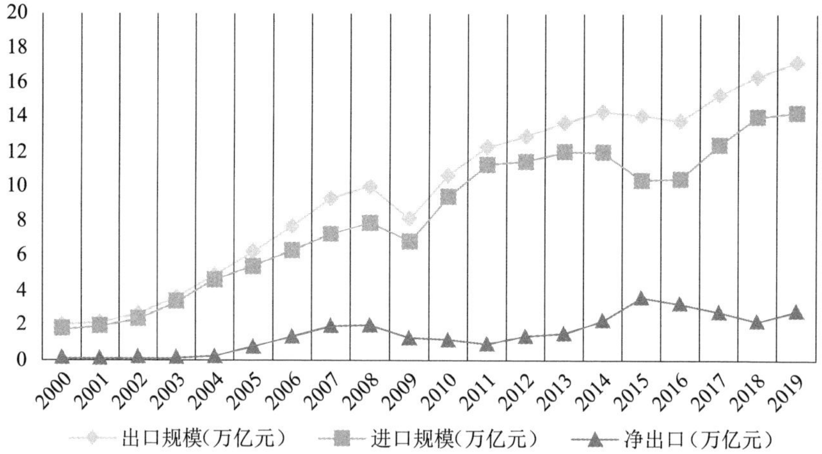

图 2-3　近年来我国对外贸易情况

资料来源：国家统计局

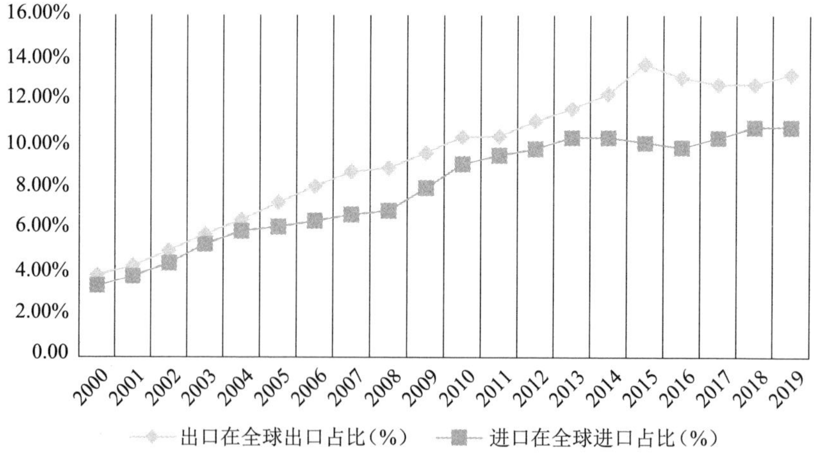

图 2-4　加入 WTO 后我国进出口在全球贸易中的占比

资料来源：国家统计局

近年来，我国对外依存度下降，外向型经济对我国经济增长贡献减弱

随着我国经济规模的不断扩大，单纯依靠外需难以驱动经济高速增长。虽然我国货物进出口总额仍在持续扩大，但外贸在国内经济中的比例却持续下降。2006 年进出口总额占 GDP 比重曾攀升至 62.4% 的历史高位，此后持续下降，至 2019 年，该比例已经下降至 31.8%。同时，我国已经是全球第二大经济体，仅依靠满足外需已难以拉动经济增长。目前，我国 GDP 只要增长 1%，就相当于 2010 年 GDP 总量的 1.9 倍。从国际经验看，世界大型经济体也往往都是以国内需求为主、国际需求为延伸和补充的。因此，通过外需拉动经济已经不符合现阶段我国国情，急需转变增长方式。

适应对外开放新要求，推动高水平开放的新战略

我国传统比较优势转变，利用我国成本优势吸引外资的传统路径受限，但受益于收入提高、国内市场规模不断扩大等因素，市场寻求型外商投资显著增多，要求我国从制度上与其他国家进行更深、更广的对接。双循环新发展格局是我国重塑比较优势的主动调整，是建设更高水平的对外开放的新战略。

我国传统比较优势弱化，成本驱动型产业外转趋势增强

近年来，我国劳动力、土地等成本显著上升，传统比较优势开始被南亚、东南亚国家取代。2009—2018 年，我国私营制造业部门年均工资从 17260 元大幅上涨至 49275 元，而 2018 年越南制造

业年均工资不到18000元，大幅低于我国。2018年中美贸易摩擦爆发后，南亚、东南亚国家成本优势更加凸显，不仅以三星为代表的跨国企业开始向越南等国家转移产能，我国部分民营企业也开始向相关国家转移劳动密集型产业。虽然与东部沿海地区相比，中西部地区综合成本更低，但是受环保标准上升等因素影响，西部地区承接东部沿海地区产业转移仍然存在一定难度。在调研过程中，不少企业反映，由于南亚、东南亚国家产业配套较差，短时间内并不会发生大规模的产业转移，但在部分跨国企业大项目的带动下，相关国家产业配套水平迅速提高，未来5年，成本敏感性行业的产能很可能加速转向南亚、东南亚国家。

营商环境稳步改善，外商对华投资增加

近年来，我国多措并举提升服务质量，营商环境大幅改善。2018—2020年，我国在世界银行《营商环境报告》中的排名，从78位跃升至31位，连续两年跻身全球营商环境改善最快的经济体之列。外资企业对华投资规模扩大。2019年，我国实际使用外资9415亿元，稳居发展中国家首位、全球第二位。美国对华直接投资仍然稳定，并没有受到中美经贸摩擦影响。2016—2019年，美国企业在华直接投资规模分别为140.1亿美元、141.6亿美元、128.9亿美元、141.3亿美元。2019年，美国在华投资产业主要为汽车、医药与消费行业，更加贴合中国市场。汽车领域，美国新能源汽车行业巨头在上海设厂。依托上海工厂及其配套产业，特斯拉在2020年7月达到部分车型70%的国有化比率。医药领域，安进通过收购百济神州获得百济神州用于治疗肿瘤的技术，百济神州则接手安进在华的运营团队，进一步提高了科研能力。消费行业领域，美国迪士尼在北京建设的环球影城预计于2021年开始营业。我国营商环境不断优化，消费潜力不断释放，对西方国家的吸引力进一步增强，对我国在新环境下“稳外贸、稳外资”工作意义重大。

高水平开放型经济新体制加快构建，制度型开放全面推进

目前，随着我国对外合作的深度和广度由简单扩大贸易、引进外资和“走出去”提升到构建多元化、多维度、全方位的对外合作网络，传统针对某个具体问题的对外开放模式已经力不从心，这就要求我国对外开放从根本理念上进行转变，推动我国开放型经济体制和世界现行体制、未来理想化体制相互包容和融合。从国际经验看，德国以制度型开放为契机，极大地提升了德国利用两个市场、两种资源的能力。欧盟成立以来，德国国内法律明显以欧洲一体化为中心，同时尽量保证国内规则与欧盟其他国家规则相适应。近年来，德国对外贸易快速发展，通过组建“多边主义联盟”扛起全球化大旗，国际地位显著提高。近年来，我国以制度型开放为契机，不断扩大对外开放力度，吸引更多优质外资，与其他国家的利益交汇点不断增加。在传统要素型开放背景下，我国往往以促进某类商品和要素流动为目的进行制度设置，如针对某商品进行关税调整、技术壁垒管制等。随着我国与其他国家双向合作的深度与广度不断提升，针对某个问题进行回应的模式已经难以适应我国现状。从国际环境看，在经贸领域，西方国家与我国的矛盾点已经从边境前转向边境后，从关税问题转向补贴、垄断、国有企业等问题。我国开展制度型开放的紧迫性增强。制度型开放要求我国以经济高质量发展为目标，将视野从局部领域转向全国乃至全球，将重大改革任务与构建开放型经济新体制有机统一起来。这就要求我国不能再仅仅聚焦生产、流通、消费、分配等某个环节，还要从全局角度打通经济循环中的堵点和淤点，这与我国加快构建双循环新发展格局的要求不谋而合。

双循环新发展格局是适应我国发展阶段重大变化，推动经济高质量发展的新路径

当前，我国已进入高质量发展阶段，人均国内生产总值超过1万美元后，继续发展具备制度优势显著、治理效能提升、经济长期向好、物质基础雄厚、社会大局稳定等多方面优势和条件，但同时也存在一些短板和弱项。要着力解决人民日益增长的美好生活需要和不平衡不充分发展之间的矛盾，必须加快畅通国民经济生产、流通、分配、消费过程，推动经济发展质量变革、动力变革、效益变革，实现更高质量、更有效率、更加公平、更可持续、更为安全的发展。

从投入环节看，生产效率仍然有待提高

目前，我国劳动生产率、资本产出率、全要素生产率趋弱，迫切需要加快畅通国民经济循环，不断提高产出效率，增强经济发展效益。劳动生产率面临持续减速。改革开放以来，劳动力由低效率的农村地区流向高效率的城镇地区是推动我国劳动生产率不断上升的重要因素之一。数据显示，我国城镇化率由1978年的17.9%升至2019年的60.6%，极大地推动了我国整体劳动生产率的提升。然而，近年来城镇化率增速放缓的趋势越发明显，劳动力从农村向城镇转移的步伐放慢，恐将对后续劳动生产率的提升形成明显制约。与此同时，人户分离人口和流动人口数量于2014年迎来其历史性

拐点，随后呈现持续回落态势，也从另一个角度反映出当前及未来一段时间内我国劳动力资源跨地区配置的步伐将逐步放缓，劳动生产率面临的减速压力或将进一步加大（见图 2-5）。

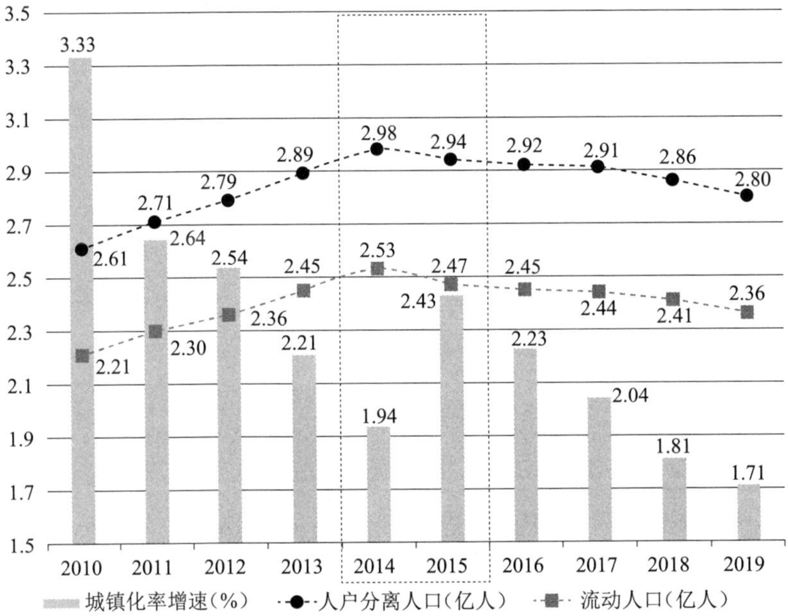

图 2-5　城镇化率增速、人户分离人口及流动人口

资料来源：国家统计局

增量资本产出率总体走低（见图 2-6）。近年来，伴随着我国经济规模的不断扩张，传统依靠高投入实现高产出的经济发展方式逐渐式微，单位 GDP 增速的固定资产投资水平大幅攀升，资本产出效率下滑。2010 年我国增量资本产出率（ICOR）仅为 3.23，随后这一数值大幅攀升，2016 年已达到 7.07 的历史高位，显示单位 GDP 增长的投资规模出现明显上升，投资效率持续回落。同时，公共投资规模持续扩大，政府大量资金被投向回报时间长、收益率低的基础设施建设领域，也在一定程度上拖累了资本产出效率的提高。

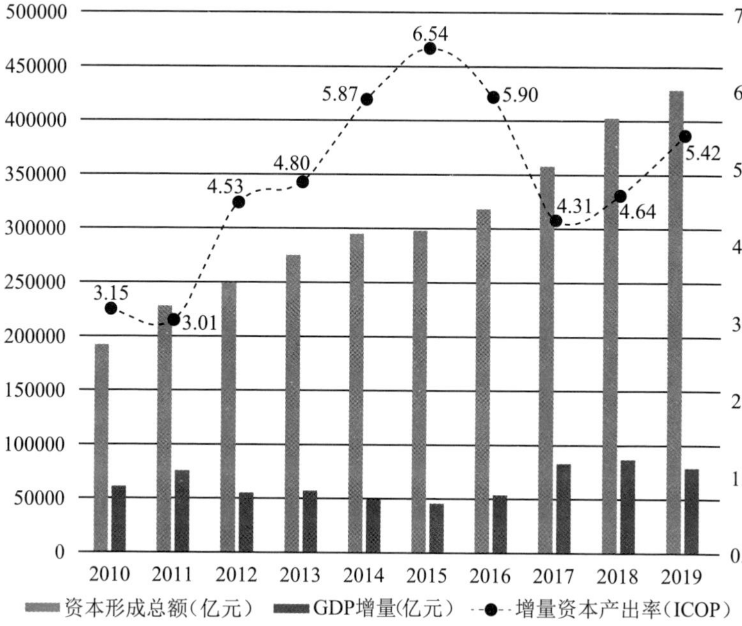

图 2–6　资本形成总额、GDP 增量及增量资本产出率

资料来源：根据国家统计局数据整理计算

全要素生产率难以明显提高。一方面，我国基础研究领域投入不足且结构不合理。2006 年以来，我国研发经费的总体投入水平不断攀升，已相继超过韩、英、法、德、日成为世界第二大研发投入国，截至 2018 年，研发经费占 GDP 的比重已升至 2.18%，与 OECD 国家之间的差距逐渐缩小。与此同时，我国基础研究领域的经费投入同步大幅提升，基础研究占总研究经费比重已由 2010 年的 4.59% 升至 2018 年的 5.69%（见图 2–7），累计增长超过 1.1 个百分点，但与美、欧、日等发达经济体仍存在不小差距，同期美国基础研究领域经费占比高达15%~20%。不仅如此，企业基础研究领域的投入差距更为明显，2007—2017年我国企业基础研究投入仅占企业研发投入的0.1%，占全国基础研究总投入的1.5%，而美、欧、日企业基础研究经费约占其研究总经费的20%。在面临基础研究领域投入总量不足的同时，投入结构的不合理也在一定程度上制约了我国基础研究能力的提升。另一方面，我国科技成果转化仍面临多方面制约，阻碍我国全要素生产率的进一步提升。一是产学研协同面临合作层次不高、合作深度不够、合作资金不足、合作动力不强以及成果转化率低等一系列问题，部分新技术、新方法由于产学研体制转化不畅无法有效落地，行业核心关键技术的研发亟待突破。二是促进、激励科技成果转移转化的相关政策和法规措施不完善、不配套，对自主创新成果的支持不足。

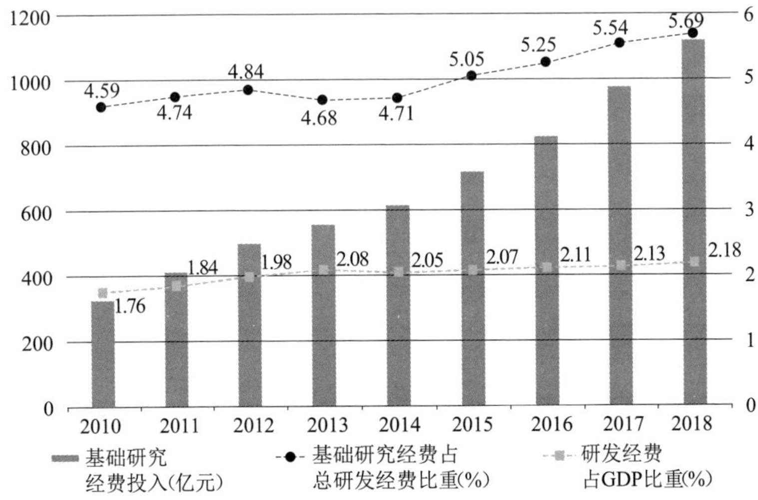

图2-7　2010—2018年我国研发经费、基础研究经费投入及其占比

资料来源：国家统计局

从生产环节看，供给体系结构仍然有待进一步优化

产业、产品和要素供给与经济高质量发展的需要还不相适应，迫切需要加快畅通国民经济循环，优化供给体系结构，提高经济发展质量。产业层次与经济实力不匹配。一方面，制造业竞争力不强。经过多年的持续积累，我国工业实力空前增强，制造业占全球比重已于2010年超越美国跃居世界首位。然而，现阶段我国制造业多位于产业链中低端，技术含量和附加值水平与发达国家仍存在不小差距，迈向产业链上端的过程中仍受多因素制约。近年来，高技术产业在生产经营、研究开发、新增投资领域出现的持续减速问题显示出制造业实现“换道超车”的困难进一步加大（见图2-8）。

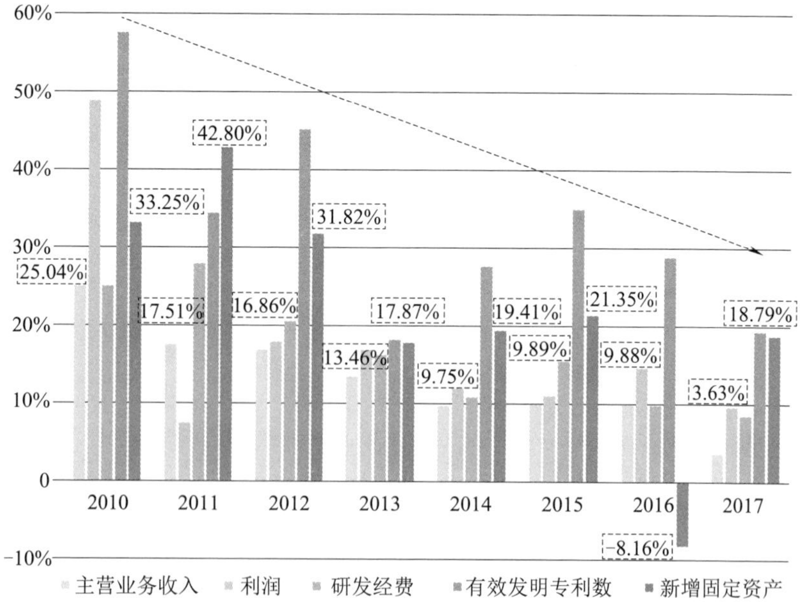

图2-8　2010—2017年我国高技术产业生产经营、研发及投资同比增速

资料来源：国家统计局，科技部

数据显示：经营状况方面，2010 年以来我国高技术产业经营指标增长逐步放缓，主营业务收入同比增速已由初期的 25.04% 快速回落至 2017 年的 3.63%，降幅高达 21.41 个百分点；自主创新方面，高技术产业的研发经费支出和有效发明专利数均实现较大幅度下滑，最大降幅分别达到近 20 个和 30 个百分点。另一方面，现代服务业与国际水平差距依然较大。2015 年我国服务业占 GDP 比重突破 50%，与美、欧、日等发达经济体的产业结构日趋接近。然而，以信息技术、科技服务、通信广播等为代表的现代服务业发展依然滞后。2003 年以来我国现代服务业占 GDP 比重仅由 5% 上升至不足 10%，同期美国、日本现代服务业占比则分别高达 30% 和 20%，显著高于我国当前水平（见图 2–9）。

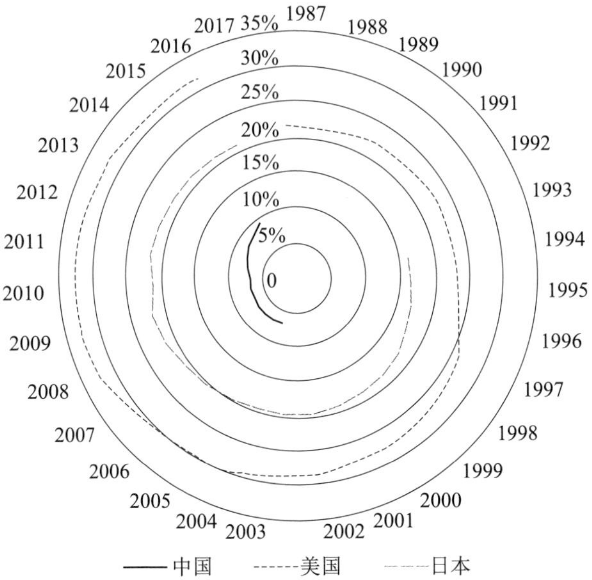

图 2–9　1987—2017 年中、美、日主要现代服务业占 GDP 比重

资料来源：根据 Wind 数据库数据整理计算

人力资本结构矛盾突出。2017年，全国就业人员7.76亿人，技术工人1.65亿人（占比21.3%），其中高技能人才仅4791万人（占比6.17%）。与其形成鲜明对比的是，作为工业强国的日本和德国，高级技工占整个产业工人的比重分别高达40%及50%以上，该比例在中国仅为5%，全国高级技工缺口近1000万人。陈旧的观念、教育资源分配的结构性失衡等成为制约“大国工匠”培养的重要因素，技能型人才供需矛盾或将在较长时期内存在。

融资结构失衡矛盾突显。长期以来，我国社会融资中以银行为代表的间接融资方式始终占据主导地位，而以债券、股票等为代表的直接融资领域发展迟缓。近年来，上述现象甚至有逐渐恶化的趋势。中国人民银行的数据显示，社会融资规模中新增人民币贷款占比由2015年的73.1%快速升至2018年的81.4%，累计上涨8.3个百分点，同期企业债券融资和非金融企业境内股票融资占比分别由2015年的19.1%和4.9%快速回落至2018年的12.9%和1.9%，降幅分别高达6.2个和3.0个百分点，直接与间接融资比例失衡问题进一步恶化（见图2–10）。

核心关键技术领域短板突出。数据显示，我国在核心关键技术上对外依存度高达50%，高端产品研发70%以上需要外援技术支持，重要零部件80%依赖进口，部分关键芯片甚至100%来自进口领域。目前我国自主创新能力实现全面突破的难度较大，高端发动机、新型材料、精密仪器、芯片器件、机器人算法等领域面临一定制约。

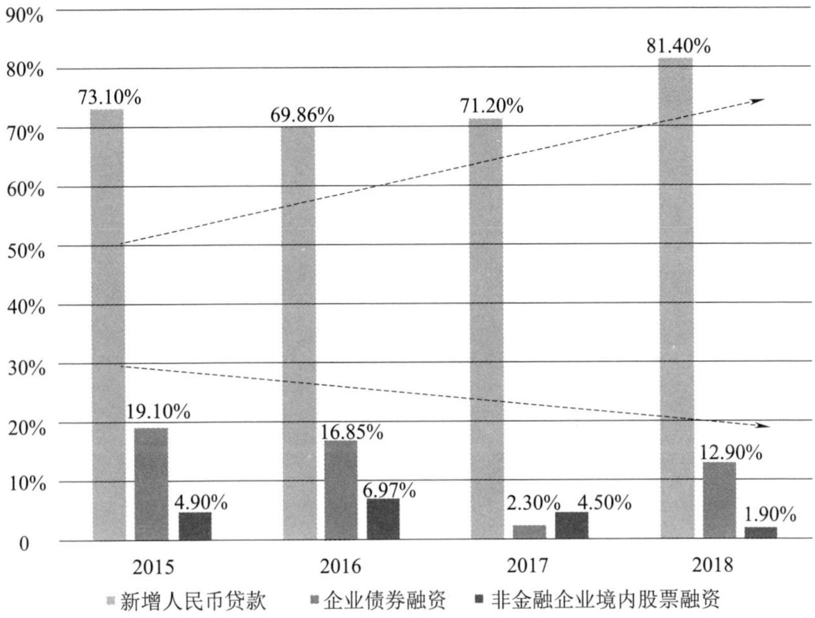

图 2-10　2015—2018 年我国社会融资规模中新增人民币贷款、债券及股票融资占比

资料来源：中国人民银行

从分配环节看，社会分配结构有待进一步优化

收入差距、相对贫困、就业结构性矛盾等问题进一步突显，迫切需要畅通国民经济循环，化解累积的社会矛盾风险，增强经济发展的稳定性。收入和就业领域结构性矛盾持续存在。近年来，随着国家支农惠农政策效应的不断积累和显现，农民就业增收渠道的逐步拓宽，城乡居民收入差距出现连续缩小的态势，但绝对收入差距依然较大，均衡程度依然不高，基尼系数有所反弹，由 2015 年的 0.462 上升到 2017 年的 0.467。未来一段时间，居民收入和就业的总量性问题趋于缓和，但结构性矛盾仍将较为突出。一是贫困人口全面脱贫后仍存在相对贫困问题。对于农村生活水平略高于贫困线

和低保线的居民来说，如果脱贫基础不牢，没有实现有造血功能的脱贫致富，一旦遭遇变故很容易出现返贫或维持相对贫困状态。二是就业市场供需总量矛盾缓和后结构性矛盾也较突出。转变经济发展方式和推动产业转型升级的要求越发迫切，不可避免地会带来产业结构与劳动力结构不匹配的问题。一些传统产业必须淘汰过剩产能，一部分就业岗位被裁减，不仅新的岗位需求需要一定时间才能产生，且更需要员工技能转换才能实现匹配。在传统行业挤出就业岗位的同时，新兴行业短期内难以吸纳适宜的人员就业。

社会结构失衡问题日趋显性化。一是城市内部新二元矛盾更加显性化。当前一些地区正在探索将进城务工人员纳入基层社会治理体系，但绝大部分地区，进城务工人员还主要是社会管理的对象而非主体。新生代进城务工人员的比重不断提高，与老一代进城务工人员相比，新生代进城务工人员的受教育程度更高，在务工地就地消费的比例也更高，融入城市的愿望更强烈，权益观念和维权意识也更强。就业歧视、同工不同酬、随迁子女教育难、进城务工人员家庭老年成员的托养照护等问题如果不能得到充分有效解决，农业转移人口与城市户籍人口之间的矛盾将变得更加直接。二是较大的收入差距使得居民在不同的收入等级之间流动变得困难，而流动性的降低进一步通过资本和财富的积累、阶层和行业之间的阻隔等或将导致收入分配差距拉大，容易导致社会的相对强势和相对弱势群体之间心理失衡，激发社会矛盾，制约中等收入群体的扩大，进而也会影响经济持续健康发展。

双循环新发展格局是适应国内供需条件新变化，充分发挥强大国内市场潜能的新举措

近年来，我国经济结构优化，消费潜力持续释放，人民对美好生活的向往日益增长。然而，国内供给仍然难以满足国内需求质量的提高。在双循环新发展格局背景下，国内厂商将从研发、生产、流通、服务等多个环节畅通国内大循环，基于国内大市场提升基础创新能力，增强对国际经济的影响力。

产业结构持续优化，发展质效稳步提升

近年来，我国工业发展质量向好，服务业压舱石地位继续巩固。我国高技术制造业增加值增速长期高于规模以上工业增速。2019年，高技术制造业增加值增速为8.8%，高于规模以上工业增加值增速3.1个百分点。2020年前三个季度，我国高新制造业逆势而上，同比增长5.9%，高于制造业4.2个百分点，其中，工业机器人、集成电路产量分别增长18.2%和14.7%。目前，我国在超级计算机、轨道交通、量子信息、新能源汽车等多个领域取得重大突破。其中，全球45%的超级计算机位于我国，时速400公里以上的可变轨距高速动车样车下线，墨子号和京沪线构成了首个天地一体化量子通信网络，新能源汽车销量连续5年居全球首位，新能源汽车保有量占全球50%以上。2019年第三产业对经济增长的贡献率已经接近60%。受益于数字经济的快速发展，“数字化+生活服务”线上线下融合的新业态蓬勃发展。《2020年生活服务业新业态和新职业从业者报告》显示，外卖、团购、网约车、共享出行等新业态发展迅速。即使在新冠肺炎疫情的影响下，近五成的新业态从业者仍对

就业持乐观态度，认为新业态抗风险能力更强。我国大力推动数字化、智能化与制造业的结合，生产性服务业规模扩大。2005—2018年，我国生产性服务业增加值占服务业比重从36.1%升至49.9%。“十三五”期间，全国263个地级市和15个副省级城市中，超过80%的城市将研发设计、融资租赁、信息技术服务、服务外包等列为重点发展的服务行业。2019年，信息技术服务业、金融业、商务服务业、科学研究和技术服务业固定投资增速分别为8.6%、10.4%、15.8%和17.9%，远高于全社会固定资产投资5.1%的增速水平。

国内需求持续扩大，强大市场加速形成

2019年，我国人均GDP已超过1万美元，城镇化率超过60%，居民人均消费支出21559元，有超过4亿的中等收入群体。近年来，快速发展的数字经济也具有很强的劳动友好型特征，能够从初次分配层面提高劳动者收入，促进居民消费。例如，外卖、快递等数字经济创造的就业岗位，具有就业灵活、收入较高等特征。根据调研发现，与传统制造业相比，30岁以下农村进城务工人员偏好外卖、快递等行业。数字经济发展还能够进一步拓展消费市场广度，通过互联网破除消费空间限制，进一步激发农村及偏远地区消费潜力。同时，由于我国脱贫攻坚取得重大进展，收入结构更加趋于平衡，消费潜力将进一步释放。打通国内国际双循环，不断扩大国内消费市场，不仅能让国内企业获利，还能惠及全世界。2008年以来，中国贡献了全球进口增量的1/6，中国市场对国际市场的推动作用更加显著。因此，我国必须把满足国内需求作为发展的出发点和落脚点，形成以中高收入群体消费为引领、中低收入群体消费为基础并逐步提升的消费结构。加快建设双循环新发展格局，有利于进一步挖掘我国消费市场对经济的拉动潜力（见表 2-6）。

表 2-6　三大需求对 GDP 增长的贡献率　　（单位：%）

	消费	投资	净出口
2008	44.00	53.26	2.74
2009	57.55	85.29	-42.84
2010	47.44	63.37	-10.81
2011	65.69	41.09	-6.78
2012	55.40	42.13	2.47
2013	50.16	53.10	-3.26
2014	56.32	44.95	-1.27
2015	68.98	22.60	8.43
2016	66.53	45.02	-11.56
2017	57.53	37.67	4.80
2018	65.85	41.54	-7.40
2019	57.76	31.22	11.02

资料来源：Wind

供给体系与国内需求适配性较弱，国内市场潜力有待进一步挖掘

我国产品供给与国内需求的匹配性仍然较弱。一方面，中高端产品供给不足问题将持续存在。随着居民收入水平的不断提升，消费者对于高品质产品的需求持续扩大，国内现有供给体系无法满足上述消费者的购物要求，大量居民通过“海淘代购”“出国抢购”等方式满足自身购物需求，带动我国境外消费规模实现快速大幅扩张。世界旅游组织（UNWTO）的研究报告指出，截至 2016 年，我国境外消费总额已达 2610 亿美元，占全球消费总额的比重高达 20.9%，无论是出境旅游人数，还是境外消费总额，均遥遥领先于世界其他国家和地区，预计短期内这一趋势仍将持续。消费大幅外

流问题的存在，侧面反映了现阶段我国供给体系的总体质量仍与西方发达国家存在不小差距，中高端产品的供给能力有待继续增强。另一方面，产品和服务质量与消费者要求仍存在差距。目前，我国消费市场的低端低质产品仍然普遍存在，影响了消费者的整体购物体验。国家市场监督管理总局的数据显示，2014 年以来，我国监督抽查不合格发现率有所上升，由初期的 7.7% 升至 2018 年的 10.3%（见图 2–11）。与此同时，包含内外部损失成本之和的质量损失率持续提高，由 2013 年的 0.1% 升至 2017 年的 2.0%，上升 1.9 个百分点。值得注意的是，近年来，我国产品质量优等品率出现明显回落，由 2013 年的 75.0% 降至 2017 年的 57.1%，降幅高达 17.9 个百分点。

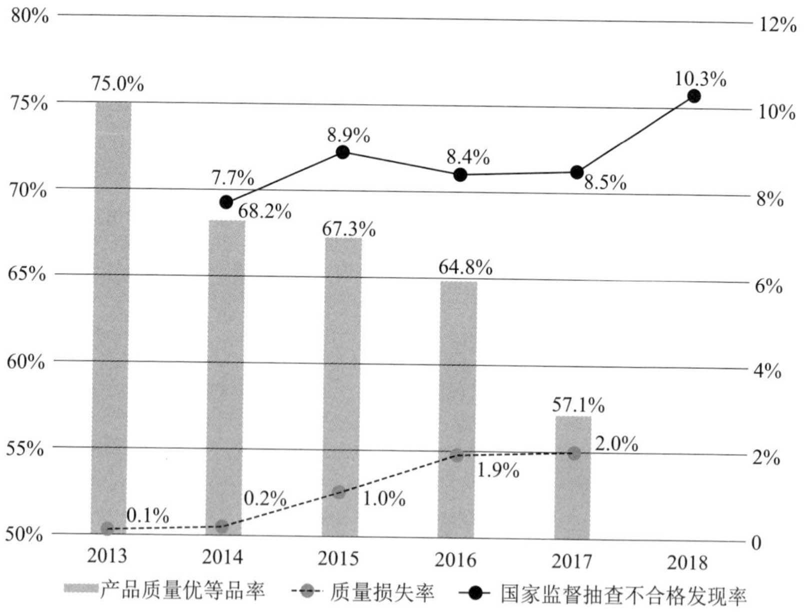

图 2–11　2013—2018 年我国产品质量优等品率、损失率及国家监督抽查不合格发现率

资料来源：国家统计局，国家市场监督管理总局

第三章
双循环新发展格局的内涵逻辑和主攻方向

2020 年 5 月 14 日，中共中央政治局常委会会议提出，深化供给侧结构性改革，充分发挥我国超大规模市场优势和内需潜力，构建国内国际双循环相互促进的新发展格局。这既是应对外部环境变化的全新理念和重大举措，也是引领新时代发展、推动中国经济迈向高质量发展关键阶段的强国方略，更是筹划以更深层次的改革、更高水平的开放加快形成内外良性循环的战略抉择。必须从全局战略高度，准确理解双循环新发展格局的内涵和核心要求，把握住推动构建双循环新发展格局的关键点和基本逻辑，加快构建以国内大循环为主体、国内国际双循环相互促进的新发展格局，培育新形势下我国参与国际合作和竞争的新优势。

深刻理解双循环新发展格局的核心要义

双循环新发展格局，是以国内大循环为主体，通过发挥内需潜力，使国内市场和国际市场更好联通，更好利用国际国内两个市场、两种资源，实现更加强劲可持续的发展。

以国内大循环为主绝不是关起门来搞封闭运行

在经济全球化的时代背景下，经济大循环必然是包含在全球地域空间范围内的循环。以国内大循环为主体绝不是指国际循环不重要了，或者说国际循环重要性下降了，而是要更好发挥我国超大规模市场优势，进一步提升开放水平，构建更加开放的国内国际双循环。改革开放 40 多年的经验表明，用好国际市场、资源和规则，对国内发展和改革能够起到巨大的促进作用。我国经济无论成长到什么时候，都要在世界经济的汪洋大海中游泳和搏击。当前，一些国家保护主义和单边主义盛行，但从长远看经济全球化仍是历史潮流，各国分工合作、互利共赢是长期趋势。要站在历史正确的一边，在高水平对外开放中促进发展、改革和创新。要通过融入国际循环促进国内循环，用好超大规模市场优势扩大进口，促进高质量利用外资，加强科技领域开放合作，提升国内供给质量，推动供需平衡畅通，让我国经济在开放中欣欣向荣。

国内国际双循环是不可分割的统一整体

国内国际循环二者缺一不可。一方面，要着力打通制约生产、分配、流通、消费各环节的大循环梗阻，培育形成强大国内市场，通过提升国内大循环水平更好促进国际循环。另一方面，要促进国内市场和国际市场更好联通，更好利用国际国内两个市场、两种资源，通过国际循环更好促进国内大循环。推动国内国际双循环相互促进，要求我国在更高水平上统筹国内国际两个大局，既要以我为主，立足自主可控，充分发挥集中力量办大事的制度优势和超大规模的市场优势，深挖国内发展潜力，畅通国民经济循环；又要扩大高水平开放，更好吸引全球资源要素，发展更高层次的开放型经济，创新参与国际合作竞争方式，在深度融入全球经济的过程中塑造国际竞争新优势，拓展我国发展新空间。

当前推动形成双循环新发展格局的有利条件

经过多年的发展，我国已具备建立双循环新发展格局的诸多有利条件。比如，我国已成为世界第二大经济体，拥有完整的产业体系和全球规模最大、最具成长性的中等收入群体，社会主义市场经济制度日臻完善，自主创新能力加速提升等。

超大型经济体的市场规模和结构优势

总量规模上，广阔的市场空间为建立国内大循环提供更大的发展潜力。目前，我国中等收入群体已超过4亿，是世界上规模最大、最具潜力的消费群体。2019年，90后和00后人口数量已经超过3亿，随着电商经济的快速崛起，他们开始成为主流消费人群，并逐步成为消费的中坚力量。2019年，我国社会消费品零售总额首次突破40万亿元，稳居世界第二位，不仅连续六年成为国内经济增长第一拉动力，而且以8%的增速在世界主要经济体中居于前列（见图3-1）。充分利用好我国海量的消费市场，无疑将为打造国内大循环提供强劲的发展动能。

结构层次上，复杂的层级结构使国内大循环更具活力。我国已经形成层级多样、结构复杂、功能完备的经济社会形态，表现为东中西各地区发展阶段与支柱产业各不相同；工业体系相对完整，基本囊括高中低端产业的各个环节；城乡社会结构相互补充等。这些复杂的层级结构一方面反映了不平衡发展的现状，另一方面也构成

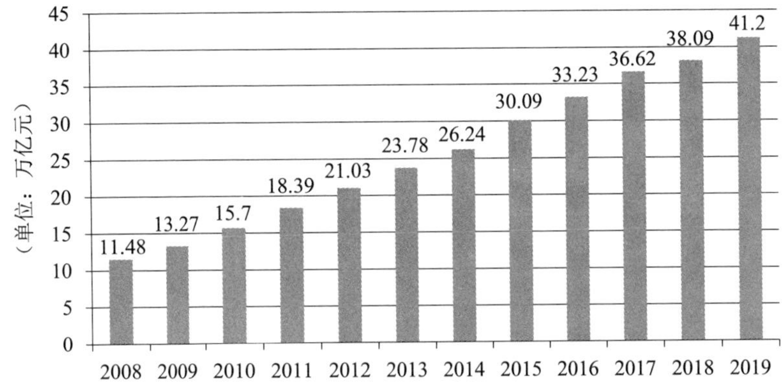

图 3-1　2008—2019 年我国社会消费品零售总额增长情况

资料来源：国家统计局

了完整经济形态的必备要素，有助于我国形成体系更完备、结构更合理、分工更细化的内循环体系。

不断增强的科技创新和要素支撑优势

国内科技创新发展势头良好，整体实力取得长足进步，能够更好地引领国内大循环。近年来，我国将科技创新摆在发展全局的核心位置，不断加大科技研发投资，推动基础研究和关键核心技术取得重大突破。5G 通信、新能源、高铁等高新技术产业进入世界前列，使我国从技术追赶迈入科技前沿。2019 年全国发明专利授权量达到 45.3 万项，同比增长 4.8%，居世界首位；科技进步贡献率达到 59.5%；世界知识产权组织（WIPO）评估显示，我国创新指数居世界第 14 位。这些科技创新成绩为经济高质量发展增添了新动能，成为引领国内大循环的重要支撑。

不断积累的优质生产要素成为构建国内大循环的基础保障。尽管我国在部分高端要素与产品供给方面存在短缺，但我国生产要素的质量不断提升，已经具备较强的优质生产要素供给能力。在劳动力方面，近年来，我国劳动力市场呈现数量下降、质量提升的态势，人口数量红利逐步转向质量红利。截至 2019 年，我国拥有 1.7 亿多接受过高等教育或专业技能培养的人才资源，各种技能和专业的人才储备都较为充裕。同时，我国紧紧抓住新一代信息技术发展机遇，集聚并形成数据、信息等更高端的要素资源，为形成相对独立的国内大循环奠定了优质要素基础。

较为完善的社会主义市场经济体制优势

充分发挥有效市场与有为政府的作用，能够保证国内大循环稳定且强劲运行。一方面，遵循市场经济规律，运用市场手段聚集资源和力量，善用市场机制解决问题，充分利用市场力量推动国内大循环长久且良好地运行。另一方面，利用社会主义制度集中力量办大事的独特优势，重点解决市场失灵问题，为市场机制的良好运行提供政策与制度保障，并引导双循环按照既定目标有序推进。

坚持公有制为主体、多种所有制经济共同发展的基本经济制度，能够保证国内大循环兼具稳定与创新。坚持公有制为主体，有助于发挥国有经济在国民经济中的主导作用，稳步实现全体社会成员的共同富裕，是保证国内大循环稳定运行的压舱石。坚持多种所有制经济共同发展，保障了各经济主体的利益，能够充分调动各经济主体的积极性、主动性和创造性，为国内大循环注入强大动力。

坚持按劳分配为主体、多种分配方式并存的基本分配制度，有助于国内大循环的空间拓展和快速流动。一方面，有利于调动全体劳动者的劳动积极性和创造性，进而提升居民收入，达到刺激消费和生产的目的，从而扩展市场空间。另一方面，能够激发其他要素主体的活力，让劳动、知识、技术、管理和资本的活力竞相迸发，各种资源都得到充分有效利用，促进国内大循环的顺畅运转。

存在的主要问题

作为全球第二大经济体和第二大市场，我国拥有完整的产业体系和全球规模最大、最具成长性的中等收入群体，社会主义市场经济制度日臻完善，自主创新能力加速提升，但也存在一些梗阻和问题，急需切实解决。

关键核心技术制约产业循环

电子信息、生物医药、飞机制造等重要产业的基础研发工具、关键部件和工艺设备等高端产品和核心技术受制于人，供给处于瓶颈或卡脖子状态，大到现代科研仪器设备、精密机床、半导体加工设备、飞机的发动机等，小到高铁的螺丝钉、电子芯片等，对外依存度明显过高，存在供应链断链的风险。

连接生产和消费的分配环节存在明显的结构性梗阻

2008—2017 年，从初次分配看，企业部门、政府部门、居民部门的收入占比分别由 28.3% 下降至 25.4%、14.1% 下降至 14%、57.6% 上升至 60.6%；从可支配收入看，企业部门、政府部门、居民部门的收入占比分别由 24.5% 下降至 21.2%、18.3% 下降至 18%、57.2% 上升至 60.8%，居民部门收入占比显著提升。2008—2019 年，居民部门杠杆率由 17.9% 逐年上升至 55.8%，而社会消费品零售总额增速由 22.7% 逐年下降至 8%，转向居民部门的收入没有充分转化为产品和服务需求。此外，收入分配差距依然较大，按收入高低五等份分组，2019 年高收入家庭人均可支配收入是低收入家庭的 10.4 倍（见图 3-2）。虽然中等收入群体数量规模较大，但实际购买力不强，发展型消费比重低于发达国家 20 多个百分点。

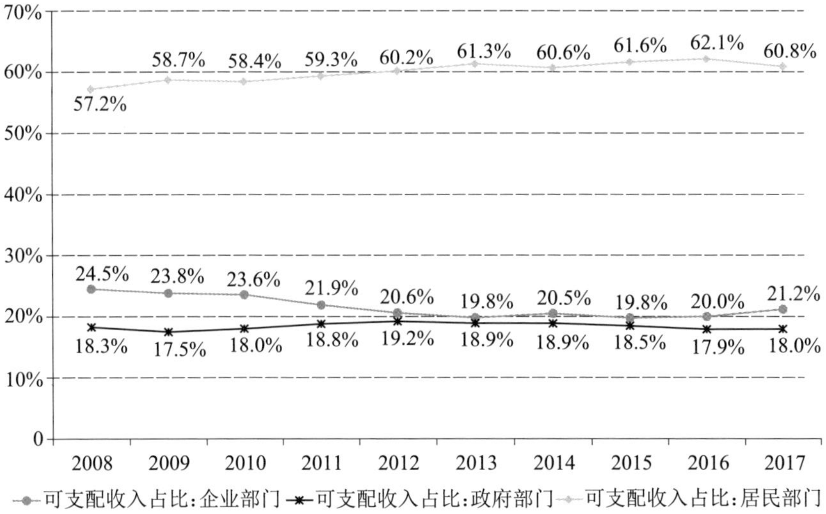

图 3-2　2008—2017 年企业、政府、居民部门可支配收入占比

资料来源：Wind

需求潜力巨大和有效需求不足并存

从投资看，虽然我国总储蓄率很高，民企投资资本回报率高于国企，但储蓄向民间投资转化的渠道仍然不畅，民间投资增速断崖式下跌。2002—2008 年，民企平均负债率为 56.5%，高于国企 4.4 个百分点，2009—2018 年，民企平均负债率降至 54.0%，低于国企 7.2 个百分点。在此过程中，民间投资增速由 2012 年的 24.8% 下滑至 2019 年的 4.7%。

部分行业产能过剩和有效供给不足并存

在部分行业产能过剩的同时，高品质、高性价比的产品供给不足。购物一直是我国境外游的主要消费方式，近年来境外消费额一直保持在 1 万亿元以上，2019 年更是超过 1.5 万亿元。知识技术密集型产品供给不足，高端装备、关键基础元器件和零部件大量依赖进口。服务业发展不充分，人民群众对健康、教育的需求很高，但有效供给明显不足。

把握双循环的基本逻辑

加快构建双循环新发展格局，必须要把满足国内需求作为发展的出发点和落脚点，以扩大内需为战略基点，使国内市场成为最终需求的主要来源，以供给侧结构性改革为主线，提升供给体系对国内需求的适配性，以提升自主创新能力为主攻方向，提升产业链、供应链的完整性，着力打通生产、分配、流通、消费各个环节的循环堵点，形成需求牵引供给、供给创造需求的更高水平动态平衡。

明确双循环的目标

要将突破关键核心技术作为主攻方向，着力增强自主创新能力。必须认识到，关键核心技术是要不来、买不来、讨不来的。要发挥新型举国体制优势，让市场在科技资源配置中发挥决定性作用的同时，更好地发挥政府作用，加快关键核心技术攻关。要顺应新一轮科技革命和产业变革蓬勃兴起的趋势，加快推进数字经济、智能制造、生命健康、新材料等前沿领域的科技创新和产业发展。也要认识到，自主创新不等于封闭创新，而要善于利用两个市场、两种资源，加强国际科技合作，加大国际化科技孵化平台、离岸创新中心等新型平台建设力度，探索构建开放式自主创新体系，走开放创新道路。

把握双循环的战略基点

构建新发展格局，要坚持扩大内需这个战略基点，释放国内需求潜力，使生产、分配、流通、消费更多依托国内市场，形成国民经济良性循环。需要鼓励居民扩大消费，引导企业扩大投资。中等收入群体边际消费倾向更高，是购房买车、教育医疗、休闲旅游等中高端商品和服务消费的主力军，是引领消费结构向高端化、多样化、个性化升级的中坚力量，对于扩大内需有强大支撑作用。要着力扩大中等收入群体规模，努力实现中等收入群体翻番，使其成为扩大消费的主力军。大都市圈和城市群是扩大内需的主要载体，要深化户籍制度、土地制度改革，以城市群为主体构建城镇化格局，推动新型城镇化建设，使城市群成为国内大循环的核心枢纽和战略支点。与此同时，通过切实减轻企业税费负担，完善产权保护制度，营造公平竞争的市场环境，增强市场主体的投资信心，鼓励扩大民间投资，引导社会资本参与新型基础设施建设和新型城镇化建设，促进扩大有效投资。

把握双循环的主线

要将深化供给侧结构性改革作为主线，提升产业链、供应链发展水平。当前，全球产业链、供应链加快调整，区域化、近岸化特征更趋明显，提高产业链的稳定性和竞争力更为紧迫。要推动短板产品国产替代，拓展国内供应商，培育可替代的供应链。以强大的国内市场为支撑，增强对产业链的控制力，提高供应链的安全性和可控性。疫情催生以数字技术为基础的新产业新业态异军突起，应顺势而为，发挥我国数字经济的先行优势，推进制造业数字化智能化升级，加快运用人工智能、大数据、物联网等改造传统产业，提升制造业的创新力和竞争力。这不仅将创造大量的投资机会，有效扩大国内需求，还将推动技术创新和产业变革，拓展生产可能性边界，为经济发展注入新动能。

把握双循环的枢纽

要保持产业链的安全和供应链的稳定，坚持以创新推动我国经济高质量发展，提升产业竞争力和发展的主动权。打通创新链、强化产业链、稳定供应链、提升价值链，是把握双循环的枢纽。

打通创新链，加快自主创新的步伐。创新链是由知识创新、技术创新、产品创新等一系列活动及其主体组成的。推动国内大循环，首先要畅通产学研之间的联通，打通我国创新的市场障碍，构建自主可控的创新链，即面向企业和产业需求，加大我国基础性研究和技术创新的投入，整合科技力量，加大核心技术攻关力度，设立国家科技创新中心（或实验室）和中试平台，为企业和产业提供先进的科技成果和技术解决方案。要组织实施产业基础再造工程，通过创投基金等金融手段，构建自主创新的市场容错机制，培育一批采用国产技术和设备的产业群，为国产新技术、新装备、新产品开拓市场空间，为自主创新“最后一公里”铺路架桥。

强化产业链，确保经济协调稳定。链式发展是当今产业发展的基本形式，发达国家的打压与制约以及发展中国家的竞争与争夺，在一定程度上对我国建立在全球产业分工基础上的产业链形成了制约。加强产业链薄弱环节建设、维护产业链安全是保持我国产业体系完整性和发挥竞争优势的重要一环。防止低端产业链被过早切割，要充分依托我国巨大市场及其需求层次的差异、国土幅员辽阔及区域经济发展水平的梯度，促进多层次的产需对接，调整产业布局。避免产业链在高端断裂，要在经济发达、人力资源丰富的沿海地区和中心城市，加快发展科技型产业，完善国内产业配套体系，形成替代进口的技术储备、装备储备和产品储备，确保我国产业发展协调与产业链畅通，避免产业链中断对我国经济发展造成损失。

稳定供应链，增强本国企业的合作力度。全球产业分工网络是以大企业为中心、跨国公司为主导的分工网络。长期以来，我国制造企业以加工贸易为主，大多数企业的经营规模、专业化协作与国际同行相比有较大差距，缺乏促进供应链上下游企业深度合作的链主企业，中小企业之间分工协作主要发生在产业集群，本国大企业对中小企业的带动力较弱。这导致我国供应链协同管理能力不强，产能过剩矛盾较为突出。同时，受疫情和贸易保护主义抬头影响，我国中小企业发展面临较大的压力。需要畅通大中小企业和不同所有制企业之间的合作关系，引导中小企业加入国内供应链，为中小企业发展创造国内市场空间。

提升价值链，实现高水平对外开放。要将我国创新链、产业链、供应链有机嵌入全球创新链、产业链、供应链，让其成为全球创新链、产业链、供应链必不可少的组成部分，增强不可替代性。要以产业需求和技术变革为牵引，推动科技和经济紧密结合，努力实现优势领域、共性技术、关键技术的重大突破，推动“中国制造”向“中国创造”转变。要利用我国在部分高端制造业领域的先发优势，增强“中国制造”的品牌影响力，以对外投资和产品输出带动中国设计、中国标准输出，增加技术服务价值，提升我国产业在全球价值链分工的位势。

处理好双循环的关系

双循环新发展格局是在国际形势不稳定、国内经济下行压力较大的背景下做出的重要战略抉择，涉及整个经济社会体系的调整与转向。加快形成新发展格局需处理好“三个关系”：一是处理好“引进来”和“走出去”的关系，通过双向投资协调发展促进国际产能合作和培育竞争新优势；二是处理好内需与外需关系，在强调内需大循环的同时，通过内需循环加速外需循环；三是处理好开放战略和区域战略的关系，实现区域高质量协调发展，开启高水平对外开放。

处理好引进来与走出去的关系

国内产业已经深度融入国际分工体系，但仍处于全球价值链中低端。需要延续“引进来”和“走出去”良性互动的发展思路，积极参与国际合作和竞争，加速形成新的国际大循环，在提升国内产业整体竞争力的同时，为经济全球化不断注入新动力。

深化双向投资的体制机制改革。持续深化外资管理体制机制改革，不断扩大外商投资准入领域，推动外资政策向制度型开放转变，打造更加公平、包容、诚信的营商环境以吸引优质外资。深入推进境外投资管理体制机制改革，完善对外投资全过程管理，强化海外风险防控机制，有效规范对外经济合作的市场秩序，更好地推进“一带一路”建设和国际产能合作，深化我国与相关国家的互利合作。

积极争取国际规则制定主导权。积极加入国际贸易规则谈判，争取在公平竞争环境、知识产权保护、技术转让、国企行为等方面获得规则制定的主导权。创新制定高标准投资争端解决机制，不断加强知识产权国际规则研究，完善技术转让法律制度，主动参与相关规则的制定，为双向投资创造更好的环境。

持续优化双向投资的平台功能。做优做强现有的跨境经济合作区、边境经济合作区、境外经贸合作园区等开放平台。加快与更多“一带一路”沿线国家进行产能合作，主动策划一批重大国际合作项目，更好发挥以双向投资培育国际竞争新优势的平台作用，不断提升双向投资质量，持续优化引进来和走出去开放格局。

处理好内需与外需的关系

要以扩大内需作为主要任务，同时也要继续扩大开放，稳定外需市场。

加强政策引导。构建符合当前内外需地位的政策引导体系，大力支持发展新型基础设施、培育新兴产业等，形成新动力，淘汰落后产能，实现内需市场升级。鼓励企业拓展国际市场，同时支持适销对路的出口型企业开拓国内市场，促进内销外销常态化切换，实现内外需市场的深度融合。

扩大市场空间。深化供给侧结构性改革，调整现有供给结构，扩大中高端供给，着力提高消费品有效供给能力和水平，创造更多符合消费者需求的产品，扩大内外需市场空间。同时，要注重继续拓展国际市场，与更多国家建立经贸联系，努力稳定外需，扩大外部市场空间。

做好制度衔接。稳定外需就需要推动更高水平的开放，加快从商品和要素流动型开放转向以规则、标准、管理等为内容的制度型开放。扩大内需要求积极主动推进深化改革，打通生产、分配、流通、消费各个环节，建设统一开放、竞争有序的高标准市场体系，完善公平竞争制度，促进国内规则更好地与国际市场规则相衔接。

处理好对外开放战略与区域战略的关系

开放战略与区域战略相互促进、互为补充。双循环新发展格局既要求打破区域分割，畅通国内大循环，又要求深度开放，积极参与国际大循环。要进一步深化对外开放战略与区域发展战略的相互关系。

重点推进中西部内陆地区的对外开放。发挥中西部内陆地区的区位优势与对外开放节点作用，建设内陆开放门户与高地，构建多维度、多层次、跨区域的互联互通网络，打开面向全球的开放大通道。同时加强中西部地区与东部地区的开放统筹协调，实现沿海开放与内陆开放的广泛互动，搭建中西部区域联动和动能传导的新桥梁。

加强四大城市群的互动，协同推进对外开放。根据北部京津冀、东部长三角、南部粤港澳、西部成渝四大城市群的区域特征及其在对外开放中所承担的责任使命，形成层次分明、优势互补的对外开放新布局，不断强化区域联动作用，引导对外开放走得更深、更实，共同应对不稳定的国际形势。

加强“一带一路”建设与长江经济带、长三角一体化等区域发展战略的深度融合。充分发挥“一带一路”的大通道作用，发挥长三角等发达和开放前沿地区在“一带一路”建设中的排头兵和主力军作用，实现长江经济带、长三角一体化等区域发展战略与“一带一路”建设的贯通融合，推动区域经济在更大范围内合作，形成更为强劲的发展合力。

把握双循环的基本路径

双循环新发展格局强调了内需和内循环的重要性，内外循环相互促进的必要性。在当前的国内外局势下，畅通双循环是关键突破口，而产业链供应链提升是主要发力点，激活国内市场潜力是关键支撑点，建设自贸区和“一带一路”是内外空间联通、协调关键点，三维同步发力是把握双循环的主要着力点。

“补锻结合”，提升产业链供应链现代化水平

提升产业链供应链现代化水平，是建设制造强国和现代化经济体系的重要基础和关键所在，也是构建双循环新发展格局的主攻方向。应按照十九届五中全会的部署，推动补短板和锻长板相结合，加快构建新时代产业基础能力体系，打造具有更强创新力、更高附加值、更安全可靠的现代化产业链供应链。

突破关键核心技术。加强核心基础零部件（元器件）、关键基础材料、共性技术、先进基础工艺的技术攻关，解决产业基础能力不足问题。加快突破集成电路及专用设备、操作系统与工业软件、

智能制造核心信息设备、航空发动机及农业装备等高端制造业核心技术，补齐产业链“卡脖子”短板。强化新产品、新技术的检验检测和工程应用能力，提升产品质量和可靠性，确保产业链安全。

提升制造业核心竞争力。不能满足于产业技术“点”上突破，要全面夯实产业基础能力，再造有利于产业基础能力提升的制度和环境基础，从长远战略角度推动一批能够助力高质量发展、引领新一轮科技革命与产业变革的产业基础技术和产品突破，形成引领未来发展的产业基础优势，重点是“锻长板”“拓优势”。利用大数据、云计算、人工智能、工业互联网等技术，推动制造业智能化升级，促进中国制造业加快迈向全球价值链中高端。

加快产业链龙头企业和“专精特新”单项冠军企业培育。充分发挥企业在产业链现代化建设中的作用，强化企业主体培育，加大对龙头企业和“专精特新”中小企业的支持力度。一是加快培育产业链龙头企业。支持企业家通过创造新模式、运用新技术、制造新产品、开拓新市场，培育壮大一批产业生态中具有重要影响力和主导作用的领军企业。借助全球产业体系重构契机，推动企业在研发设计、技术创新、生产管理、品牌建设等方面取得突破，加快提升本土企业的竞争力，培育以我国企业为主导的国家价值链，促进优势企业利用创新、标准、专利等优势开展对外直接投资和海外并购，有效整合全球资源，形成全球生产网络的治理能力，加快向具有国际竞争力的跨国公司转变。二是加大“专精特新”中小企业培育力度。以提升基础产品、关键基础材料、核心零部件研发制造能力和基础软件研发、先进基础工艺和尖端设计能力为目标，实施“关键核心技术—材料—零件—部件—整机—系统集成”全链条培育路径，建立分类分级、动态跟踪管理的企业梯队培育清单，给予企业长周期持续稳定的支持，加快培育一大批主营业务突出、竞争力强的“专精特新”中小微企业，打造一批专注于细分市场，技术或服务出色、市场占有率高的单项冠军。

加快推进新基建。以5G网络、大数据中心、人工智能、工业互联网等新型基础设施建设，带动智能终端消费及服务消费，促进经济社会数字化转型，实现高质量发展，进一步增强中国在信息通信领域的核心竞争优势。

多措并举，激活强大国内市场潜力

以满足人民群众日益增长的美好生活需要为出发点，持续推动消费升级和供给创新，面向供给和需求变化优化投资结构，建设统一市场和高效流通网络，推动中等收入群体增收，持续释放最终消费潜力，加快构建强大国内市场。

持续推动消费升级。加快完善消费软硬环境，不断创新消费新模式新业态，积极培育网络消费、智能消费、定制消费、体验消费等消费新模式，推动服务消费提质扩容，丰富旅游产品供给，培育优质文化产品和品牌，建立健全集风险监测、网上抽查、源头追溯、属地查处、信用管理于一体的电子商务产品质量监督管理制度。

以创新驱动优化供给质量。鼓励传统企业技术改造提升，推动新一代信息技术、生物医药、数字创意等产业与其他产业融合发展，促进新产品、新技术不断推陈出新，加快在线经济、智慧物流、智能制造等产业高质量发展。

精准发力，持续优化投资结构。加快5G网络、人工智能、工业互联网、物联网、数据中心等建设，支持智慧城市、智慧物流、智慧医疗等示范应用，推动铁路、公路、机场、港口等智能化改造。着力扩大制造业投资，加快传统产业智能化、绿色化、服务化、高端化改造。

建设统一市场和高效流通网络。着力消除各类市场封锁和地方保护，落实并巩固维护“全国一张清单”管理模式，推动形成全国统一大市场，促进人员、技术、资本、服务等各类生产要素自由流动、优化配置。健全流通网络布局，构建全国骨干流通大通道体系。

完善收入分配，推动中等收入群体增收。收入是民生之源，是消费的前提和基础。要增加劳动者特别是一线劳动者的报酬，提高劳动报酬在初次分配中的比重。完善统一的城乡居民基本医疗保险制度和大病保险制度，鼓励发展补充医疗保险、商业健康保险。着力扩大中等收入群体，扶持中等收入群体后备军，破除影响新型职业农民、专业技术人员等重点群体增收的体制机制障碍。

扩大开放，拓宽国际合作“朋友圈”

扩大开放是我国改革开放取得重大成就的重要原因，也是构建双循环新发展格局的必由之路。推动双循环发展必须坚持实施更大范围、更宽领域、更深层次对外开放，通过强化开放合作，更加紧密地同世界经济联系互动。

加快自贸区和海南自由贸易港建设。在现有 21 个自由贸易试验区基础上继续扩容，鼓励国内自由贸易试验区大胆试、大胆闯，加快推进沿海省市自由贸易港和中、西部内陆港建设，打造开放新高地，加快制度创新的红利持续释放。此外，要落实海南自贸港“零关税”“低税率”“简税制”政策大礼包，保证人流、物流、资金流、信息流往来自由便利，升级制度创新，打造法治化、国际化、便利化的国内经济增长新高地和国内国际双循环“试验田”。

积极参与国际经贸规则谈判和制定。加快《区域全面经济伙伴关系协定》（RCEP）、中日韩、中国—海合会等国际自贸区谈判进程，争取早日签署相关协定，实现全方位、全领域的对外开放。

持续推进“一带一路”建设。一方面，积极发挥中国企业的引领和主导作用，利用当地资源和要素在沿线国家投资建设，同时要善于同本土龙头企业开展互惠互利合作，形成利益共同体，在互联互通中塑造以中国制造、中国创造为纽带的新型国际秩序与国际产业生态。另一方面，继续优化营商环境，不断吸引跨国企业到中国投资，增强国内、国际产业互融度，形成国内国际双循环相互促进的新发展格局。

第四章
深化供给侧结构性改革，畅通供需循环

供给侧结构性改革既是对我国经济调控思路的重大调整，又是提高经济发展质量的治本之策，更是改善供需关系、畅通国民经济循环的战略方向。

供给侧结构性改革是构建国内大循环的战略方向

供给侧结构性改革的最终目的是满足需求

供给侧包括生产要素、企业和产业三个逐次递进的层次，共同构成了经济增长的供给体系。供给和需求是市场经济的两个基本方面，二者既对立，又统一。供给决定着需求的对象、方式、结构和水平，是满足需求的前提和基础；而需求又反过来引导供给，为供给创造动力，没有需求，供给就无从实现。对于企业而言，只有根据市场需求生产产品，才能通过交易获得收益，不面向需求的生产是无效生产，在市场竞争日趋激烈的今天，产品是否有需求、卖得出去，事关企业的生死存亡，于是就有了“市场是企业的生命”“顾客是上帝”等说法。

马克思主义政治经济学非常重视供给和需求的关系。马克思在《资本论》中指出，商品到货币的过程是“惊险的跳跃”，“这个跳跃如果不成功，摔坏的不是商品，但一定是商品占有者”。[①]“社会的财富，表现为‘庞大的商品堆积’，单个的商品表现为这种财富的元素形式。”[②]商品之所以能用来交换，源于其对需求者有用。“物的有用性使物成为使用价值。不论财富的社会的形式如何，使用价

① 马克思．资本论：第一卷 [M]. 中共中央马克思恩格斯列宁斯大林著作编译局，译．北京：人民出版社，2004：127.

② 马克思．资本论：第一卷 [M]. 中共中央马克思恩格斯列宁斯大林著作编译局，译．北京：人民出版社，2004：47.

值总是构成财富的物质的内容”[①]。“商品在能够作为价值实现以前，必须证明自己是使用价值，因为耗费在商品上的人类劳动，只有耗费在对别人有用的形式上，才能算数。但是，这种劳动对别人是否有用，它的产品是否能够满足别人的需要，只有在商品交换中才能得到证明。”[②]

从政治经济学的视角看，生产创造价值，而消费实现价值。作为社会再生产的最终环节，消费是最终目的，一切经济活动归根结底都是为了满足需求而进行的。从某种意义上讲，经济发展就是一个通过供给创新来适应、引领和创造需求的动态过程。美国心理学家马斯洛提出了著名的需求层次理论，将人类的需求从低到高分为生理、安全、社交、尊重和自我实现 5 个层次。在我国已解决温饱问题、向全面建成小康社会迈进的过程中，人们的需求已从生存型、数量型转向享受型、质量型的更高层次，对于优质、安全、绿色、高端个性化产品和服务的需求越来越多。然而，受多种因素影响，我国的供给结构未能随之同步调整，需求变了，供给的产品却没有变，质量、服务跟不上需求升级。因此，供给侧结构性改革的目的非常明确，就是要满足各类不断升级的需求，根据市场需求的变化调整，不断提高供给体系的质量和效率。

① 马克思．资本论：第一卷 [M]. 中共中央马克思恩格斯列宁斯大林著作编译局，译．北京：人民出版社，2004：48–49.

② 马克思．资本论：第一卷 [M]. 中共中央马克思恩格斯列宁斯大林著作编译局，译．北京：人民出版社，2004：105.

供给侧结构性改革的主要目标是畅通国民经济循环

国民经济循环不畅是当前经济社会发展面临的突出问题。中央明确指出，当前和今后一个时期，制约我国经济发展的因素，既有供给侧的，又有需求侧的，但矛盾的主要方面在供给侧，虽然存在周期性总量性因素，但根源是重大结构性失衡。正是由于在需求变化升级的同时，供给的要素、产品、服务等没有同步提升，跟不上需求的改变，从而造成国内经济循环不畅。由此导致一些行业和产业产能严重过剩，而大量关键装备、核心技术、高端产品不得不依赖进口；一些有较强购买力的国内消费者无法满足有效需求，致使境外消费、“海淘”购物不断增长；虽然我国农产品产量规模连年增长，但优质、绿色、安全的农产品供给却相对不足；人民群众向往绿水青山的热情和强化环境保护的呼声日益高涨，而资源破坏、环境破坏型的粗放式产品和服务供给模式仍然大量存在。事实证明，我国有庞大的消费市场和需求潜力，只是无效和低端供给能力过多，浪费了大量的生产要素和宝贵资源，同时有效和中高端供给能力不足，导致大量需求外溢和消费能力外流，这是当前经济社会发展面临的突出问题和矛盾。

供给侧结构性改革正是基于经济循环不畅的现实问题而有针对性地提出的。为了畅通国民供需循环，中央抓住主要矛盾和矛盾的主要方面，把供给侧结构性改革作为解决经济循环不畅的关键所在，并提出要把提高产品和服务质量作为主攻方向。这一方面要求我们减少低端和无效供给，释放被低效生产力挤占的要素资源和市场，为未来的经济发展留出空间。同时，要进一步扩大有效和中高端供给，把调存量同优增量、推动传统产业改造升级同培育新兴产业有机统一起来，从而打通阻碍国民经济循环的堵点，为经济增长培育新动力。

畅通国民经济循环是供给侧结构性改革的主要目标。“巩固、增强、提升、畅通”的八字方针，是今后一个时期深化供给侧结构性改革的总要求。其中，实现国民经济循环畅通是供给侧结构性改革的最高层次要求，也是供给侧结构性改革取得重大突破的主要标志。《资本论》指出，只有以生产为起点，经过流通和分配环节，到达消费为终点的经济循环通畅，社会扩大再生产才能正常进行。通过供给侧结构性改革，进一步提升供给体系对国内需求的适配性，可以在形成需求牵引供给、供给创造需求的更高水平动态平衡的基础上，有效实现国内市场和生产主体、经济增长和就业扩大、金融和实体经济的良性循环，从而在宏观层面上实现国民经济循环畅通。

实践表明，供给侧结构性改革是畅通经济循环的根本途径

供给侧结构性改革作为我国经济工作的一条主线，在实践中开展工作已有 5 年。这 5 年来，我国发展环境面临深刻复杂的变化：世界经历百年未有之大变局，单边主义、保护主义、霸权主义抬头，经济全球化遭遇逆流，各种不稳定性不确定性明显增加，新冠疫情影响广泛深远，国内发展阶段、环境和条件也发生了重大转变。在此背景下，我们通过深入推进供给侧结构性改革，在“三去一降一补”和“破”“立”“降”等方面取得重大进展，同时经济结构不断优化，发展质量和效益不断提升，经济稳中向好态势明显，取得了

令世界惊叹的成绩。实践表明，在双循环新发展格局的构建过程中，仍需要坚持供给侧结构性改革这个战略方向，使生产、分配、流通、消费更多依托国内市场，提升供给体系对国内需求的适配性，实现国民经济循环畅通。

供给侧结构性改革在较短时间内取得如此重大进展和显著成效，是有其客观性和必然性的。

第一，准确把握住了经济发展的阶段性特征和客观规律。从马克思主义政治经济学的社会再生产理论看，社会总产品在物质形态上分为第Ⅰ部类（生产资料部类）和第Ⅱ部类（消费资料部类），客观上要求两大部类内部不同细分的部门和产品要在比例和结构上保持均衡且互相满足。面对较为突出的结构性失衡问题，既需要从第Ⅰ部类入手，通过去产能、去库存、去杠杆等手段，减少各种低效无效生产，又要求从第Ⅱ部类入手，通过降成本、补短板、提品质等方式，充分挖掘消费潜力。供给侧结构性改革正是准确把握住了阶段性特征和主要问题，从而快速扭转了两大部类间持续失衡的态势，为实现新的动态平衡奠定了良好基础。从经济发展的客观规律看，消费升级是经济发展到一定阶段的必然结果，也是我们社会主要矛盾发展变化的原因所在。即在需求端，人们的需求已经从满足数量的物质文化需要转变为追求品质的美好生活需要。相应地，需要从供给侧开展以提高供给体系质量为主攻方向的结构性改革，这正是对消费需求从低层次的生存型数量型转向更高层次的享受型质量型的有效呼应。

第二，有效发挥了市场和政府各自在经济调节中的积极作用。供给侧结构性改革十分重视发挥市场在资源配置中的决定性作用，更加遵循市场规律，进一步确立企业的市场主体地位，更多地使用市场化法治化手段落实各项任务，通过强化环保、安全、质量、能耗等执法力度和提高相关标准的方式，间接促进和引导企业转型升级、兼并重组。并持续跟踪各种政策在落实过程中出现的一些问题，及时调整方式方法。充分调动地方政府的积极性创造性，避免一刀切政策的出台，因地制宜、分类分区施策的情况越来越普遍，有效维护了市场公平竞争秩序，最大限度地发挥了市场的积极作用。同时，部分行业产能过剩、房地产库存过高等问题是因为前期刺激政策导致投资盲目扩张形成的，单纯依靠市场力量是难以彻底解决过剩问题的。即便可以，也是通过西方国家反复出现的经济危机形式，在经济社会付出巨大代价的基础上实现的，这显然是我们不能接受的。因此，供给侧结构性改革必须发挥好政府的调控作用，对多年来积累形成的深层次问题加以疏导和化解。值得一提的是，作为国民经济重要支柱的国有企业，在这个过程中有效地发挥了主动引领和带头示范作用，体现了担当和责任意识，在自我深刻变革、实现转型升级的同时，严格执行中央各项要求，将企业的短期利益让位于国家的整体利益和长远利益，保证了改革任务的有效落实。这既是中国特色社会主义制度优越性的一种具体表现，也是我国能够实现长期稳定增长而西方国家难以避免陷入周期性经济危机的重要原因之一。

第三，高度重视和防范化解各种风险。去产能、去库存、去杠杆等供给侧结构性改革重点任务，从中长期看，虽然有利于推进结构调整，从根本上矫正供求结构错配和要素配置扭曲，但在短期内可能会加剧经济顺周期紧缩，进一步加大经济下行压力，还可能造成企业债务违约、银行资产质量恶化、职工下岗等一系列问题。面对供给侧结构性改革过程中可能出现的各种经济社会风险，中央高度重视，对各种苗头性、倾向性、潜在性问题及时跟踪研判，提前谋划，提前建立风险预警、风险防控和有效应对的体制机制与政策体系。如一些地区在去产能过程中出现了职工集中安置问题，中央在做好社会托底工作的同时，安排专项奖补资金，重点用于职工分流安置，同时鼓励地方政府和企业主动作为，探索各种形式的人员安置和再就业模式，形成了众多效果好、易操作、可借鉴的成功经验，有效化解了影响社会稳定的潜在风险。再如，去杠杆工作中，中央准确地把握住了去杠杆的节奏和力度，在保证经济合理增长的同时，守住不发生系统性金融风险的底线。地方政府在降低企业杠杆率的同时，积极探索建立省级政府性债务预算管理和风险控制联席会议等相关制度，对债务高风险地区进行分色分类风险预警，从而有效控制和化解了风险。

第四，高度重视新动能的培育工作。在减少低端和无效供给的同时，供给侧结构性改革注重补短板、惠民生工作，着力增加社会急需的中高端公共产品和服务供给，着力加快发展新技术、新产业、新业态，形成新的发展动能。在要素层面，深化人才发展体制机制改革，加强创新型、应用型、技能型人才培养和基础研究人才培养；深化金融体制改革，构建金融有效支持实体经济的体制机制；落实第二轮土地承包到期后再延长 30 年政策，健全城乡统一的建设用地市场，探索宅基地所有权、资格权、使用权分置实现形式；把科技自立自强作为国家发展的战略支撑，完善国家创新体系；加快数字化发展，推动数字经济和实体经济深度融合，推动数据资源有效合理开发利用。在企业层面，进一步深化国有企业改革，发展混合所有制经济；为民营企业发展营造公平竞争市场环境，通过降成本各项措施有效降低企业负担；实施创新驱动发展战略，着力培育发展创新型企业，从而进一步激活微观主体活力，为经济发展注入新动能。在产业层面，紧紧围绕消费升级的方向、供给侧的短板、社会发展瓶颈制约等问题，推进农业供给侧结构性改革，推动传统产业改造升级，着力振兴实体经济，大力培育新兴产业，加快发展现代服务业，实现新旧产业有效接续和发展动能的顺利转换，确保经济的平稳运行，增强人们对改革的信心和定力。

供给侧结构性改革面临的主要问题

尽管我国供给侧结构性改革已取得重要进展，但必须看到，供给侧结构性矛盾仍较为突出，特别是制造业发展困难增多、竞争优势弱化，成为建设现代化经济体系、转向高质量发展阶段的主要制约因素。

进一步提升供给侧结构性改革成绩的难度加大

一是去产能任务依然艰巨。目前，虽然钢铁、煤炭等行业产能过剩得到缓解，但一些行业产能过剩问题仍然比较突出。处置“僵尸企业”是去产能的牛鼻子，但由于“僵尸企业”科学划分和合理认定难，以及其历史欠账较多、金融债务负担重和债务处置、人员安置难等原因，推进难度很大。此外，在去产能、加强环境保护执法过程中如何保护企业产权也是迫切需要解决的问题。

二是房地产市场风险加大。虽然近两年去库存成效明显，但办公楼和商业营业用房库存压力较大。据测算，截至 2019 年底，办公楼、商业用房待售面积库存的去化周期分别为 12.2 个月和 15.7 个月，均高于各自的合理去化周期 8 个月和 10 个月水平。还要看到，目前去库存中存在加杠杆等现象，在快速降低房地产库存的同时，也带来居民部门债务和地方政府债务上升和房价快速上涨，进而推升土地成本、人力成本等。

三是去杠杆仍要下大力气。根据国际清算银行（BIS）测算，截至2019年末，我国非金融部门整体杠杆率为257.6%，不仅显著高于新兴经济体杠杆率的平均水平（195.7%），甚至已超过美国（253.6%）等一些发达经济体。其中，企业杠杆率为149.4%，在主要经济体中居于前列。居民部门杠杆率为55.2%，低于国际平均水平（61.5%），但是已显著高于新兴经济体平均水平（43.1%）。政府部门整体杠杆率不高（52.9%），但如果加上地方政府隐性债务，债务风险较高。

四是降成本任务十分艰巨。近年来我国采取了许多降成本的措施，但企业普遍反映，降成本获得感不强，成本高企是当前企业经营发展面临的主要困难，集中表现在人工成本快速上升、社保税费负担过重、能源原材料成本上升、融资难融资贵等方面。比如，目前我国宏观税负在37%左右，已经超过发达国家平均在30%~35%的水平。2019年我国社会物流总费用与GDP的比率比美国、德国和日本分别高出6.5个、6.4个和6个百分点，比印度、巴西等金砖国家也分别高出1.5个和2.9个百分点。2019年我国一年期贷款加权平均利率为5.44%，高于同期美国、日本的贷款利率。而且，从实际情况看，我国企业借贷利率要比名义利率还高。据调研了解，如果加上担保、评估等费用，小微企业融资综合成本大多在10%以上。个别企业在向银行贷款时，还会遇到以贷转存、强制贴现等变相提高利率的问题。我国劳动力名义工资约为美国的20%~30%，已超过印度、越南、菲律宾等国数倍，而且增长较快。据统计，2010—2019年，我国平均工资增长率约为9.5%。

五是补短板需要进一步聚焦。近两年来，我国补短板工作取得积极成效，但实践中仍然存在一些问题。例如，工作目标较为分散，扶贫、生态、基础设施等领域补短板需要进一步聚焦，提高财政资金投入效率。又如，目前补短板对硬短板重视多，对软短板重视不够。

制造业发展困难和压力大

一是受成本上升和产能过剩等因素影响，企业赢利能力下降，利润率低。统计显示，2010—2019 年，我国工业增加值同比增速由 12.6% 下降到 5.7%，全部国有及规模以上非国有工业企业利润总额同比增速由 53.6% 下降到 -0.8%。

二是行业、企业发展分化，下游行业和民营企业、中小企业面临严峻的困难和挑战。近年来，随着原材料工业产品价格上涨，加上劳动力等要素成本上升，导致纺织、轻工等下游行业利润率进一步下降。以纺织行业为例，销售利润率由 2016 年的 5.4% 下降到 2018 年的 4.24%。同时，随着经济进入转型期，受外部因素和内部因素等影响，民营企业和中小企业发展困难加大，融资难、融资贵以及环保压力、成本上升压力、转型升级压力等持续加大，有的民营企业家形容自己遇到了“三座大山”——市场的冰山、融资的高山、转型的火山。

三是外部环境趋于严峻，面临发达国家的“中高端挤压”和发展中国家的“低端挤出”。同时，随着中国制造业开始迈向中高端，原来和发达国家是垂直分工合作，现在更多转向横向水平竞争，必然面临发达国家的“中高端挤压”，制造业发展获得外部技术、人才、资金、市场的难度越来越大。东南亚、南亚等新兴市场国家充分借鉴我国改革开放的成功经验，通过税收优惠、超国民待遇和综合成本优势，积极承接国际产能转移，对我国中低端制造业形成很大压力。

供给体系结构调整任重道远

从产品、生产者、生产要素等层面看，主要存在以下几个突出的矛盾和问题。

一是产能过剩与有效供给不足矛盾突出。一方面，许多行业产能严重过剩。国务院发展研究中心于2017年对1495家企业开展的调查显示，认为本行业产能过剩“比较严重”或“非常严重”的企业家仍然高达62.3%。大家普遍反映，采矿业、纺织、造纸、橡胶塑料、钢铁、有色金属等行业产能过剩问题突出。另一方面，许多产品和服务的有效供给不足。比如，我国一般工业消费品严重过剩，但高质量、高性价比产品满足不了国内居民的需求，大量消费者到国外采购，国家外汇管理局数据显示，仅2019年上半年境外旅行支出就达到1275亿美元。同时，一些中高端的基本公共服务产品总体供给短缺，尤其在医疗、教育、住房、社会保障等方面更为突出。

二是实体经济与金融、房地产结构性失衡。近年来，我国制造业占GDP比重持续下降，部分产业呈现加速“外迁”的态势，经济发展面临“空心化”“过早去工业化”的风险。据统计，2010—2019年，我国制造业占国内生产总值的比重从31.6%下降到27.2%。而与此同时，金融、房地产快速发展，2019年金融占国内生产总值的比重达到7.8%。房地产业占比也达到7%，尽管其直接占比不高，但如果加上其间接带动作用，房地产对经济增长的带动作用、对地方财政收入的贡献较大，在银行贷款中的比重也较高。

三是市场主体结构不合理，缺乏有创新能力和竞争力的企业。从所有制结构看，目前还有相当一部分国有企业处于竞争性行业，国有经济分布仍然过宽、过散。特别是在一些行业和地区，国有企事业单位占绝对比重，民营企业和外资企业比重低。从企业规模结构看，2019 年，我国进入《财富》世界 500 强的企业数量历史上首次超过美国，但从行业和企业分布看，主要是垄断性行业和国有企业，制造业企业少、民营企业少、高科技企业少，具有行业引领和带动作用的企业少。从企业素质结构看，主要是企业创新能力不足，创新创业型企业所占比重低。2019 年我国研发投入占 GDP 的比重为 2.23%，超过欧盟平均水平，但全国规模以上工业企业研发投入占主营业务收入的比重很低，有研发活动企业的比重也不高。在有关机构发布的 2018 年全球创新企业 100 强中，美国有 51 家，而中国仅有 7 家。此外，经济运行中还存在不少“僵尸企业”，造成资源错配和浪费。

所有制结构不合理，企业创新能力不强，是造成产能过剩的重要原因，这制约了产业升级与新旧动能转换。市场主体多元化不足，是造成我国公共服务短缺的重要原因。此外，这也扭曲了资源配置，是造成宏观杠杆率高、融资难、融资贵等问题的原因。

四是劳动力供求结构性矛盾凸显。一方面，我国人力资源丰富，劳动力就业压力较大，每年需要解决 1000 多万的新增就业。另一方面，随着越来越多的企业向中高端水平迈进，大量采用自动化生产设备，对操作、维护自动化设备的技工需求增加，需要更多的高级技工、工程师等中高端人才，但目前供给不足。近年来，高级工程师、高级技师的求人倍率长期保持在 2.1 以上。同时，还面临年轻工人难招，企业季节性、阶段性缺工等结构性问题。尤其随着人口结构快速老龄化，这一矛盾更加突出。

五是金融体系存在明显的结构性缺陷。随着工业化进入中后期，产业结构转型对金融服务提出新需求，但现行金融体系不适应，结构性矛盾突出，这主要表现在：直接融资不发达，目前还是一个银行主导型的金融体系，并且银行主导表现为大银行主导，民营金融机构、小型金融机构发展不足。同时，资本市场结构不完善，尽管目前我国已建立覆盖主板、中小板、创业板、新三板等在内的多层次资本市场体系，但创业板、新三板市场发展不足，不适应创新型企业和新经济新动能发展的需要。

实体经济持续萎缩，虚拟经济过度发展，将扭曲产业结构、需求结构和收入分配结构，造成资源错配，对整个宏观经济运行带来“釜底抽薪”的后果，最终导致我国“后发赶超”动力不足、优势丧失。同时，还将扭曲社会价值观念，近年来，部分高校毕业生不惜放弃所学专业，扎堆投身金融行业挣快钱，希冀一夜暴富就是典型例子。

六是科技领域短板进一步暴露。当前，我国经济进入结构优化和动能转换的时期，技术要素是产业结构迈向中高端、重塑实体经济竞争优势以及企业创新发展的核心支撑。但是，从我国当前情况来看，存在科技成果数量众多与有效供给不足的结构性矛盾。具体来说，科技成果数量众多，但重大成果、原始创新成果少；单项成果比较多，集成创新成果比较少；技术导向的科技成果比较多，但转化为现实生产力的少。科技与经济脱节的问题十分突出，企业创新发展与产业转型升级面临严重技术瓶颈制约。以专利为例，虽然我国专利申请数量居世界第一，但代表高质量的三方专利数量却远低于美国和日本的水平。

技术供给结构的失衡，一方面，导致科技投入资金的浪费，使我国的科技资金、科技人员优势难以转化为创新优势、竞争优势，还会带来科技创新“浮躁”“短期行为”等问题，不利于我国科技创新的长远发展。另一方面，对企业创新发展的支撑不足，使作为创新发动机的企业“燃料缺乏”，进而制约我国产业转型升级和新旧动能转换。

推进供给侧结构性改革、畅通供需循环的主要路径

深化供给侧结构性改革要坚持八字方针

要着眼积极有效应对复杂的国际政治经济形势，立足办好自己的事，坚持“巩固、增强、提升、畅通”八字方针，围绕补齐产业链、供应链等短板，采取有针对性的措施，促进经济高质量发展。

一是大力发展实体经济。加快发展先进制造业，坚定不移建设制造强国，从传统产业调整优化和新兴产业加快发展双向发力，推动互联网、大数据、人工智能同实体经济深度融合，加快提升供给质量和效率，推动资源要素向实体经济集聚、政策措施向实体经济倾斜、工作力量向实体经济加强。深化金融供给侧结构性改革，全面提高金融服务实体经济的效率和水平。推动落实实体经济减税降费政策，继续降低实体经济制度性交易成本。

二是培育壮大国内市场。以有效投资补短板、扩内需、惠民生，继续加大农村脱贫攻坚、城镇老旧小区改造等投资力度，重点支持铁路、轨道交通、城市停车场等交通基础设施，城乡电网、天然气管网和储气设施等能源项目，农林水利，城镇污水垃圾处理等生态环保项目，职业教育和托幼、医疗、养老等民生服务，冷链物流设施，水电气热等市政和产业园区基础设施。激发居民消费潜力，改善消费环境，发展消费新业态新模式，持续拓展城镇居民消费，有效启动农村市场，多用改革办法扩大消费。

三是加快补齐科技创新短板。深入实施创新发展战略，加强创

新能力建设和创新体制改革，全力打造具有示范和带动作用的区域创新平台。深入推进全面创新改革，推进大众创业，万众创新。加强知识产权保护和运用，支持科技成果转化，形成有效创新激励机制。推动基础研究、应用基础研究和产业化融通发展，深化科技体制改革，强化企业创新主体地位，营造公平包容的创新环境。大力推进 5G 网络部署，加快 5G 商用步伐，加强人工智能、工业互联网、物联网等新型基础设施建设。

四是着力提升产业链发展水平。不断加强工业基础能力，培育发展新的产业集群，着力提升国际竞争能力，推动全球创新成果在国内孵化和应用，促进产业链迈向全球价值链中高端水平。巩固调结构成果，加快出清“僵尸企业”，有序释放优质先进产能，不断扩大优质增量供给，增强微观主体活力，畅通经济循环。建立健全政学研用相结合的产业技术创新体系，提升产业公共服务能力，优化产业组织结构。

五是深化与各国务实合作。积极推动共建“一带一路”，以贸易、投资、金融等领域合作为依托，以推进重大项目合作为突破，以互惠互利为基础，促进中国与发达国家双向贸易、投资和第三方市场合作。加强与欧盟、俄罗斯、日本及周边国家、非洲和南美国家的务实合作，共同做大经贸蛋糕。全面落实外资准入负面清单和鼓励外商投资产业目录，抓紧制定外商投资法有关配套法规，落实外资企业同等待遇，切实保护在华外资企业合法权益，鼓励外资企业在华深耕发展。

六是积极维护全球经贸秩序。坚决反对以邻为壑的保护主义，积极参与构建互利共赢的全球价值链，维护全球产业链和供应链稳定，坚定不移支持全球贸易投资自由化便利化。积极参与国际经贸组织改革，提出世贸组织改革中国方案，促进国际经济秩序朝着平等公正、合作共赢的方向发展。更加有效实施宏观经济政策协调，加强与各国政策部门的沟通交流，创造正面外溢效应，共同促进世界经济强劲、可持续、平衡、包容增长。

坚持以增强微观主体活力和创新力为核心

一是深化国资国企改革。按照“完善治理、强化激励、突出主业、提高效率”的要求，优化调整国有经济布局结构和企业产权结构，最大化发挥国企改革对供给侧结构性改革的乘数效应，充分激发微观市场主体活力。加快建设中国特色现代国有企业制度，积极完善企业市场化经营机制；突出战略规划引领，加快国有经济布局优化、结构调整、战略性重组；积极稳妥发展混合所有制经济；稳步开展国际化经营，提升全球资源配置能力；持续深入推进改革试点，放大试点效果。

二是充分激发非公有制经济主体活力。坚定“两个毫不动摇”，瞄准痛点和堵点，彻底解决市场壁垒“虚低实高”问题，充分激发非公经济主体活力，尤其是企业家主观能动性。着力营造公平竞争环境。全面落实市场准入负面清单制度，建立清单动态调整机制，加快推出一批鼓励非公资本参与的示范项目。打破各种各样的“卷帘门”“玻璃门”“旋转门”，在市场准入、审批许可、经营运行、招投标、军民融合等方面，为民营企业打造公平竞争环境，给民营企业发展创造充足的市场空间。依法保护非公有制企业合法权益。

全面落实完善产权保护制度依法保护产权的意见，坚决维护民法典权威，清理有违公平的法律法规条款，将平等保护作为规范财产关系的基本原则，完善产权保护法律体系；严格规范执法司法行为，严格规范涉案财产处置的法律程序，审慎把握处理产权和经济纠纷的司法政策，在涉及民营企业家的执法司法行为中严格依法保护企业法人和涉案人财产权利；探索实行对特定时期特定经济违法行为免于追究制度，不盲目翻旧账。优化营商服务环境。治理非公主体反映最强烈、舆论关注度最高的突出问题，畅通民营和小微企业融资渠道“最后一公里”。设法纾解民小相关的各类“三角债”，加大对民小的再贷款、担保与贴息力度，扩大贷款抵押品范围。激励银行创新针对民小的信贷服务方式，提升服务质量，放宽部分监管指标容忍度，提高考核和评价针对性，消除银行惜贷顾虑。深入开展地方政府失信专项治理行动，强化兑现承诺，增强政策连续性和稳定性。

三是推进事业单位改革。理顺政府与事业单位在公共服务供给中的关系，坚定不移推进政事分开、事企分开、管办分离，使事业单位变成独立的社会主体，激活社会活力。加快推进事业单位分类改革。承担政府职能的事业单位划归政府部门，按照行政机关严格管理；承担公益性职能的事业单位，明确职能定位，强化公益属性，加快去行政化、去营利性，推进管办分离；一般经营性事业单位，彻底转换经营机制，加快成为自主经营、自负盈亏的企业。加大清理规范力度，合并和优化重组具有相同功能和定位的事业单位，坚决撤并应注销而未注销的“僵尸型”事业单位。因类施策落实相应支持政策。完善公益一类事业单位绩效考核和激励约束机制，优化现有职能和结构，给予财政足额保障，不允许开展经营活动和有偿中介服务。允许公益二类事业单位适当开展经营活动，财政给予差额补助支持，完善相应绩效评价标准，明确预算内和自筹资金使用规范。加快建立健全现代社会事业制度。建立符合行业特点的绩效考核办法和工资薪酬制度，促进两者有效衔接。推进先行先试和综合配套改革。在教育、科技、文化、卫生、体育等领域，分别选取若干典型性的单位进行针对性试点，明确功能和定位，在财政经费支持、薪酬制度、人事制度、养老保障、人员分流安置等方面采取综合措施，解剖麻雀，积累经验后在全国复制推广。

坚持以制度改革创新作为供给侧结构性改革的关键

一是深入推进政府职能转变和“放管服”改革。按照政府定标准、企业给承诺、过程强监管、信用管终身的基本思路，进一步理顺政府与市场、政府与社会的关系，大幅减少政府对微观事务的管理，把该放的放足、放到位，把该管的事管住、管到位，把该服务的事服务好、服务到位，让“错位”的正位、“越位”的归位、“缺位”的补位，促进政府治理能力现代化。聚焦科技、教育、医疗卫生、养老等重点领域企业和群众反映强烈的问题，将“政府端菜”改为“企业和群众点菜”，切实提高取消和下放行政许可事项的含金量，增强市场主体和人民群众获得感。全面推行“双随机、一公开”监管，推进跨部门联合监管和“互联网＋监管”，加强信用监管，实现“事前管标准、事中管检查、事后管处罚、信用管终身”。全面推进“一网通办”“只进一扇门”“最多跑一次”改革，构建政务服务、监管服务、金融服务、法律服务、多式联运服务等服务体系，建设人民满意的服务型政府。发挥样板示范作用，及时总结“放管服”改革的优秀案例和成功做法，在全国进行复制推广。

二是推进财税体制改革。以解决供给侧结构性矛盾为着力点，建立相应的税收制度、预算制度和政府支出制度。深化税收制度改革，减轻企业税费负担。推动健全地方税体系改革，完善直接税体系和间接税体系。完善政府预算体系，调整支出结构，加大对科技、教育和公共服务领域的支出力度。建立健全跨年度预算平衡机制。规范地方政府举债融资机制，遏制隐性债务增量，稳妥处置债务存量。加快制定处理地方政府债务的办法，完善风险预警和债务处置机制，实施有限救助制度。科学界定各级财政事权和支出责任，建立权责清晰、财力协调、区域均衡的中央和地方财政关系。

坚持以推进实体经济尤其是制造业高质量发展为着力点

把制造业发展作为国家经济发展的根基，坚持传统产业和新兴产业发展并重，加快重塑新的竞争优势，建设制造强国。支持传统产业的技术改造升级。实施新一轮技术改造工程，支持传统产业智能化、绿色化改造。推进首台（套）重大装备示范应用，鼓励新兴技术与制造业深度融合，以智能制造为抓手，加快推进人工智能、工业互联网、物联网等新型基础设施建设，促进传统制造业向数字化、网络化、智能化升级。深入落实质量强国战略，开展质量提升行动，全面提高传统制造业产品质量。把握全球制造业分工格局的重大变革趋势，加快布局产业链、供应链和价值链，提高制造业全球竞争力。加快发展壮大新兴产业。把握新科技革命和产业变革的历史机遇，着力加强人工智能、生物医药、新能源汽车、高端装备、新材料等领域重大技术创新和突破，建立包容审慎的监管体制，创造更多的市场应用场景，加强国际合作，促进新技术、新组织形式、新产业集群形成和发展，加快数字经济、生物经济等发展，促进新旧动能转换。着力增强制造业创新能力。全面落实企业研发投入抵扣政策，进一步加大抵扣力度，加强政府采购政策对创新产品的支持。支持建设制造业发展关键共性技术研发平台，健全需求为导向、企业为主体的产学研一体化创新机制，抓紧布局国家实验室，重组国家重点实验室体系。

加强实体经济发展的要素支撑。加快建设知识型、技能型、创新型劳动者大军。紧紧围绕经济转向高质量发展阶段的要求，应对人口结构老龄化趋势，深化教育体制改革和人才培养体制改革，着力提升劳动力质量和配置效率，努力实现我国由人口大国向人才强国的转变。着力解决企业尤其是制造业企业招人难、人才缺乏问题。深化劳动力市场改革，打破城乡、地域、行业分割和身份、性别歧视，实现劳动力在城乡间自由流动。建立全国统一的人力资源市场，支持各类中介服务机构发展，为用人单位提供高效便捷的服务。加大对制造业企业招聘蓝领工人、技工、大学生等政策支持。完善外国人永久居留制度，放宽技术技能型人才取得永久居留资格的条件，探索实行技术移民并逐步形成完善有效的政策体系。加强职业技能培训。对接产业转型升级和市场需求，完善职业教育和培训体系，优化学校和专业布局，深化办学体制改革和育人机制改革，鼓励和支持社会各界特别是企业积极支持职业教育，着力培养高素质劳动者和技术技能人才。适应新技术革命和产业变革需要，支持高等院校、职业学校和企业联合办学，加强对人工智能、基因检测、家政服务等领域人才的培养。加强创新型人才培养。深化教育体制改革，调整课程设置，完善和推行初高中学业水平考试和综合素质评价。支持学校开展启发式、探究式、讨论式、参与式教学，推进分层教学、走班制、学分制、导师制等教学管理制度改革。

增强金融服务实体经济能力。坚持以服务实体经济、服务人民生活为本，加快金融的市场化改革，促进金融机构组织结构、经营理念、创新能力、服务水平的升级转型，疏通货币政策传导机制，深化利率市场化改革，推动多轨的政策利率逐步并轨，确保货币信贷保价保量传导至企业需求端。优化金融供给结构。构建多层次、广覆盖、有差异的银行体系，积极开发个性化、差异化、定制化金融产品，提高金融机构中非银行金融机构数量占比，提高中小型银行机构、民营银行、外资机构数量占比。改进优化针对民营企业、小微企业和“三农”金融服务，强化普惠金融等“门当户对”的服务质量，发展民营银行和社区银行，组建小型“下沉式”金融机构，推动部分守规且业绩佳的小额贷款公司转制成小型商业银行。提高直接融资比重。把好注册制市场入口和退市制市场出口两道关，加强交易全程监管。适应新兴产业和创新创业发展要求，改革股票市场发行、交易、退市等制度，深化创业板和新三板改革，探索建立统一监管下的场外交易市场，发展创业投资和天使投资，提高直接融资比重。积极扩大机构投资者、境外投资者、长期资金投资者占比，切实保护好中小投资者权益。进一步丰富债券市场融资工具，扩大中小企业私募债等券种发行和场外交易，增加高收益债券、资产证券化产品、债券风险缓释及增信等创新工具。更大力度拓宽金融业双向开放。进一步扩大银行业、保险业、证券业在内的多领域金融业对内对外开放，加速国内金融监管补齐制度短板，保障监管能力适应对外开放进程。提高国际竞争力，培育具有国际影响力的金融市场。

提高技术有效供给能力。深入实施创新驱动发展战略，大力推进科技创新和体制创新，着力增强原始创新能力，加快实现科技创新从“数量型”向“质量型”的转变，建设科技强国。加强关键核心技术攻关。加强基础研究和应用基础研究。将基础研究占全社会研发投入比例提高一倍。鼓励自由探索，加强学科体系建设，完善基础研究体制机制，组织实施国际大科学计划和大科学工程，努力使我国基础研究进入世界领先水平。加快建立现代科研院所制度和现代大学制度。推动科研院所和高等院校改革，建立科学合理的薪酬制度、评价制度和能进能出的人事制度，使科研人员能够坐得住“冷板凳”，潜心研究，“十年磨一剑”，取得一批具有原创性、颠覆性的重大创新成果。积极支持以“新增投入 + 新的机制”方式组建一批科研院所、国家实验室等新型研发机构，鼓励民办大学发展，通过增量带动存量改革。

第五章
建设高质量收入分配体系，畅通国民经济分配环节

从社会再生产过程看，分配一头连着生产，一头连着流通和消费，推动形成以国内大循环为主体、国内国际双循环相互促进的新发展格局需要建设高质量收入分配体系。

建设高质量收入分配体系，助力构建双循环新发展格局

建设高质量收入分配体系有利于打通制约国内大循环的梗阻，培育形成强大国内市场，通过提升国内大循环水平更好促进国际循环。

实现社会再生产良性循环需要高质量收入分配体系

分配是社会再生产循环的重要环节

社会再生产过程包括“生产—分配—交换—消费”，分配是社会再生产过程中的一个重要环节。马克思在《〈政治经济学批判〉导言》中指出，生产条件的分配包括生产工具的分配和社会成员在各类生产之间的分配，这种分配“包含在生产过程本身中并且决定生产的结构，产品的分配显然只是这种分配的结果”[①]。生产成果分配同它前面的生产环节具有密切的联系，生产成果分配的客体是生产环节产出的产品，生产成果分配的对象主要是在生产环节做出贡献的人，生产成果分配的方式由生产条件分配的方式决定。只有通过生产成果分配，才能实现劳动力的再生产，进而实现社会再生产的良性循环。此外，生产成果分配决定它后面的交换和消费环节，只有通过产品分配给予人们一定数量的交换价值与消费资料，才能为他们顺利参与交换和消费环节奠定基础。

① 马克思，恩格斯 . 马克思恩格斯选集：第 2 卷 [M]. 中共中央马克思恩格斯列宁斯大林著作编译局，译 . 北京：人民出版社，2012 ：14.

改革开放以来，我国国民经济大踏步前进，经济总量连上新台阶，2020 年我国经济总量将突破 100 万亿元，稳居世界第二位，相当于美国经济总量的 70%。2019 年我国人均 GDP 为 70892 元，按照年平均汇率折算达到 10276 美元，首次突破 1 万美元大关，高于中等偏上收入国家平均水平。尤其是，随着扶贫工作的稳步实施，农村贫困状况得到极大改善。按照 2010 年的标准，改革开放之初，1979 年我国有 7.7 亿农村贫困人口，贫困发生率高达 97.5%。2019 年末，我国农村贫困人口减少至 551 万人，贫困发生率下降至 0.6%，困扰中国几千年的绝对贫困问题即将得到历史性解决（见表 5-1）。对于我们这样一个经济发展起点低、人口基数大的国家，收入分配能够取得这样的进步难能可贵。

表 5-1　1978—2019 年我国贫困人口变化状况

年份	当年贫困标准/元	贫困发生率/%	贫困人口/万人	年份	当年贫困标准/元	贫困发生率/%	贫困人口/万人
1978	366	97.5	77039	2012	2625	10.2	9899
1980	403	96.2	76542	2013	2736	8.5	8249
1985	482	78.3	66101	2014	2800	7.2	7017
1990	807	73.5	65849	2015	2855	5.7	5575
1995	1511	60.5	55463	2016	2952	4.5	4335
2000	1528	49.8	46224	2017	2952	3.1	3046
2005	1742	30.2	28662	2018	3535	1.7	1660
2010	2300	17.2	16567	2019	3747	0.6	551
2011	2536	12.7	12238				

资料来源：国家统计局

尽管我国收入分配取得了巨大成绩，但我国人均GDP依然偏低。根据世界银行公布的数据，2019年在全球211个国家（地区）人均GDP排名中，我国仅排在第86位。此外，当前发达经济体的人均GDP最低要求为2万美元，以这个数据来看，我国还存在1万美元的差距。

现行分配格局阻碍了社会再生产循环畅通

马克思主义政治经济学在从宏观层面研究收入分配时，将社会总产品确定为分配客体，并区分生产资料与消费资料进行分配。社会再生产包括物质资料再生产与劳动力再生产，社会成员需要消费来实现劳动力再生产，收入分配决定他们应当获得的消费资料数量。至于社会成员能够获得的消费资料或者能够交换的使用价值的数量及种类，则取决于生产的商品数量及种类。因此，分配在平衡生产与消费中发挥着重要作用，只有通过科学合理的分配并保持消费、储蓄和投资等经济比例关系相对合理，才能实现社会再生产按比例协调发展和良性循环。

从生产角度看，目前我国具有最完整、规模最大的工业供应体系，是全世界唯一拥有联合国产业分类中全部工业门类的国家。截至2019年，中国工业增加值占全球份额达28%以上，接近美、日、德三国的总和，数百种工业品产量居于全球首位；按照国际标准工业产品分类的22个大类，我国制造业占世界比重在7个大类中居于榜首，在15个大类中名列前三。从消费角度看，尽管我国拥有14亿人口的巨大市场，但2019年全国居民人均消费支出占人均可支配收入的比重为70.14%，远低于发达国家水平（美国为80.48%，德国为80.99%，英国为98.32%）。

生产供应总体不存在短缺，但消费能力和水平明显不足，主要原因在于分配环节出了问题。从分配结果看，在 14 亿人口中，4 亿中等收入群体和 6 亿低收入群体并存。在宏观收入核算中，参与收入分配的主体由企业、政府和居民三大部门组成，在宏观国民收入分配格局中，劳动要素回报所占份额偏低，经济增量转移到居民收入中的少，导致居民增收可持续动力不足，阻碍了社会再生产的顺畅循环。

中等收入群体及其基本特征

中等收入群体是一个在社会学、经济学和政治学中被广泛提及和研究的概念。一般认为，中等收入者是指一定时期内，收入保持在全社会中等水平、生活较富裕、生活水平相对稳定的群体。其主要特征有 5 个：一是收入超过社会平均水平，家庭人均日可支配收入 10~100 美元；二是有一定的资产或财产积累，包括货币、房屋、汽车、金融理财产品等；三是有一定的支付能力与合理的消费结构，恩格尔系数为 0.3~0.365，是旅游、文化等消费的主体消费群体；四是社会地位自我评价居中或以上、对生活满意、对未来有信心；五是具备相应的抵御生活风险能力和能够实现稳定预期的能力。

中等收入群体是购房买车、教育医疗、休闲旅游等中高端商品和服务消费的主力军，是引领消费结构向高端化、多样化、个性化升级的中坚力量，对扩大内需和促进社会再生产顺畅循环具有强大的支撑作用。目前，我国中等收入群体在绝对数量上已超过 4 亿，占全球中等收入群体的30%以上，但是与发达国家相比，仍然存在较大差距，主要表现为两个比例的不足。一方面，我国中等收入群体占全部人口的比重还不高。发达国家的中等收入群体占比基本都超过了60%，高出我国近30个百分点，是典型的“橄榄型”。另一方面，我国中等收入群体标准线上限人数比例不高。按照世界银行标准，年人均收入2.5万元属于中等收入群体，25万元也属于中等收入，两者相差10倍。在我国目前的中等收入群体中，处于标准线下限的中等收入居民更多一些。此外，我们还有约6亿每个月收入不足1000元的低收入者。2019年我国居民人均可支配收入30733元，但低收入家庭占全部家庭的比重为40%。东部地区居民收入远高于中西部地区，2019年人均可支配收入排在第一位的上海为69442元，是最后一位甘肃省19139元的3.63倍，全国有22个省（自治区、直辖市）的人均可支配收入排在全国平均值以下。中等收入群体的规模和质量偏低，低收入群体规模过大必然导致居民有效消费不足，有效需求不足必然影响生产的正常运行，进而影响社会再生产的良性循环。

扩大中等收入群体是畅通社会再生产良性循环的关键

中等收入群体被称作社会的“稳定器”、分配的“晴雨表”，中等收入群体的比例越大，社会的稳定性就越强，收入分配的公平性也越高，产生矛盾的概率就越小。[①]按照党的十九大部署，到2035年实现“中等收入群体比例明显提高”，到2050年“把我国建成富强民主文明和谐美丽的社会主义现代化强国”。扩大中等收入群体，

① 李春玲.准确划分中国中产阶层需要多元指标[J].人民论坛，2016（6）.

让大部分人进入中等收入群体不仅是消费升级和社会再生产良性循环的基础和前提，更是实现中华民族伟大复兴中国梦的必然要求。

从消费需求看，高收入者的边际消费倾向呈递减趋势，而低收入者即使有较高的边际消费倾向，但因收入较低消费能力有限而难以发挥刺激消费的作用。中等收入群体的边际消费倾向较高，他们有不断提高生活质量的强烈欲望和不断提高生活质量的基本条件，是拉动生产、促进消费的最大群体。同时，中等收入群体的消费结构也更倾向于新型消费品，他们对于新技术、新产品、新业态的接受能力普遍较高，支撑着整体消费水平的稳步上升和消费结构的稳步升级，是促进消费转型升级最稳健的动力。因此，中等收入群体是推动经济发展和转型升级的重要载体，是构建国民经济顺畅循环的重要环节，建设高质量收入分配体系，实现社会再生产良性循环的关键是扩大中等收入群体。扩大中等收入群体，政策目标的核心是让有潜力的低收入人群尽快步入中等收入群体行列，争取用 15 年时间到 2035 年实现我国中等收入群体翻番，由现在的 4 亿人增加到 8 亿人，使之成为扩大消费的主力军。①

实现供给需求的有效匹配需要高质量收入分配

高质量收入分配有助于实现供需平衡

供求平衡的实质是使市场商品供应量及其构成与市场上有货币支付能力的商品需求量及其构成之间保持平衡。在市场经济条件

① 刘世锦 . 把中等收入群体倍增作为高质量发展的重要战略 [J]. 经济研究，2019（10）.

下，生产要素进入要素市场进行交换的目的是实现它们的价值，资本、劳动力、知识、技术、管理等生产要素都能在要素市场上，按照$\frac{MRP}{MP}=MR=MC=\frac{MFC}{MP}$①，即边际收益产品等于边际要素成本（MRP=MFC）获得报酬。社会成员只有通过收入分配获得交换价值（货币），才能到产品市场上购买他们所需要的消费资料，完成社会再生产过程的交换和消费环节。只有建设按照劳动力价值和要素贡献分配并向优质产品和服务提供者倾斜的收入分配体系，才能形成“工资提高（劳动力再生产成本充分补偿）→劳动力素质提高、数量增加→产品和服务质量提高、有效供给增加→产品和服务交换价值增加、资本周转速度加快→利润率和利润量增加→工资提高（劳动力再生产成本充分补偿）”的良性循环。如果社会成员只能获得较少的货币甚至无法获得货币，产品市场上的大量商品就将无法实现它们的价值，供给和需求就不能实现有效匹配，产品市场将会萎缩直至消失。

同样，只有形成优质优价、平质平价、劣质零价的产品供给市场，让优质产品和服务提供者获得更多报酬，才能形成“优质产品和服务价格提高、销量增加→优质产品和服务提供者报酬增加→优质产品和服务要素投入增加→优质产品和服务供给增加”的良性循环。在供求平衡的状况下，生产者的物质消耗才能得到补偿，消费者的购买需求才能得到满足。因此，分配在平衡供给与需求中发挥着重要作用，只有实现供给需求的有效匹配，才能实现市场的良性运转。

① 式中，MRP 为边际收益产品，MP 为边际产品，MR 为边际收益，MC 为边际成本，MFC 为边际要素成本。

现行收入分配制约了供需有效匹配

供求匹配是实现按劳分配的重要保证。在社会主义条件下，按劳分配是借助于货币通过商品交换形式实现的，劳动者按照劳动所得获得的货币收入，只有通过市场买到自己所需要的消费品，才能使按劳分配得到最终实现。如果商品供求不平衡，尤其是供不应求，就无法保证城乡居民的货币收入顺利地转化为商品，进而就无法保证人民生活水平的不断提高。

现行收入分配制约了供需有效匹配主要表现在两个方面。一是家庭负债过高，导致国内有效需求不足。中国人民银行发布的《2019 年中国城镇居民家庭资产负债情况调查》显示，中国城镇居民家庭负债参与率高达 56.5%，而且家庭负债结构相对单一，房贷是家庭负债的主要构成，占家庭总负债的 75.9%。从年龄看，户主为 26~35 岁的家庭负债率最高，为 73.1%。由于消费资金被高房价、高房贷以及教育、医疗等用途挤占，年轻群体和中低收入群体或无钱消费或不敢消费。二是需求与供给脱节，市场无法提供满意产品。在消费结构升级的同时，现有商品及服务的供给体系却难以完全适应市场的要求。在供求结构上，由于国内中低端产品服务明显过剩，国产商品和服务的品质、种类难以满足人民群众日益增长的美好生活需要，导致居民只好到境外抢购商品。银联国际与携程发布的《2019 中国人出境旅游消费报告》显示，2019 年我国居民在国外购物热门地区主要分布在阿联酋、日本、英国、法国、新加坡、美国和意大利，全球各地的免税店始终是国内游客的最爱。

这些矛盾或问题的存在，使一些重要消费领域出现消费者不能消费、不愿消费和不敢消费，影响了消费升级和消费创新，抑制了消费热点、亮点的持续壮大和扩张。此外，高收入人群选择海外投资消费，也导致资金外流，无法形成国内生产—消费的闭环。

实现供需有效匹配关键在改善收入分配结构

建设以国内大循环为主体、国内国际双循环相互促进的新发展格局，事关我国现代化建设全局。构建新发展格局必须把实现供需匹配作为出发点和落脚点，以供给侧结构性改革为主线，以扩大内需为战略基点，着力实现供给和需求的匹配。一方面要优化供给结构，改善供给质量，提升供给体系对国内需求的适配性。另一方面要完善扩大内需的政策支撑体系，形成需求牵引供给、供给创造需求的更高水平动态平衡。

内需是由居民消费需求、企业投资需求和政府需求有机组成的体系，实现供给和需求的平衡需要提高国内居民的消费水平，改善收入分配结构，提高劳动报酬在 GDP 中的比重。在宏观收入核算中，参与收入分配的主体由企业、政府和居民三大部门组成，三者的比例关系是国民收入分配格局的重要体现，同时其分配格局又会对经济社会发展产生重大影响。[①] 从我国国民收入初次分配和再分配格局变化看：一是 20 世纪 90 年代国民收入初次分配格局相对平稳，但进入 21 世纪以来发生了较大变化；二是 21 世纪以来的国民收入初次分配格局变化大体上也可以分为两个不同阶段，以 2007 年为界，前一个阶段是资本部门收入比重上升而劳动者部门收入比重下降的时期，后一个阶段与之相反，是资本部门收入比重下降而劳动者部门收入比重上升的时期。从 2010 年开始，劳动者报酬在

① 罗长远，张军 . 经济发展中的劳动收入占比：基于中国产业数据的实证研究 [J]. 中国社会科学，2009（4）.

国民总收入中所占的比重，扭转了 2000—2009 年的下降趋势，总体呈现明显上升趋势。“十三五”以来，劳动者报酬延续了 2010 年以来比重上升的势头，2016 年劳动者报酬占国民总收入比重达到 52.2%。从收入分配的国际比较看，发达国家劳动报酬份额一般稳定在 50%~60%，其次是资本收益（企业），一般为 35% 左右，政府所得（生产税净额）的占比约为 10% 左右。

从国际比较看，经济合作与发展组织的数据显示，自 20 世纪 90 年代以来，英国的劳动报酬份额最高为 57.5%，最低为 53.2%；美国的劳动报酬份额最高为 60.4%，最低为 56.2%；日本的劳动报酬份额最高为 56.7%，最低为 50.8%。可以看出，世界主要工业化国家的劳动报酬份额基本都占到国民收入分配的一半以上。[①] 我国的劳动报酬份额不仅明显低于其同期的平均水平，近 20 年来中国劳动报酬份额的最高值也就只微微高于上述国家劳动报酬份额的平均值。

劳动报酬直接影响劳动要素所有者的收入水平，以劳动报酬为主要收入来源的居民收入水平偏低导致国内消费需求不足，经济增长过分依赖投资，高投资加剧生产过剩，过剩产品需要寻求国外市场，出口增长导致顺差不断增加，进一步加剧了投资与消费的比例失调。国际经验显示，劳动要素收入在初次分配中所占的比重保持在 55%~60% 的区间较为公平合理。实现我国供给和需求的有效匹配需要改善收入分配结构，尽快提高劳动报酬在国民收入中的比重，争取用 15 年时间到 2035 年实现劳动收入占初次分配比重达到

① 余斌，陈昌盛 . 国民收入分配困境与出路 [M]. 北京：中国发展出版社，2011.

55%，2050 年达到 60% 左右。

实现高水平对外开放需要高质量收入分配

高质量收入分配有助于实现高水平对外开放

国际贸易理论认为，一国对外贸易会影响该国国民收入水平以及国民收入分配，劳动要素富裕型国家进行贸易开放，出口劳动密集型产品，进口资本、技术密集型产品，在长期内会提高该国劳动力实际收入，降低资本实际收入，从而缩小该国不同要素所有者的收入差距，进而缩小居民收入分配差距。

此外，开放市场经济在国际上配置资源，商品价值在国际上实现，收入分配的起点、过程和结果不仅取决于国内收入分配体系，而且受国际分配与国际市场影响。在开放市场经济中，资本、劳动力等生产要素是流出还是流入、流向的产业和城乡区域，主要取决于生产要素所有者通过收入分配所得收入的国际差距。具体而言，生产条件分配主要由各国资源禀赋自然决定，收入分配的规则取决于国际分配秩序，收入分配的结果受国际贸易自由化程度与市场定价话语权影响，因此高质量收入分配促进高水平对外开放，反过来高水平对外开放也会在一定程度上倒逼我国加速收入分配调整。

改革开放 40 多年来，对外开放促进了劳动力流动，也影响了中国的收入分配，但其对不同类型劳动者收入的影响不尽相同。有研究者使用 1988—2008 年个人和家庭层面的微观数据，实证检验对外开放对中国收入分配的影响，发现对外开放对收入差距的影响在不同时期有所差异，对城市与农村的影响也截然不同。就 1992

年邓小平“南方谈话”后的第一阶段对外开放而言，其在一定程度上缩小了总体和城市内部的收入差距；就 2001 年中国加入世界贸易组织后的第二个阶段对外开放而言，其对总体收入差距的影响并不显著。“入世”拉大了城市高端和中端收入群体的收入差距，也带来了农村居民收入的提高，从而在某种程度上缓解了总体收入差距的扩大。[①]

扩大内需同样需要发挥外需的积极作用

当前，我国国内国际双循环相互促进的新发展格局已经初步显现。中国完备的工业体系和健全的基础设施，为全球企业提供低廉、便捷、通畅的生产制造体系，持续优化的营商环境进一步增强了中国对全球企业的吸引力。2019 年中国外资流入额稳居发展中国家首位、全球第二位，投资来源国家和地区达 179 个。中国国内消费超大规模红利的不断释放及外资准入负面清单的日益缩减，为全球企业带来了广阔的发展空间和丰厚的利润收入。同样，由于高质量外资不断流入，中国劳动力质量优势得以充分发挥，推动高素质就业人数快速增加，也促进了居民增收和收入分配改善。

目前我国消费主要依托国内市场，而且对内依存度呈现上升趋势。统计数计显示，经常项目顺差占 GDP 的比重，由 2007 年的大约 10% 下降到 2019 年的 1% 左右；外贸依存度，已从 2006 年的高点 64.5%，逐步下降到 2019 年的 35.7%。随着外需依存度的逐步降低，国内巨大的内需市场已经越来越成为我国需求的主要来源，经济增长也越来越多地依靠国内消费。但中国经济无论成长到什么

① 韩军，刘润娟，张俊森．对外开放对中国收入分配的影响——“南方谈话”和“入世”后效果的实证检验 [J]. 中国社会科学，2015（2）．

时候，都要充分利用国内国外两种资源、两个市场。国内国际双循环相互促进的新发展格局，将为国内和全球经济发展注入新活力，也将为中国和世界共同繁荣带来新机遇。[①]

实现高水平对外开放关键在于深化要素市场化改革

改革开放40多年的经验表明，用好国际市场、资源和规则，对于国内发展和改革能够起到巨大的促进作用。当前，一些国家保护主义和单边主义盛行，但从长远看，经济全球化仍是历史潮流，各国分工合作、互利共赢是长期趋势。只有建设通过调节资本、劳动力等要素所有者的国际收入差距影响国际资源流动的收入分配体系，才能真正建设多元平衡、安全高效的对外开放体系。这样的收入分配体系，能够充分利用国内国外两种资源、两个市场，推动我国全要素生产率提高和低收入者收入提高。

当前，我国正处于工业化中后期向高收入发展阶段迈进的转型时期。这一阶段，需要更大程度、更高水平的开放，要以国内大循环吸引全球资源要素，通过进一步嵌入全球产业链，加强国际大循环带动产业结构的升级和效率提升。构建新发展格局需要深化劳动、资本、土地、知识、技术、管理、数据等生产要素市场化配置改革，通过深化改革，健全公平竞争制度，完善产权保护制度，促进国内规则规制全面对接国际高标准市场规则体系，以更好联通国内市场和国际市场，促进国内国际双循环相互促进，推动我国在更高水平对外开放中实现更好发展，培育新形势下我国参与国际合作和竞争新优势。

---

① 张辉．以国内国际双循环引领新型全球化 [N]. 经济参考报，2020 年 8 月 11 日．

完善要素市场化配置，畅通初次分配环节

我国生产要素资源丰富，但受到要素市场发育滞后、要素价格形成机制不健全等影响，一定程度上还存在要素流动不畅、要素配置效率不高等问题。畅通国内国际大循环，必须破除要素自由流动的壁垒和障碍，完善初次分配制度，健全劳动、资本、土地、知识、技术、管理、数据等生产要素由市场评价贡献、按贡献决定报酬的机制，优化生产要素的宏观配置结构，提高资源配置效率。

完善劳动要素按贡献参与分配政策

劳动是价值创造的源泉，其他要素通过劳动力的开发、利用和创造等形成产品或服务。在我国国民收入分配格局中，政府和资本部门收入比重偏高，劳动者部门收入比重偏低。近年来，政府努力增加居民收入，调整国民收入分配格局，居民收入在宏观收入分配中的比重呈现稳步提高态势，但回升的速度较慢。在宏观国民收入分配格局中，收入分配向资本要素、政府部门的倾斜并未根本扭转，总体上仍然不利于劳动者部门，未来需要进一步提高劳动要素在宏观收入分配中的比重。

一是坚持就业优先战略和积极就业政策，实现更充分和更高质量就业。大力推进“大众创业，万众创新”，全面落实创新创业扶持政策，加快推进网上审批，深化商事制度改革，进一步降低市场准入门槛和制度性交易成本，不断激发市场活力，催生更多吸纳就

业新市场主体。完善税费减免和公益性岗位、岗位培训、社会保险、技能鉴定补贴等政策，促进以高校毕业生为重点的青年、农村转移劳动力、城镇困难人员、退役军人等群体就业创业。将劳动力要素市场改革和工资市场化改革结合起来，调整最低工资标准，完善各具特色的工资制度与工资增长机制，使工资水平正确地反映劳动力的价值，提高经济发展成果的全民共享水平。

二是加快体制机制改革，消除各种妨碍社会成员平等发展的制度性障碍。户籍歧视严重影响劳动者的就业权利平等，为了获得与本地劳动者相同的小时工资，外地劳动者不得不延长工时，农业户籍的劳动者更容易受到不公平不公正的对待。身份差异导致“同工不同酬”，事业单位有“编内”和“编外”两种身份，企业有“正式工”和“派遣工”的区别。在城乡二元体制存在的情况下，农村劳动力要素在就业选择上以及就业权利上都处于弱势地位，和城市存在巨大差异。2019 年，我国城镇居民收入为农村居民的 2.64 倍（见图 5-1）；进城务工人员的月工资平均为 3962 元，尽管有所增长，但与城镇就业人员平均工资相比，仅仅是后者的 50% 左右。要加快改革户籍制度，推进城乡一体化建设，为农民营造公平的就业环境，实现农民与城市居民权利一致、地位平等和身份同一。推动超大、特大城市调整完善积分落户政策，探索推动在长三角、珠三角等城市群率先实现户籍准入年限同城化累计互认。增强劳动力市场灵活性，促进劳动力在地区、行业、企业之间自由流动，使人人都有通过辛勤劳动实现自身发展的机会，提高劳动力资源配置效率。

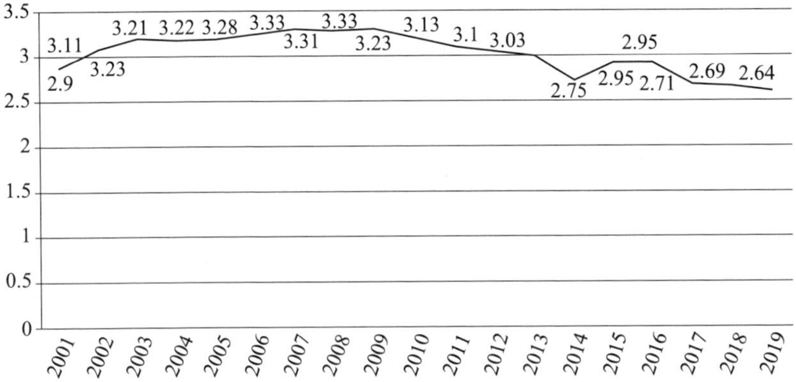

图 5-1　2001—2019 年我国城乡居民收入比（以农村居民为 1）

三是大力发展教育事业和职业培训，提升全社会劳动力的人力资本水平。复杂劳动是倍加的简单劳动，其收入差异也是倍数级。提高中低收入群体的收入，关键是提升其技能素质。要重视农村教育的投入，倘若农村没有义务教育，大批农村孩子会丧失上学机会或者部分家庭会因学致贫，从而导致人力资本差异增大，城乡收入差距扩大。要继续加大基础教育投入，巩固提高义务教育，加快普及学前教育和高中阶段教育。加快现代职业教育建设，增强职业教育的实用性，培养大批技术技能人才。加强对农民的技术培训，大力培育新型职业农民，支持农民通过技术晋升、自主经营进入中产阶层。优化政府支出结构，加大政府对职业教育、在职培训等方面的公共投入，提高劳动者素质和岗位转化能力。

完善资本要素按贡献参与分配政策

资本是劳动的物化形式，它不能生产价值，却可以将剩余价值转化的利润部分积累为资本。资本要素按贡献参与分配，主要是通过市场交换实现的。

一是加强多层次资本市场体系建设。培育市场化金融资产价格形成机制，优化市场基准利率和收益率曲线，健全市场化利率形成机制，推进新股发行市场化定价。持续推进国内多层次资本市场建设，大力发展货币市场、证券市场、保险市场、基金市场和期货市场，不断丰富债券市场品种体系，稳步发展国债期货、利率互换等利率衍生产品，兼顾场内市场和场外市场的协调发展。发展可转换债、可交换债等股债结合产品和并购重组债、可续期债券，为中小企业债务融资提供更多渠道和更便捷服务。完善房地产租赁市场，丰富并普及居民可投资金融产品，拓宽居民租金、股息、红利等增收渠道。

二是更好发挥市场对金融资源的配置作用。与其他国家相比，过去的 20 多年间我国直接融资比重一直是 G20（二十国集团）国家中最低的，不仅低于美国（80%）这样的市场主导型国家，也低于传统的银行主导型国家德国（69.2%）和日本（74.4%），以及人均收入远低于我国的印度（66.7%）和印度尼西亚（66.3%）等国。要加快完善资本要素市场功能，提高直接融资比重，促进社会融资结构持续优化。积极引导资本要素市场和金融机构为实体经济提供多样化的金融产品和融资服务，更好地满足实体经济的融资需求。发挥资本要素市场在推动经济转型升级、供给侧结构性改革中的作用，扩大绿色债券、社会效益债券、项目收益债券及其他创新品种发行规模，主动对接和服务“中国制造 2025”、国企改革、新旧动能转换等国家重大战略和重点领域，为国家重点领域和重点项目建设提供资金支持。

三是加大资本要素市场双向开放力度。完善负面清单制度，降低行业进入门槛，加快放开铁路、石油、电力、电信等国有垄断行业的竞争性环节，吸引民间资本进入，保证民间资本依法平等使用生产要素、公开公平公正参与市场竞争、同等受到法律保护。协同推进扩大金融业开放、完善汇率形成机制、减少资本管制“三位一体”的改革，放宽境外金融机构市场准入限制，落实外资准入前国民待遇加负面清单制度，不断提升国内资本市场的影响力、吸引力和国际话语权，实现资本市场对外开放与资本项目开放进程和风险防范能力协同推进，支持有条件的中资金融机构“走出去”，提升国际竞争力。

四是防范化解各类市场风险，保障投资人收益。提高金融机构和资本要素市场服务实体经济和防御风险的能力，健全货币政策和宏观审慎政策“双支柱”调控框架，牢牢守住不发生系统性金融风险的底线。加强资本要素市场监管协调与合作，有效防范资本市场跨市场、交叉性金融风险。持续加强金融监管部门依法执政能力建设和资本市场的跨境监管合作，提高监管效率和监管水平。落实上市公司分红制度，强化监管措施，保护投资者特别是中小投资者合法权益。

完善土地要素按贡献参与分配政策

土地是传统农业的重要因素。作为商品，土地价格是通过土地市场的评价和交换形成的，土地的所有者占有土地商品的价格收入。

目前，我国6亿中低收入人群主要分布在农村。与城市居民可以拥有产权清晰、逐步升值的住宅等财产不同，农民却因集体土地产权模糊、市场化交易困难而无法享受相应的财产性收入，这也是近年来城乡居民收入差距扩大的重要原因之一。要充分发挥市场配置资源的决定性作用，盘活农村建设用地，增加农民财产性收入。

一是建立健全城乡统一的建设用地市场，扩大国有土地有偿使用范围。建立公平合理的集体经营性建设用地入市增值收益分配制度，在符合国土空间规划和用途管制要求前提下，调整完善产业用地政策，创新使用方式，推动不同产业用地类型合理转换。运用市场机制盘活存量土地和低效用地，完善促进盘活存量建设用地的税费制度。深化农村宅基地制度改革试点，深入推进建设用地整理，完善城乡建设用地增减挂钩政策，为乡村振兴和城乡融合发展提供土地要素保障。

二是提升国有土地使用效能，由市场评价要素贡献。健全工业用地市场供应体系，采取长期租赁、先租后让、弹性年期供应、作价出资（入股）等多种方式，鼓励节约集约用地，提高土地利用效益，着力培育建设用地使用权转让、出租、抵押二级市场，大力推广城镇低效用地再开发试点经验。统一明确不同区域工业用地租金和地价标准，适度提高工业用地价格。分类开展地价动态监测，探索通过价格、租金管制及补贴等措施，鼓励工业企业盘活存量划拨用地。

三是推进农村土地制度改革，保障农民合法拥有要素收益。目前，我国土地征收补偿标准与集体经营性建设用地入市价格差异较大，前者是政府定价，后者是市场价格。以安徽省金寨县为例，

2018 年全军乡熊家河村地块每亩成交单价 20.05 万元，而征地补偿标准仅为每亩 3.74 万元，巨大价格差距必然导致利益冲突。[①] 要将集体经营性建设用地使用权与国有土地使用权的市场价格，作为对集体土地征收补偿的市场价计算标准，统筹土地征收与集体经营性建设用地入市比重。逐步推进宅基地制度改革，探索宅基地有偿退出机制，加快建立健全集体建设用地资源资产产权制度，逐步实现各类市场主体按照市场规则和市场价格依法平等使用土地等自然资源。

完善知识要素按贡献参与分配政策

作为一种集信息、科技于一体的无形资本，知识是生产系统中的独立要素，与土地、劳动力、资本等生产要素同样不可或缺。一旦知识要素与具体的生产要素结合，就会产生和释放出巨大的生产力，创造出惊人的社会财富。允许知识要素按贡献参与分配，是适应知识经济发展客观要求和社会公共选择的结果。

一是科学评估知识要素价值。目前，我国科研人员所获收入未能充分体现劳动所创造的知识价值普遍存在。以北京市某科研单位为例，2007—2017 年北京市的月社会平均工资增长了 2.55 倍，北京市城镇居民可支配收入增长了 2.6 倍，海淀区的平均房价增长了 6.78 倍，而该科研事业单位的人均绩效工资仅增长了 2.07 倍。[②] 要

① 黄征学，吴九兴 . 集体经营性建设用地入市：成效与影响 [J]. 团结，2019（1）.

② 张峻峰，刘媛，王春平 . 科研事业单位绩效工资改革现状及体现知识价值导向的薪酬制度探索 [J]. 经济师，2020（5）.

参考社会平均工资水平及其他行业工资变化情况，根据职称、职务、岗位、级别等动态调整，建立科研人员基础工资稳步增长机制，突显知识价值。根据科研绩效团队目标任务完成情况和个人任务完成情况，以增加知识价值为导向，动态调整奖励性工资水平，核发与科研人员所创造知识价值相对等的科研绩效，不断提高奖励性工资标准。健全完善科技成果转化收益分配方案，根据科研人员的实际贡献，及时足额发放奖励，让知识贡献者、创造者、增值者共享转化收益。

二是构建长效激励机制满足知识所有者的多重需求。制定以增加知识价值为导向分配政策的实施细则，通过分类施策并加强部门间沟通协调，促进科研人员增收政策落地生根。坚持短期激励与长期激励相结合、精神激励与物质激励相结合，在完善科研人员绩效薪酬的基础上，重视科研机构履行科技成果转化长期激励的法人责任和主体地位。重视专利权、著作权等知识产权保护与转化收益，发挥产权、股权、期权、分红等长效激励机制的作用，规范科研成果转化收益分享和内部激励制度，维护和保障科研人员切身权益。

三是扩大科研机构、高校收入分配自主权。目前，我国科研事业单位绩效工资分为基础性绩效与奖励性绩效两部分，基础性绩效参照改革前各种有政策依据的津补贴为主，结合职务、职称、工龄及岗位职责核定，约占绩效工资总量的60%；奖励性绩效工资则主要是与职工的岗位工作绩效考核结果挂钩，约占绩效工资总量的40%。但由于人社部门对事业单位绩效工资总量有核定数，因此受天花板效应的影响，实际可用来调节收入、激励创新、奖勤罚懒的奖励性绩效空间较小，不利于调动科研人员的工作积极性。要大力推进科研人员收入分配领域的“放管服”，增加更具弹性、激励性、自主性、灵活性的收入分配政策，允许和鼓励科研机构、高校在政策法律框架内，自主制定和实施科研人员收入分配管理办法。建立健全以实际贡献为评价标准的科技创新人才薪酬制度，鼓励企事业单位对紧缺急需的高层次、高技能人才实行协议工资、项目工资。贯彻落实科研机构、高校在岗位设置、科研人员聘用与职务升降、职称评定、绩效工资管理、科研项目经费管理等方面的自主权，为科研人员创业营造宽松、和谐、良好的政策环境。赋予科研机构、高校自主制定实施科技成果转化收益分配和奖励方案的权力，强化科研成果管理自主性。根据科研项目的性质、层次和学科领域进行分类管理，创新科研项目经费监管机制，简化、规范财务报销流程，改进劳务费、间接经费管理方式，凸显业绩导向和增加知识价值导向，适度增加间接经费中的绩效支出。

完善技术要素按贡献参与分配政策

技术要素由资本、劳动力结合产生，又对其他要素有重大影响。要以加速技术转移和成果转化为根本任务，建立企业为主体、产学研深度融合的技术创新体系，加快形成以市场为导向的技术价格体系，优化技术市场服务体系环境，为国家创新能力提升和迈入创新型国家前列提供有力支撑。

一是规范技术要素定价和产权保护。我国职务发明专利权属政策采取“雇主优先”原则，许多单位以职务发明为由，将科技人员的成果“单位化”，使其收益与风险与成果价值不对称，维权普遍存在“举证难”“赔偿低”“周期长”等问题，不仅挫伤了技术创新积极性，也阻碍了技术要素的正常交易和产业化。要尽快开展职务科技成果所有权改革试点，允许高校、院所科研人员享有职务科技成果所有权（或部分所有权），从根本上解决职务科技成果国有资产属性带来的成果转化障碍。完善技术价格形成机制，明确技术要素价格管理的基本原则和具体办法，维护技术产品所有者和购买者双方正当权益。进一步加强知识产权保护，加强知识产权信息公共服务，严厉打击各类侵犯知识产权和制售假冒伪劣的行为，集中查办一批侵害民营企业知识产权的案件，营造公平竞争的市场环境。

二是完善技术要素市场供求机制。强化企业的创新主体地位，鼓励高校等创新主体与企业等市场主体对接，推进产学研深度融合，重点解决技术转移转化过程中所遇到的资金融通难、中间实验难、系统配套难、中介服务难等问题。加强中试熟化基地建设，政府对具有转化前景的实验室成果孵化以及中试熟化给予必要的引导性资金支持，并充分利用税收杠杆鼓励投资机构积极参与中间试验基地建设，以满足转化应用需求。研究制定符合国有技术类无形资产的管理办法，打通《促进科技成果转化法》与事业单位国有资产管理相关规定之间的鸿沟，简化国有技术类无形资产管理流程，使高校、院所科技成果转化自主权落到实处。

三是探索成果转化收益共享新形式。国家和地方科技成果转化基金通过设立创业投资子基金、贷款风险补偿等方式，引导社会资本加大对技术转移早期项目和科技型中小微企业的投融资支持。盘活技术产权，开展知识产权证券化融资试点，鼓励商业银行开展知识产权质押贷款业务，促进技术流通和创业企业股权流动。探索开发与技术转移特点相适应的金融产品，发展政府与社会多方参与的成果转化融资通道，积极推进股权众筹、天使投资、创业投资等科技企业融资方式，调动技术成果持有者进入市场的积极性。健全技术创新激励机制，完善有利于科技成果转移转化的分配政策，建立科技成果入股、岗位分红权激励等分配办法，保障技术成果在分配中的应得份额。

完善管理要素按贡献参与分配政策

管理首先是一种生产劳动，是经营管理人员脑力和体力的付出，表现为对生产过程的协调、指挥和监督。随着企业运营方式的不断发展，管理要素的贡献率越来越高，创造财富的作用日益增强。让管理要素参与收益分配，有利于激励管理人员的长期行为，促使各生产要素优化配置。

一是建立健全市场评价管理要素价格的机制。在国有企业中，管理人员的薪酬很难实现市场化，许多高级管理人员仍然采用任命制。在任命制下，无法消除管理者的高职务倾向，管理者势必会耗费更多时间和精力从事与晋升有关的竞争行为，而非与提升业绩有关的经营行为。此外，管理要素由于自身的特点，很难量化其在生产中的贡献大小，所以在制定具体的收益分配办法时，要结合实际，设计合理的量化办法，将管理要素的收入真正与管理者的绩效贡献挂钩，并在参与收益分配中得到充分体现。要重视市场价格机制的调节作用，探索人才市场薪酬信息统计、发布办法，用市场价格变化反映人才余缺，同时为人才培养、结构调整提供依据。建立兼顾长期发展和短期收益的管理者绩效考核体系，既考察对公司上一年财务指标的贡献，又考察对公司长期发展战略和创新方面的贡献，科学评价管理要素价值。

二是探索新的收益分配形式。对于国有企业高管的薪酬，在限高基础上，建立与企业领导者分类管理相适应、选任方式相匹配的企业高管人员差异化薪酬分配制度。综合考虑当期业绩和持续发展，建立健全根据经营管理绩效、风险和责任确定薪酬的制度，推广薪酬延期支付和追索扣回制度。探索使用期股制，即管理层原有薪资不变，以议定价格向高级管理者转让部分虚拟股权，最终以虚拟股权所获得的红利购买实际股权，管理者不需支付现金成本，就可获得真实股权。

三是加强对收益分配过程的监督。既然管理作为一个要素投入，理所当然也应该承担相应风险，而实际情况是管理者很少承担对等责任，他们有年薪，有股权，即使做得再差，底薪很可能也是普通员工的几十倍。要加强对国有企业、事业单位分配制度改革的管理指导、监督检查。建立健全内部分配约束监督机制，薪酬和股权分配方案必须经职工代表大会讨论通过，报主管部门和人事部门备案，并接受财政、审计等有关部门的监督。

完善数据要素按贡献参与分配政策

数据要素是指生产和服务过程中作为生产性资源投入、创造经济价值的数字化信息、数据和数字化知识的集合。近年来，伴随着互联网、大数据、云计算、物联网和人工智能等新一代信息通信技术叠浪式创新和各类智能终端产品持续普及，数据也成为现代生产和服务过程中的关键生产要素，成为经济社会发展的新型原动力，数据的所有者和使用者也要按照要素的市场贡献参与收益分配。

一是建立数据价格和交易体系。目前，我国数据交易的范围和内容具有较大局限性，大数据交易所、交易网站、数据公司等数据市场中介不能有效发挥作用，阻碍了市场交易范围和规模扩张。以全球第一家大数据交易所——贵阳大数据交易所为例，截至 2019 年 5 月，该交易所已发展 2000 多家会员，接入 225 家优质数据源，上线 4000 多个数据产品，但总体看，数据交易规模较低，2018 年可交易数据量只有 150PB，距离 2020 年实现年数据交易量“万 PB”的目标，还有非常大的差距。要加快建立数据价格的定价机制，确保数据要素收入初次分配高效公平，让企业和个人有更多活力和更大空间利用数据要素发展经济、创造财富。进一步明确要素产权，分类明确界定政务数据、公共数据、企业数据等各类数据在采集、存储、流通、开发、利用等环节的所有权、使用权和收益权。健全交易规则体系，对资料来源、交易主体、使用目的、使用范围、使用时间、交易过程、平台安全保障等加以规范。

二是促进数据市场健康发展。加快推进新型信息基础设施建设，完善数据要素跨区域、跨部门、跨行业的交易流通“硬”基础。完善公平、开放、透明的数据要素市场规则，培育发展数据交易市场，加快健全统一开放、竞争有序的数据要素市场体系，打造数据要素交易流通“软”环境。健全数据清洗、数据挖掘、产权界定、价格评估、流转交易、担保、保险等配套服务体系。

三是增强对数据安全和隐私保护的监管力度。构建我国数据安全标准体系，积极研发通用和专用的数据安全标准，引导行业内第三方机构开展数据安全检测和评估，开展针对数据跨境流动的专项安全评估。加强数据要素市场反垄断和反不正当竞争执法，建立并完善信用体系、行业管理、安全管理等市场监管体系，提升监管效能，避免数据要素收益分配不公平和失衡。确立数据保护的行业监管模式，建立覆盖备案、评估、举报、处罚等各个环节的数据保护行政监管机制。加强网络数据资源商业合作的安全管理，建立健全大规模用户信息泄露事件企业向行业主管部门报告和社会公告制度，健全完善用户隐私泄露举报机制，加强对政务数据、企业商业秘密和个人数据的保护。

更好发挥政府作用，畅通再分配环节

国际经验表明，我国初次分配后的居民收入差距与美国、英国、法国、日本、澳大利亚等国家比较接近，明显小于德国、意大利、葡萄牙等国家。但是，再分配调节后的收入差距大于这些国家，OECD 国家经过再分配后，基尼系数下降约 20 个百分点。与此相比，我国仅下降约 5 个百分点，再分配政策调节效果明显不及预期。健全再分配政策，需要更好地发挥政府对收入分配的调节作用，完善以税收、社会保障、转移支付为主要手段的再分配机制，逐步缩小收入分配差距，使“调高、扩中、保低”的政策措施有效落地，促进基本公共服务均等化。①

完善税收调节政策

我国税制结构中以流转税为主，对收入分配具有很强调节作用的所得税规模偏小。高收入群体税收征管“跑冒滴漏”，作为调节财富分配主要手段的财产税或遗产税迟迟没有出台。由于缺乏调节高收入的有效方式，导致高收入人群收入和财富的增速明显快于一般人群，这是城镇内部收入差距进一步扩大最重要的原因。

一是优化税制结构。在整体税制结构上，推进降低间接税比重，

① 再分配指的是经常转移支付，包括所得税、社会保险缴款、社会保险福利、社会补助等，再分配之后形成政府、企业和住户的可支配收入，而三大主体部门的可支配收入之和就是国民可支配收入。

提升直接税比重，对部分产品和服务选择性开征资源税、环境保护税、消费税。扩大资源税征收范围，提高资源税税负水平。调整部分消费税的税目和税率，将部分高档娱乐消费和高档奢侈消费品纳入征收范围。将消费税的征税环节，延伸至销售环节，销售环节的消费税收入划归地方以充实地方税体系的财源。

二是改革个人所得税。1999 年我国个人所得税占税收总额的比重仅为 3.87%，2019 年我国个人所得税占税收总额的比重也仅上升到 6.58%，大大低于发达国家 20%、发展中国家 15% 的比重。之所以这么低，一个重要原因是高边际税率下，很多私营企业主在企业不领工资，而是将收入留在企业转成按 25% 的税率缴企业所得税；一些高收入人群要么移民，要么将企业迁到国外避税港以避税。由于个人所得税占税收总额的比重偏低，贫富传递“代际效应”有所显现，收入流动性面临堵塞风险。按照国际惯例，个人所得税税率应该小于或等于企业所得税税率，现在企业所得税税率降到了 25%，个人所得税最高边际税率也应由 45% 降到 25%，相应的级次税率也应下降。要改变个人所得税的征收模式，实行综合和分类相结合的个人所得税征收模式，制定更合理的税率和费用扣除标准，增加子女教育、大病医疗等专项费用扣除。实行代扣代缴和自行申报相结合的征管制度，加快完善个人所得税征管配套措施，建立健全个人收入和财产信息系统，堵塞征收漏洞。完善高收入者个人所得税的征收、管理和处罚措施，加大对偷逃税款等违法行为的监管查处力度，增加纳税人偷逃税款的成本与风险。

三是稳定小微企业所得税优惠政策。在我国，占企业总量 80% 的小微企业吸纳了 70% 的就业。2018 年，国家有关部门针对小微企业出台了持续三年的所得税优惠政策：对年应纳税所得额低于100万元（含100万元）的小型微利企业，其所得减按50%计入应纳税所得额，按20%的税率缴纳企业所得税；优惠时间自2018年1月1日至2020年12月31日。这是疫情之前的政策，在当前广大小微企业因疫情冲击，生存面临空前压力的情况下，考虑到以国内大循环为主的战略需要，建议将这一政策转变为基础性制度甚至上升为法律，以此放水养鱼，稳定预期。一旦小微企业缓过劲来，必将以新的就业带动更多就业，进而推动经济向好的循环方向发展。

四是引入累进的财产税。20世纪90年代，利息是我国城镇居民财产性收入的主要渠道。进入21世纪后，以房地产为代表的投资品成为城镇居民财产性收入的主要渠道，而财产性收入增长过快也是当前收入差距扩大的重要因素。2007年，我国财产性收入增长占居民收入的份额不到2%，2019年上升到为8.5%。分城乡看，2019年，城镇居民财产性收入占城镇居民可支配收入的比重为10.37%，而农村居民财产性收入占农村居民可支配收入的比重仅为2.35%。财产性收入分配不均等，带来部分居民财产的快速增加和分配差距的急剧扩大（见图5-2和图5-3）。2002—2013年，居民财产性收入的年均增速达到16%以上，相当于居民收入增速的一倍多。2014年来，财产性收入的增速更是明显快于工资性收入和经营性收入的增速，平均高出工资性收入增速2个百分点，高出经营性收入3个百分点。2017年来，财产性收入增速又开始快于转移性收入增速，在四大收入来源中，增速最高。按照这样的增长速度，我们开始进入一个“钱生钱”的社会，财富不断地创造财富。财产被一代一代继承下去，贫富传递的“代际效应”开始显现，进入富者恒富的怪圈。财产差距的急剧扩大引起收入差距的扩大，在一定程度上又抵消了再分配政策的调节作用。

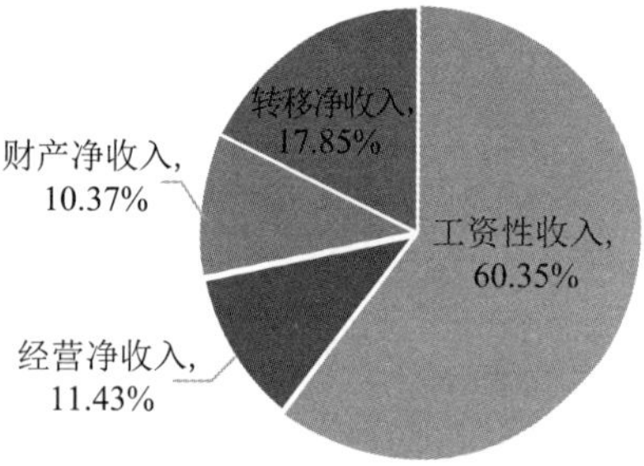

图 5-2　2019 年城镇居民收入来源结构

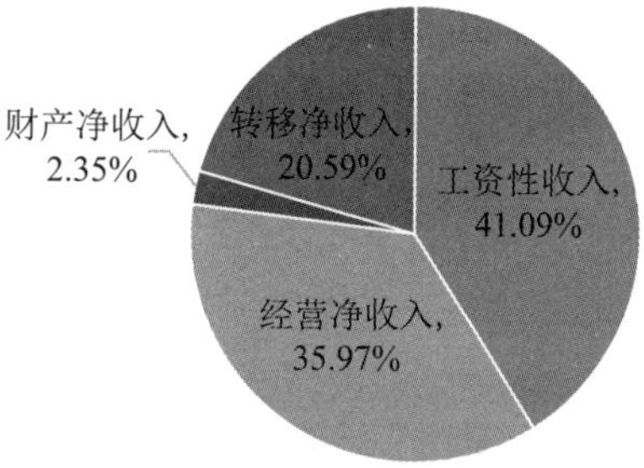

图 5-3　2019 年农村居民收入来源结构

要按照“立法先行、充分授权、分步推进”的原则，推进房地产税立法和实施，赋予地方政府在房地产税征收方面更大的自主权，通过积极稳妥推进房地产税改革健全基层政府的收入体系。对工商业房地产和个人住房按照评估值征收房地产税，适当降低建设、交易环节税费负担，逐步建立完善的现代房地产税制度。严格官员财产报告制度，推行居民财产申报、登记、查验、保护、交易制度的全面建设，为开征遗产税和赠与税创造条件。

完善财政转移支付政策

财政转移支付影响城乡收入差距的实质是“征高补低”。从政府收入和支出角度出发看，转移支付的资金主要源于企业和个人在初次分配中上缴的税金，政府取得资金后，将这些资金补贴给那些低收入人群，减少了高收入者收入的同时也直接增加了低收入者收入。也就是说，政府向高收入群体征税，再通过转移支付（如老少边穷转移支付和调整工资转移支付）使得资金流入低收入人群，通过“征高补低”达到缩小收入差距的目的。

一是优化转移支付结构。随着我国经济实力提升，我国财政职能应该更加注重收入分配和经济稳定，调整财政支出结构以改善弱势群体生活条件，更加注重城乡公平和区域均衡。增加一般性转移支付的规模和比重，增加财政支出的公共性和普惠性，控制和缩小各地区间政府财力差距。归并现行具有特定政策目标的工资性转移支付等财力性转移支付项目，对年度之间变化不大且将永久存在的项目列入体制补助。严格规范专项转移支付的设置，对现有地方专项进行整合、压缩，对使用方向一致、能归并的项目予以归并；对到期项目、一次性项目以及根据宏观调控需要不必设立的项目予以取消或压缩。

二是加大对经济不发达地区转移支付。在目前财政体制的大背景下，不患寡而患不均，中央政府应适当干预地区发展不均衡局面。加大向落后地区专项资金补助、民族地区补助、农村税费改革补助、乡镇财政困难补助等转移支付力度。通过政府间转移支付进行全局调节，使转移支付资金向财力较低的地区倾斜，中央政府通过转移支付使得资金转移到相对落后的地方，为欠发达地区居民（农村居民）提供基础公共服务和基本教育资源，最终反映在经济上就是提高经济发展水平。在这些地区经济发展水平提高的同时，能够为农村居民创造就业机会，间接地影响该地区低收入居民的收入。

三是创新“对口支援”形式的横向转移支付政策。横向转移支付是在既定财政体制下，安排各地方政府之间财政资金的转移，以达到加强支援落后地区、缩小地区差距、均衡财力的目的。东部发达地区支援中西部不发达地区，有利于加快地区间的协调发展，提高国家整体经济发展水平，从而也最终有利于东部地区经济的发展。在目前以纵向转移模式为主的同时，创新和发展“对口支援”“生态补偿”等横向转移支付模式。

完善社会保障政策

2019 年全国居民人均消费支出 21559 元。其中，居住、医疗保健、教育文化娱乐三项支出合计占人均消费支出的 43.9%，比 2015 年提高了 3.7 个百分点，制约了居民消费水平的提升。为此，政府应增加住房、教育与医疗等方面的财政支出，以换取居民在这些领域减少支出，将节省的部分用于其他消费，实现消费者敢消费、愿消费。

一是完善基本养老保险政策，全面实施全民参保计划。完善城镇职工基本养老保险和城乡居民基本养老保险制度，尽快实现养老保险全国统筹。完善统账结合的城镇职工基本养老保险制度，构建包括基本养老保险、职业（企业）年金与个人储蓄性养老保险、商业保险的多层次养老保险体系，持续扩大覆盖面。完善促进中小微企业和重点群体积极参保、持续缴费的政策，促进和引导各类单位和符合条件的人员长期持续参保。坚持精算平衡，完善筹资机制，分清政府、企业、个人的责任，适当降低社会保险费率。建立兼顾各类人员的养老保障待遇确定机制和正常调整机制，扩大社会保障基金筹资渠道，推进社会保险基金投资运营，实现基金保值增值。

二是加快健全全民医保政策，实施健康中国战略。完善统一的城乡居民基本医疗保险制度和大病保险制度，完善城乡医疗救助制度。提高统筹层次，实现统筹区域和省内异地就医即时结算。建立长期护理保险制度，不断完善政策体系，减轻长期失能人员的家庭经济负担。协同推进基本医疗保险、大病保险、补充医疗保险、商业健康保险发展，在保基本基础上满足人民群众多样化多层次的保障需求。逐步增加人均基本公共卫生服务经费，提高基本公共卫生服务水平。

三是统筹城乡社会救助政策，完善最低生活保障制度。加强对困难群体的救助和帮扶，健全城乡低收入群体基本生活保障标准与物价上涨挂钩的联动机制，逐步提高城乡居民最低生活保障水平。提高优抚对象抚恤补助标准，健全经济困难的高龄、独居、失能等老年人补贴制度。建立健全残疾人基本福利制度，完善扶残助残服务体系，全面提升儿童福利服务水平，实现幼有所育、学有所教、劳有所得、病有所医、老有所养、住有所居、弱有所扶。

完善基本公共服务均等化政策

我国疆域辽阔，各地自然资源禀赋、地理位置、人文环境及历史和经济发展水平有较大差异，区域城乡发展很不均衡，具体表现为地区城乡公共服务水平的差异显著。城市偏向的基本公共服务供给导致城乡居民基本权利差异，进而影响城乡居民获得收入的能力和机会，最终导致城乡收入差距。有研究表明，基本公共服务供给导致城乡收入差距扩大。但近年来，基本公共服务供给对城乡收入差距扩大影响的程度在缩小，说明中国城乡基本公共服务供给差距的缩小有利于缩小城乡收入差距。①

一是健全基本公共服务均等化政策体系。集中更多财力用于保障和改善民生，以贫困地区和贫困人口为重点，着力扩大覆盖范围、补齐短板、缩小差距，不断提高城乡、区域、人群之间基本公共服务均等化程度。制定基本公共服务保障国家基础标准，加大基本公共服务投入，加快推进基本公共服务均等化。

二是完善现行基本公共服务供给制度。基于当前中国城镇化、城乡一体化和城乡基本公共服务均等化等国家社会经济发展战略，创新基本公共服务供给制度，实现城乡基本公共服务均等化，缩小城乡居民基本权利差异，逐步缩小城乡收入差距。建立城镇教育、就业创业、医疗卫生等基本公共服务与常住人口挂钩机制，推动公共资源按常住人口规模配置。完善农业转移人口对城市公共服务的分担机制，有序调节不同所有制之间人力资源的合理配置。

三是合理分配和使用国有资本收益。全面建立覆盖全部国有企业、分级管理的国有资本经营预算和收益分享制度，扩大国有资本收益上交范围，提高中央企业国有资本收益上交比例，统筹用于社保等民生支出。完善公开公平公正的国有土地、海域、森林、矿产、水等公共资源出让机制，建立健全公共资源出让收益全民共享机制，出让收益主要用于公共服务支出。

① 姜晓萍，肖育才．基本公共服务供给对城乡收入差距的影响机理与测度 [J]. 中国行政管理，2017（8）.

完善政策支持体系，畅通第三次分配环节

党的十九届四中全会将“重视发挥第三次分配作用，发展慈善等社会公益事业”写入《中共中央关于坚持和完善中国特色社会主义制度、推进国家治理体系和治理能力现代化若干重大问题的决定》，这在中国特色社会主义进入新时代的历史背景下，有其特殊意义，同时也彰显了慈善公益事业在其中的突出价值。从分配机制的维度看，初次分配的核心机制是价格、金融、货币等市场机制，围绕利己和营利；再分配的核心机制是财政税收等政策机制；第三次分配的作用机制表面看起来复杂多元，但其中的共同特点，是以公益、利他和非营利为核心的各种社会机制。[①]

积极培育慈善组织

慈善捐赠，又称公益捐赠、社会捐赠，是指社会各单位和个人自愿将其所拥有的财产无偿转让给受赠方处分或管理使用的行为，是慈善事业的重要基础和组成部分，具有直接转移财富、缓解收入水平悬殊的功能。第三次分配是社会主体自主自愿参与的财富流动，体现社会成员的更高精神追求，是“在道德、文化、习惯等影响下，社会力量自愿通过民间捐赠、慈善事业、志愿行动等方式济困扶弱

---

① 王名，蓝煜昕，王玉宝，陶泽 . 第三次分配：理论、实践与政策建议 [J]. 中国行政管理，2020（3）.

的行为，是对再分配的有益补充”。①

由于设立条件的严格限制，门槛过高，我国的慈善机构虽然在不断发展，但数量和规模都相对较低。2016 年，美国慈善捐赠总额约合 25706.6 亿人民币，占 GDP 的 2.1%，人均捐赠约合 7957.1 人民币；英国捐赠总额约合 868.1 亿人民币，占 GDP 的 0.52%，人均捐赠约合 1316.5 人民币；我国慈善捐赠总额为 1392.94 亿人民币，占 GDP 的 0.19%，人均捐赠 100.74 元。全国现有 80 多万家社会组织，截至 2020 年 8 月，登记认定的慈善组织仅有 7369 家，慈善组织在社会组织中的占比不足 1%，明显低于发达国家，我国慈善事业潜力有待进一步激发。要简化公益慈善组织的审批程序，鼓励有条件的企业、个人和社会组织举办医院、学校、养老服务等公益事业。发展壮大持证社会工作者队伍和注册志愿者队伍，推动面向困难群众的公益服务加快发展。

完善慈善发展政策

长期以来，我国对第三次分配进行规范的法规主要是税法和《公益事业捐赠法》以及《基金会管理条例》等，税法主要包括《企业所得税法》和《个人所得税法》。虽然相关法律规范对我国慈善捐赠事业的发展起到了一定程度的促进作用，但在慈善捐赠的税收优惠、慈善事业的监督机制、社会公益性团体的设立及管理等方面还有很多缺陷，相关制度并未形成，这都限制了第三次分配的快速

① 杨斌．第三次分配：内涵、特点及政策体系 [N]. 学习时报，2020 年 1 月 2 日．

发展。第一，我国没有开征遗产税。西方很多发达国家的遗产税税率非常高，比如美国高达 50%，所以这促使很多富人把自己的财产拿出来做慈善公益事业。目前我国尚未开征遗产税与赠与税，所以大多数人选择积累财富，留给后人。第二，税收抵免额度低。国际社会通常用税收优惠促进慈善捐赠事业的发展，比如美国，对于企业和个人向公益性社会团体的捐款，其捐赠税前扣除额分别是不得超过应纳税额的 10% 和 50%，而且对于超出比例的捐赠，可以累计至下一年结转扣除，结转期限不得超过 5 个纳税年度。与国际社会相比，我国长期以来在这方面存在的突出问题是税收抵扣比例过低。尽管新修订的《企业所得税法》增加了公益性捐赠结转扣除的规定，企业发生的公益性捐赠支出，超过年度利润总额 12% 的部分，准予结转以后三年内在计算应纳税所得额时扣除。2016 年 4 月，财政部、税务总局也联合印发《关于公益股权捐赠企业所得税政策问题的通知》(财税〔2016〕45 号)，明确了企业公益股权捐赠的所得税特殊处理政策，但与国际社会相比仍有差距。第三，税收减免程序烦琐。按照我国的慈善捐赠税收减免程序，捐赠者若想得到捐赠的税收减免需要经历层层审核以及自上而下逐级批准，程序非常复杂，操作性不强，这大大增加了捐赠者的时间成本，致使最终能够成功实现税收减免的比例不高，因此这也使捐赠者的捐赠积极性受挫，使税收对于慈善捐赠的激励作用弱化。[①]

一是健全和完善法律法规体系。2016 年，《慈善法》和《境外非政府组织境内活动管理法》以及相关配套法规密集出台，我国的

① 祝洪娇 . 促进第三次分配以缩小收入分配差距 [J]. 当代经济管理，2018（7）.

公益慈善事业发展进入一个依法治理的时代。为进一步规范和促进我国慈善事业的有序发展，使第三次分配制度化、法制化，还要不断健全和完善相关法律规范体系。特别是要尽快出台慈善事业促进法，要为私人捐资的基金会的运作制定完善的法规体系。

二是完善慈善捐赠税收政策。发达国家对税收相关的捐赠激励实行“疏堵”结合：“疏”指免税待遇以具有较强操作性的免税法律法规为保障；“堵”指采取较高的遗产、赠与和奢侈品消费类税种。自 2016 年《慈善法》实施以来，民政部及相关部委共出台了 21 项公益慈善领域的政策文件促进公益慈善事业的“规范化”和“可持续”发展。2021 年 1 月 1 日起将施行的《中华人民共和国民法典》，专门设立的“非营利法人”一节以及许多相关内容，都将对公益组织未来发展有着重要影响和规范。这是很大的进步，但仍需要在简化捐赠程序，扩大享受捐赠扣除的公益组织范围，出台实物捐赠抵扣规定，简化免税程序，缩短办理周期等方面继续完善法律法规和配套政策。同时尽快开征遗产税和赠与税，以此促进大额遗赠等。对个人和社会团体的捐款不设置扣除比例，推广全额扣除方式。

三是大力推进第三次分配的实践创新。近年来，在公益慈善、志愿服务等领域涌现出许多社会创新，一些地方政府出台了相应的政策鼓励和支持各种形式的社会创新。应及时总结经验，在条件具备的地方，适时设立能够开展整体性政策试验的“第三次分配政策试验区”，鼓励和支持各种形式的第三次分配实践创新，探索从政策和体制上各种可能的创新支持机制，及时总结经验，发现规律，逐渐形成有效的政策和体制，为第三次分配的实践发展、理论和政策研究，探索一条切实可行的道路。[①]

加强慈善监督管理

长期以来，我国对慈善事业发展的监管不到位，部分慈善组织的透明度不高，一些慈善机构都不对外公布慈善账目，财务制度不透明，私吞和挪用公款的事件时有发生，严重影响了公众的捐赠热情和慈善组织的公信力。

强化内部监管方面，要加强慈善组织队伍建设，着重从建立专业化和职业化的慈善组织团队、加强慈善组织公信力建设、提升信息公开透明水平、建立慈善资金使用跟踪反馈机制、增加善款善物流向的透明度等方面入手，加强慈善组织内部监管。加强社会对慈善组织外部监督方面，要高度重视筹募后善款善物使用的规范透明及高效，建立慈善捐款使用跟踪机制，全程监督捐款的使用，同时定期向社会公开捐款资金的使用情况，让捐款者完全了解自己捐款的使用情况，做到对公众全透明，接受社会全面全程监督。

宣传培育慈善文化

我国企业和个人慈善捐助的热情之所以不如发达国家，还因为我们整个社会的公益意识有待提高，慈善文化的建设力度有待加强，尤其是先富人群的公益意识和社会责任感还不强，慈善捐赠缺乏主

① 王名，蓝煜昕，王玉宝，陶泽．第三次分配：理论、实践与政策建议 [J]. 中国行政管理，2020（3）.

动性，很多人的捐赠是一次性的，甚至“迫捐”“劝捐”“摊派”的情况也时有发生。

促进我国慈善事业发展必须加强对慈善事业的宣传，强化公民的慈善意识，通过广播、电视、报刊、互联网等媒体对慈善事业的作用与意义进行传播，普及慈善知识，传播慈善文化，利用各种方式让慈善理念深入人心。

第六章
建设现代交通和物流体系，畅通流通环节

交通运输与物流作为流通体系重要的支撑条件和组成部分，有效串接生产端与消费端，对促进资源要素跨国界跨区域跨领域流转，保障和牵引国民经济循环运行具有重要基础性、先导性作用。随着经济社会发展和产业分工合作深化细化，流通在串接和畅通国民经济生产、分配、消费等各环节中的作用不断凸显，特别是在以客流、货流、资金流、信息流等“流动要素”配置流转为核心内容，以互联网等现代信息技术为重要依托的现代经济运行、现代产业组织和社会扩大再生产过程中，流通的串接、组织、畅通、赋能作用更为重要。建立在高效、畅捷、发达、经济、安全的交通和物流网络与服务能力支撑基础上的现代流通体系，在更广阔的时空范围高效连接了

生产、消费等多领域与多环节，不仅扩大交易交往范围、推动产业分工细化深化，更在很大程度上赋能提升传统产业，加速生产效率和消费频率的提高，促进社会财富与价值创造。顺应新发展阶段形势要求，把握国际经贸和产业分工格局深度调整、新一轮科技革命和产业变革加速推进等带来的流通模式变革，围绕我国建设社会主义现代化国家和社会主要矛盾变化带来的流通供需关系变化，按照新发展理念和高质量发展要求，着眼构建现代流通体系，战略性、系统性谋划现代综合交通运输体系和现代物流体系建设问题，对于畅通国民经济循环，提升资源要素流转速率、频率和效率，构建以国内大循环为主体、国内国际双循环相互促进的新发展格局意义重大。

构建现代综合交通运输体系，夯实要素流动与循环基础

交通运输是实现人员、物资等要素资源畅捷流转的基础和纽带，是国民经济循环运行的基础性、先导性、战略性支撑与组织性、服务性保障。步入新发展阶段，应按照全面开启社会主义现代化国家建设新征程的战略部署，把握构建以国内大循环为主体、国内国际双循环相互促进的新发展格局总体要求，切实转变传统交通运输发展方式，加快构建现代综合交通运输体系，全面提升战略支撑和引领能力。

我国交通运输发展取得显著成绩，但与构建新发展格局要求仍存在一定差距

改革开放以来，经过多个五年规划期的高强度投资和持续化建设，我国综合交通运输发展取得举世瞩目的成绩，基础设施网络规模快速扩张，结构功能不断完善，基本形成以“十纵十横”综合运输大通道为主骨架、横贯东西、纵贯南北、内畅外通的超大规模综合交通网络，诸多领域已经处于世界领先水平（见表 6–1）。截至 2019 年底，我国铁路营业里程 13.9 万公里，其中，高速铁路营业里程 3.5 万公里，稳居世界第一。公路通车里程达到 501.3 万公里，其中，高速公路通车里程 14.96 万公里，稳居世界第一。内河航道里程 12.9 万公里，其中高等级航道 1.4 万公里，长江黄金水道货运量超过 29 亿吨，稳居世界第一。港口泊位 2.3 万个，其中，沿

海港口万吨级及以上泊位 2076 个。全国港口完成货物吞吐量 140 亿吨，集装箱吞吐量 2.6 亿标准箱，稳居世界第一。民用运输机场 238 个，通用航空机场 473 个，机场全年旅客吞吐量超过 13 亿人次、货邮吞吐量超过 1700 万吨，年旅客吞吐量 1000 万人次以上的机场达到 39 个，其中，北京首都国际机场年旅客吞吐量超过 1 亿人次，位居世界第二，上海浦东国际机场年货邮吞吐量超过 360 万吨，位居世界第三。40 多个城市开通城市轨道交通线路，运营里程超过 6700 公里。输油气管网里程 13 万公里。高速铁路覆盖 95% 左右的 100 万人口及以上的城市，高速公路覆盖 98% 左右的 20 万人口以上的城市和地级行政中心，民用运输机场覆盖 92% 左右的地级市。99% 以上的建制村通硬化公路。京津冀、长三角、粤港澳、成渝等主要城市群核心城市间、核心城市与周边节点城市间实现 1~2 小时通达。动车组列车承担了铁路客运量约 70%，民航航班正常率超过 80%。交通运输技术与装备水平跨步升级，跨海桥隧、深水航道、高速铁路建设成套技术等跻身世界前列，高速动车组、铁路大功率机车、远洋船舶、海工机械、C919 飞机等一批“大国交通重器”成为中国制造“金名片”享誉全球。我国交通运输“瓶颈制约”问题彻底改观，已经迈上总体适应经济社会发展需要的新台阶，为国民经济循环运行提供了有力支撑，为近 100 万亿元人民币 GDP 经济总量、4.6 万亿美元进出口贸易总额、41 万亿元人民币社会消费品零售总额、14 多亿人民人均每年 13 次出行次数和 33.6 吨货物运输需求提供了有效保障。

表 6-1　我国交通运输设施装备及服务能力主要指标水平

类别		单位	2019年水平	世界排名
基础设施	铁路运营里程	万公里	13.9	2
	高速铁路运营里程	万公里	3.5	1
	公路通车里程	万公里	501.3	2
	高速公路通车里程	万公里	14.96	1
	内河航道通航里程	万公里	12.9	1
运输装备	民用汽车	亿辆	2.5	2
	海运船队规模	亿载重吨	超过1.7	2
运输服务	港口货物吞吐量	亿吨	139.5	1
	港口集装箱吞吐量	亿TEU	2.6	1
	水运货物周转量	亿吨公里	103963	1
	长江干线航道货物通过量	亿吨	29.3	1
	北京首都机场年旅客吞吐量	亿人	1.0	2
	上海浦东机场年货邮吞吐量	万吨	363.4	3
港口集装箱吞吐量排名世界前10位的中国港口（7个）①		上海港、宁波-舟山港、深圳港、广州港、香港港口、青岛港、天津港		

①含中国香港

资料来源：中国统计摘要 2019 和交通运输统计公报 2019

然而，面对国际国内新的发展环境与形势变化，对标我国第二个百年目标，对标人们日益提升的美好生活需要，对标新发展理念、新发展格局和高质量发展要求，特别是与现代化经济体系建设、现代化产业体系运行、现代化流通体系构建、现代化城镇体系发展、绿色生态体系打造等综合性因素共同作用下的国民经济循环畅通要求相比，我国综合交通运输发展仍然存在不少问题。

综合交通网络“硬件”设施空间布局和功能结构仍不完善，与大循环、双循环新发展格局的匹配性有待提升

当前，我国已基本形成以“十纵十横”大区域综合运输大通道为主骨架、以国际性全国性综合交通枢纽为战略支点的综合交通网络格局，但网络布局、结构、功能仍不完善。改革开放以来，特别是加入世贸组织前后，我国围绕加入国际大循环，形成了市场和能矿资源“两头在外”、加工制造“世界工厂”的发展模式。与此相对应，我国交通网络布局更加侧重于更好服务以“外向型经济”为导向的生产力布局，建设重点更倾向于以港口为支撑点的沿海地区交通网络以及部分联系后方重要腹地的运输通道建设。之后随着西部大开发、中部崛起、东北振兴以及长江经济带等国家战略实施，中西部和东北地区交通网络建设不断强化。但总体而言，我国跨区域运输通道特别是中西部地区南北向通道以及围绕重点城市群都市圈的放射性运输通道布局仍不完善，综合交通枢纽战略支撑能力不足，部分骨干通道能力紧张，通道内以及通道间各种运输方式发展不协同，结构性矛盾突出，功能性交织严重。西部地区、农村地区、边境地区等交通短板明显，城市群都市圈以及超特大城市高品质交通供给不足，综合性客运枢纽、专业性货运物流设施短缺，运输方式分工协作和有机衔接仍不充分，系统效益和组合效率不高。随着新发展格局构建，国内生产力布局会相应调整，资源供给地、生产基地、消费中心之间空间布局以及要素资源流转要求也会相应变化，这将对综合交通网络提出新优化乃至重塑的更高要求。

交通运输服务方式、组织模式、管理形式等“软”支撑能力不足，与现代化国民经济循环运行对接尚不精准

目前我国已经形成超大规模交通基础设施网络，但超大规模设施网络并未有效发挥高品质、高水平、高效率的运输组织与服务效能。一个重要原因是运输组织模式、运行管理方式等仍然传统，运输服务供给与现代经济运行、现代产业组织、现代流通组织以及人员快速流动下派生的多样化运输需求精准匹配不足，一体化运输效率、效益和服务水平不高，运输成本和物流成本仍然偏高，智能交通系统集成和应用不充分，交通运输自身以及关联延伸的产业链价值链水平不高。高标准的国内统一运输大市场体系尚未形成，国际互联互通规则标准及运行机制等对接衔接不充分，供应链安全稳定支撑水平有待提升。

交通运输发展方式与资源配置方式仍然传统，统一大市场运行机制尚不完善，与经济社会、生态环境等深度融合和循环联动发展不足

从经济、社会、生态全系统基本运行和价值循环看，目前，我国经济价值、社会价值、生态价值与交通运输带来时空价值增量之间尚未形成有效循环联动，效益增值跨领域反哺和转移支付机制亟待建立。资源要素跨领域配置和畅捷流转仍然存在一定制度性障碍和梗阻，配置和流转效率有待提升，资源集约节约共享利用水平不高，可持续发展压力巨大。此外，长期以来我国交通运输自身形成了过度依靠资源投入、资金驱动的传统惯性路径依赖，目前已经难以为继，资源、环境等刚性约束日益加强，交通运输急需强化改革创新的引领能力，通过制度性改革创新、技术性升级创新、组织管理精细化提升创新等追求新的发展红利，挖掘并释放新的增长和发展空间（见图 6–1）。

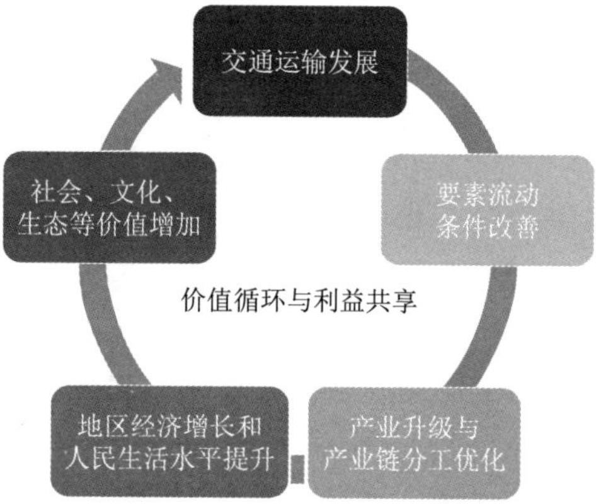

图 6-1 交通运输与经济、社会、生态价值循环示意

以适应大循环、双循环要求为导向，切实转变综合交通运输发展方式

步入新的发展阶段，全面开启社会主义现代化国家建设新征程，构建以国内大循环为主体、国内国际大循环相互促进的新发展格局，对交通运输发展提出了新的要求。需要准确把握新发展阶段新的形势变化，坚持新发展理念，按照高质量发展要求，围绕更好畅通国民经济大循环，以供给侧结构性改革为主线，以服务人民为中心，以改革创新为引领，强化供需精准匹配，推动交通运输发展方式战略转型，提升要素资源流动流转质量和效率。

转变传统交通运输组织方式，围绕现代经济循环运行，优化交通网络结构功能，建立现代化运行治理模式

顺应新一轮科技革命和产业变革，按照高质量发展要求，围绕新发展格局构建和畅通国民经济循环运行，精准对接现代经济体系、现代产业组织、现代流通体系、现代化城市农村人员流动以及国防保障要求，优化综合交通运输网络整体格局、空间布局和功能结构。树立服务人民、合理运输、安全绿色、开放共享、循环联动的交通运输发展价值观。充分发挥大数据、人工智能等智能智慧手段，充分发挥政府与市场作用，强化运输组织供给能力精准提升，加强需求侧有效引导、调节与管理，建立现代综合交通运输宏观调控与治理机制。

转变传统交通运输与经济社会粗放式被动式供给需求关联逻辑，确立交通运输与国民经济价值循环机制

强化交通运输供需动态化精准匹配，推动交通运输与经济社会全方位深度融合，强化区域城乡交通运输协同发展，有效支撑国民经济循环运行和产业联动。以经济安全适用为准则，统筹长远发展与近期需要，把握好适度超前的“度”，加强有效供给，防止无效投入。研究建立广域价值贡献平衡机制，强化交通运输自身价值贡献与经济、社会、生态等直接间接价值以及衍生价值评估与挖掘，科学确定投入效益比和产出率，建立交通运输与经济社会生态等跨领域跨区域价值反哺机制。对于地方经济增长对交通基建投资过度依赖等问题，需要予以重视，防止出现系统性金融风险，并做好有效防范。

转变传统交通运输要素配置和增长驱动的惯性路径依赖，构建与新发展格局有效匹配的可持续发展方式

立足实质性破除交通运输制约国民经济循环运行的关键环节持续发力，改变交通运输注重自身发展扩张的要素投入、投资驱动方式，强化资源要素高效流转、统筹利用和有效配置。在注重交通设施规模等级标准、服务能力、技术装备、市场主体等总量扩张的同时，更加关注系统性结构整体优化，提升基础设施、运输服务、技术装备、组织管理、市场主体等之间及内部要件之间匹配衔接精准度，更加注重通过制度性改革、存量效能发挥、技术管理与组织创新，推动质量变革、效率变革、动力变革，全面提升发展质量和效益，精准支撑新发展格局。

全面提升现代综合交通运输体系对大循环、双循环的战略支撑能力

围绕扩大内需的战略基点，着眼加快培育完整内需体系、提升产业链供应链现代化水平，以切实贯通串接生产、分配、流通、消费各环节为根本出发点，以提高发展质量和综合效率为中心，以深化交通运输供给侧结构性改革为主线，着力完善交通基础设施网络，优化调整运输结构，创新运营组织模式，推进智慧绿色安全发展，构建统一有序的交通运输市场，加快建设现代综合交通运输体系，更好支撑以国内大循环为主体、国内国际双循环相互促进新发展格局构建，更好满足人民美好生活需要，更好服务国家现代化建设战略大局。

围绕支撑国内大循环、国内国际双循环，精准补齐重点通道枢纽网络短板

强化骨干运输通道战略牵引和支撑能力。以提升交通网络对国内需求和国际要素资源吸引流转的适配性为重点，在“十纵十横”通道基础上，加快优化形成横贯东西、纵贯南北、放射互联、内畅外通的综合运输大通道。提升京沪、沿江等骨干运输通道通行能力，强化中西部和东北地区通道建设，实施重点通道连通工程和延伸工程。强化国内综合运输通道对外衔接和与周边国家的互联互通水平。

优化完善大区域次区域多层次综合交通网络结构。顺应新发展格局下产业、城镇空间布局调整，分类优化东、中、西、东北等大区域以及长江经济带、黄河流域等次区域综合交通网络层级结构。以高速铁路、高速公路、民航等为主体，构建服务品质高、运行速度快、安全保障强的骨干交通网。以普速铁路、普通国道、港口、航道、油气管道等为主体，构建运行效率高、服务能力强的普通干线网。以普通省道、农村公路等为主体，通用航空为补充，构建覆盖空间大、通达程度深、惠及面广的基础服务网。

着力提升城市群都市圈综合交通网络功能。围绕主体功能区、新型城镇化战略实施，把握新发展格局下城镇化地区重大基础设施、重大生产力和公共资源布局调整，完善京津冀、长三角、粤港澳、成渝等城市群综合交通网络。以轨道交通为重点，推动上海、重庆、广州、深圳、武汉等重点都市圈交通网络化发展，强化对都市圈建设的支撑能力，更好促进中心城市带动作用发挥。强化中心城市与周边县城、城镇等交通一体化发展，因地制宜优化县城县域交通网络功能，促进以县城为重要载体的城镇化建设。

战略性布局专业化货运通道。围绕煤炭、油品、矿石、粮食等大宗物资区域间循环流转，打造高效连接资源地、生产地、消费地的大能力专业化快速货运通道，有序推进重载铁路、重载公路等建设。精准对接现代经济体系建设下生产力布局优化，围绕电子、家电、服装等加工品、半成品等适箱货类，打造精准串联生产地、加工地、消费地等的快速化、多样化、专业化货运通道，特别是集装箱运输通道，整体谋划双层集装箱铁路通道布局。加强国家专业航空物流网络建设，研究谋划高铁货运布局与发展。

提升综合交通枢纽的组织中枢和平台功能。围绕以国内大循环吸引全球资源要素，协同推进强大国内市场和贸易强国建设，优化综合交通枢纽布局和功能，提高对国内国际两个市场两种资源的聚集辐射与组织串接水平。重点打造北京、上海、广州、深圳等国际性综合交通枢纽，提高重庆、成都等国际门户枢纽功能，强化组合型枢纽联动，打造一批在更高层次水平上联通世界、中转全球，深度参与国际运输物流链分工的全球性综合交通枢纽。加快建设全国性综合交通枢纽，积极建设区域性综合交通枢纽和口岸枢纽。完善枢纽集疏运网络，提升枢纽一体化服务功能。

优化运输结构与分工衔接。围绕人员物资高效流转，以枢纽站场为重点强化各种运输方式网络的有效衔接，提升客运枢纽一体化服务水平，促进货运枢纽站场集约化发展。积极引导客运枢纽立体换乘、同台换乘。强化城市内外交通衔接，推进城市主要枢纽站直接连接，有序推进重要港区等直通铁路。实施重要客运枢纽的轨道交通引入工程，实现城市轨道交通等骨干方式连接大中型高铁车站、国际性枢纽机场和重要区域性枢纽机场。

把握现代经济体系、现代产业体系和流通体系组织运行规律，提升运输服务质量和组织效率

以一体化联程为重点提高客流高效流转水平。人员流动水平是衡量经济发展和社会进步的重要标志。现代化经济体系建设、新发展格局构建，将带来国际以及国内大区域、次区域、城市都市圈等人员流动的多重变化，对运输服务提出更高要求。要创新旅客一体化联程组织模式，更好满足不同类型人员流转和运输需要。大力发展空铁、公铁等联程运输服务，促进不同运输方式运力、班次和信息对接。推广普及电子客票、联网售票，完善旅客联程、往返、异地等出行票务服务系统。推行跨方式异地候机候车、行李联程托运等配套服务。提高旅游客运服务品质和能力。

精准提升区际、城际、城市、城乡客运组织效率和水平。完善区际城际客运服务组织，围绕城市群、都市圈商务通勤等多样化客流需求，发展大站快车、站站停等多类别城际铁路服务，提升中心城区与郊区之间的通勤化客运水平。推动城乡客运服务一体化发展。发展多层次城市客运服务。推动城市公共交通线路向城市周边延伸，推进有条件的地区实施农村客运班线公交化改造。鼓励发展镇村公交，推广农村客运片区经营模式，实现具备条件的建制村全部通客车，提高安全运营水平。

创新多式联运组织强化大循环、双循环支撑能力。精准对接现代产业体系运行、现代供应链和物流发展，创新货物多式联运模式。以提高货物运输集装化和运载单元标准化为重点，积极发展大宗货物和特种货物多式联运。制定完善统一的多式联运规则和多式联运经营人管理制度，实施“一单制”联运模式。加强信息互联和联盟合作。提高国际多式联运发展水平和国际综合服务延伸拓展功能，提升中欧班列、西部陆海新通道等联运班列组织水平和品牌效应。创新国际航空货运网络建设方式和物流组织模式。

以城乡配送一体化畅通城乡物资大循环。围绕新型城镇化发展和农业农村现代化，加快构建覆盖城乡的专业化货运物流配送体系。在城市周边布局建设公共货运场站，完善主要商业区、社区等末端配送节点，推动城市中心铁路货场转型升级为现代城市配送中心，优化城市货运车辆便利化通行管控措施。加快完善县、乡、村三级物流服务网络，统筹交通、邮政、商务、供销等农村物流资源，推广“多站合一”的物流节点建设，积极推广农村“货运班线”等服务模式。

推动交通运输智慧化、绿色化发展，有效提高运输组织效率和可持续循环发展能力

以数字化、智能化为依托提升运输供需匹配水平。发挥现代信息技术对于交通运输生产组织和管理方式转变的驱动牵引作用，全面提升运输供需匹配水平和运输服务品质效率。提高交通运输数字化、信息化发展水平，推动云计算、大数据、物联网、移动互联网等技术应用，实现基础设施和载运工具数字化、网络化，运营运行智能化。强化交通运输信息采集、挖掘和应用，促进各交通领域数据资源综合开发利用和跨部门共享共用。推进交通空间移动互联网化，建设形成旅客出行与公务商务、购物消费、休闲娱乐相互渗透的“交通移动空间”。

强化交通运输先进技术装备创新链循环联动。畅通交通运输技术装备研发与国家创新能力提升大循环。瞄准新一代信息技术、人工智能、智能制造、新材料、新能源等世界科技前沿，加强交通运输前瞻性、颠覆性、战略性技术研究。以北斗导航等为重要依托，打造泛在的交通运输物联网。构建新一代交通信息基础网络。有序发展无人机自动物流配送。推进车路协同、自动驾驶车辆、智能车载设备等技术装备研发，有序推动智慧公路等建设。

推动交通运输绿色低碳循环可持续发展。强化资源要素跨区域、跨领域有效配置，加强土地、海域、无居民海岛、岸线、空域等资源节约集约利用，提高资源再利用和循环利用水平。强化节能减排和污染防治，优化运输结构，推进新能源、清洁能源应用，有效防治运输大气污染、水污染等环境污染。降低交通沿线噪声、振动影响。倡导绿色低碳出行。强化交通生态环境保护修复，将生态环保理念贯穿交通基础设施规划、建设、运营和养护全过程。

加快建设统一开放的交通运输市场，畅通资源要素跨领域流转循环渠道

建立高标准交通运输市场体系。按照统一国内大市场高标准市场体系要求，构建高效规范、公平竞争的国内交通运输统一市场。强化与国际运输、流通等惯例规则标准等精准对接，完善交通运输市场准入制度安排，优化营商环境。强化竞争性政策的基础性地位，重点推进铁路等竞争性环节市场化改革。更好发挥价格杠杆调节作用。建立健全涵盖交通运输工程建设、运输市场服务等交通运输全领域在内的信用体系。完善交通运输领域土地、劳动力、资本、技术、数据等要素市场运行机制和交易规则。

培育壮大龙头交通运输企业。加强骨干型、网络型、专业型运输企业和其他交通市场主体培育，打造一批具有国际影响力和竞争力的本土交通运输企业。充分激发各类交通运输市场主体活力，毫不动摇巩固和发展交通运输公有制经济，毫不动摇鼓励、支持、引导交通运输非公有制经济发展。创新社会参与交通运输决策方式，推动各类主体通过政府购买服务等渠道积极参与公共事务治理，扩大人民群众的参与度。

建立符合现代经济体系运行规律的交通运输宏观调控方式。以国家发展规划为战略导向，完善国家综合交通运输规划体系，强化交通运输专项规划与国民经济各领域相关规划的充分衔接，特别是与水利、能源等传统基础设施和新型基础设施规划对接。更好发挥政府作用，深化“放管服”改革，整合优化监管职能。优化各级财政事权与支出责任，厘清交通运输领域中央与地方财政事权与支出责任划分。研究建立交通运输宏观治理数据库，提升大数据等现代技术手段辅助治理能力。

健全交通运输法律法规标准体系。坚持依法治理，顺应现代经济体系运行和现代综合交通运输发展，完善相关法规和标准体系，强化各类标准规范规则等衔接协调。重点完善基础设施、技术装备、运输组织服务等传统领域及新领域相关标准体系和服务指南体系。加强与国际组织事务合作，积极参与交通运输领域国际标准制定，提升国际竞争力和话语权。

构建现代物流体系，支撑经济高效流转与内外循环

物流业是融合交通运输、仓储、商贸等的复合型产业和综合性服务业，既是现代流通体系的重要组成部分，也是支撑现代流通体系运行、保障经济社会运转、促进物资高效流动的重要基础。随着大数据、互联网、电子商务、区块链、数字金融等新技术新业态发展，物流业在串接生产制造以及中间和终端消费、联动实体经济与虚拟经济、促进国民经济循环运行、融合联动关联领域升级进步中的作用更加突出，已成为衡量一个国家综合国力、产业链供应链水平、参与国际分工协作和要素配置的重要标志之一。

我国物流业快速发展，有力支撑国民经济循环运行，但也面临较大挑战

近年来，我国物流业发展取得长足进步，为支撑经济社会循环运行提供了有力保障（见图 6–2）。2019 年我国社会物流总额达到 298 万亿元，物流业总收入 10.3 万亿元，社会物流总费用占 GDP 的比率降低至 14.7%（见图 6–3），全国交通运输、仓储和邮政快递企业物流相关行业等法人单位超过 54 万个，物流相关行业从业人员数超过 1100 万人。直播电商、社交电商、生鲜电商等新业态快速壮大带动物流需求规模和结构不断变化。全国实物商品网上零售额比 2018 年增长 19.5%，增速比社会消费品零售总额快 11.5 个百分点，实物商品网上零售额的贡献率超过 45%。快递业务量完成

630 亿件，同比增长 24%。以国家物流枢纽为重点，建成一批重要物流枢纽和物流中心，物流组织效率以及服务国际国内要素聚集流转能力大幅提升。

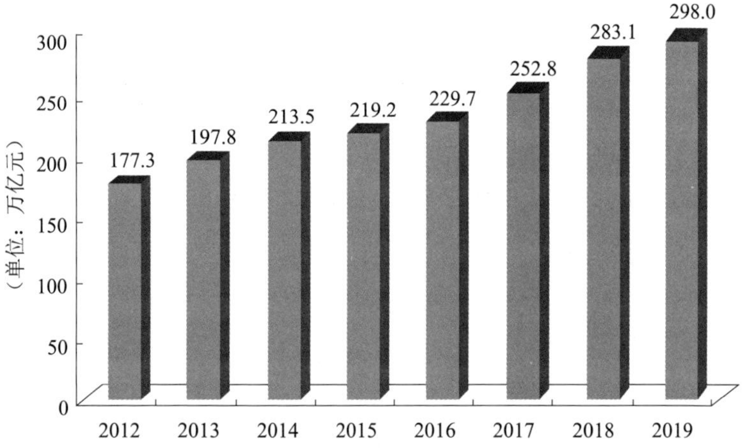

资料来源：中国物流与采购联合会

图 6-2 2012—2019 年我国社会物流总额增长情况

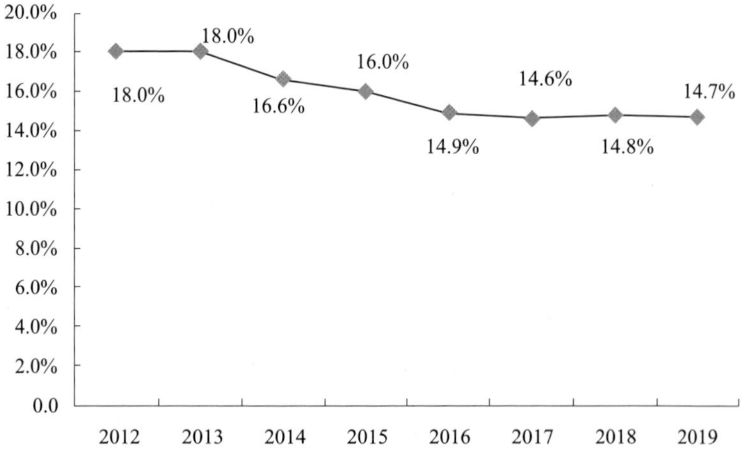

图 6-3 2012—2019 年我国社会物流总费用占 GDP 的比率变化情况

然而，与新发展阶段、新发展理念和新发展格局相比，我国物流发展仍然存在网络结构不完善、组织效率偏低、物流成本偏高等问题，物流业在如何更好促进国民经济循环运行、支撑实体经济降本增效、保障产业链供应链稳定、拓展发展新空间等方面也面临多重挑战。

大循环、双循环格局下，中西部承接产业转移和内需扩大带来的陆路货运需求增加，对国家物流网络格局提出新考验

与交通网络格局一样，我国当前的物流网络格局是建立在东部率先发展格局和出口导向型产业布局基础之上的，东部沿海地区以及北京等地区经济总量与进出口总额分别占到全国的 55% 和 84%，外贸集装箱生成量 90% 左右集中于沿海港口 300 公里半径范围内，即经济发展重心与物流需求市场均邻近港口。尽管我国内陆纵深大、港口腹地深，但就目前而言，相当一部分货运量的陆上集疏运半径并不大。随着以国内大循环为主体、国内国际双循环相互促进新发展格局构建，特别是区域重大战略、区域协调发展战略、主体功能区战略以及新型城镇化战略等实施，中西部地区将加快承接东部地区产业转移，同时内需消费的爆发式增长也将触动内陆以城市群为主要载体的市场扩张，这些都将带动内陆地区物流需求规模和沿海港口集疏运半径的扩大。相比于沿海地区，内陆地区自然条件更复杂，物流基础设施与服务网络完善程度更低，陆路运输距离更长，这将会成为未来全社会物流成本上升的刚性影响因素，如何合理把握物流成本、效率和效益之间的关系，精准优化我国物流网络格局和体系布局需要予以重视。

新一轮科技革命和产业变革，社会主义现代化国家建设等带来生产生活消费方式改变，对物流服务供给提出新要求

近年来，互联网、物联网、大数据、云计算等现代信息技术的发展深刻改变了社会生产生活方式，从原材料采购到生产制造、商贸流通，再到最终消费，这一国民经济大循环中的全链条各环节关联关系随之改变。最显著的变化当属网络零售的快速兴起，改变了人们出行购物、外出餐饮等消费方式，网上支付、送货上门带来终端领域物流配送需求的快速增长，带来快递、外卖等行业的迅猛发展，也带来了部分产业领域循环运行模式的转变。2019 年，我国实物商品网络零售额已达 8.5 万亿元，占社会消费品零售总额的比重由 10 年前的 1% 提高至 21%，同期快递业务量由 15.1 亿件增长至 635.2 亿件，快递业务收入达到 7497.8 亿元。以新产业、新业态、新模式为代表的新动能逐渐成为经济循环运行格局变化的主要力量，特别是在新发展格局构建下，经济循环、产业发展、要素流转等带来的物流需求规模与结构将深刻变化，这对我国物流网络建设以及服务组织等都带来了新的要求。

物流成本与国民经济循环发展联动机制不畅，外部物流成本内部化、资源要素成本上升和环境保护刚性约束日益增大

内部成本外部化是经济社会发展中的伴生现象，是国民经济循环运行中的客观矛盾。经济社会发展带来的物流成本以及流通成本变化，是这一现象的客观反映。当前我国物流成本偏高问题，特别是由外部成本内部化带来的经济循环成本偏高和运行不畅问题较为突出，流通领域和物流领域外部成本、内部成本之间尚未形成有效的循环、分割、对冲机制，导致全社会物流成本、交易成本、流通成本以及外部成本明显偏高。例如，公路物流领域超载超限非常普遍。这一现象不仅加大了对道路、桥梁的损害，缩短了基础设施使用寿命，增加了各种维修费用，更严重威胁司机及其他交通参与者的生命财产安全。这些都是物流行业自身问题造成的外部成本，却由全社会承担。不仅如此，很多地区的公路运价已经与铁路全部费用总和倒挂。铁路运输节能环保、经济高效，但运输市场份额持续下降，有自身体制机制和发展水平的原因，也有来自公路领域恶性竞争的原因，而由此产生的环境代价成为全社会承担的外部成本。与此同时，我国物流领域专业化水平依然不高，冷链、危险品运输中均有一部分不规范行为，带来相当部分的社会福利损害和外部成本增加。未来随着我国物流行业发展逐步规范、水平不断提高，这些外部成本将慢慢内部化，直接带来物流成本上升。按照目前物流行业的盈利水平，上升的物流成本很难由物流企业消化，绝大部分需要转嫁给生产制造、商贸流通等企业，增加实体经济运行压力，带来国民经济循环“堵点”。此外，物流是土地、劳动力等资源密集型产业，资源要素价格上涨已成必然趋势，越是需求集中地，土地等资源稀缺性越高，成本越高。目前我国物流行业普遍微利经营，对资源要素成本的上升极为敏感，相关变化将快速传导至服务价格，这会提高社会物流成本，也会影响国民经济循环运行。

提高发展质量，全面提升对大循环、双循环和现代化流通体系支撑牵引能力

把握物流“组织”“串接”本质，以及新技术新业态发展带来

的“赋能”等衍生拓展功能，从供给和需求两端发力，立足现代物流对区域发展空间拓展、产业布局调整、经济转型升级和运行模式变迁等支撑和引领的多重作用，围绕国内大循环、国内国际双循环相互促进新发展格局构建，以“组织”对接为核心，以供给侧结构性改革为主线，加快优化物流设施网络和服务网络布局，利用现代信息技术手段和服务业态创新，推进物流组织与供应链组织、产业链组织、价值链组织之间标准化、全流程、一体化匹配和衔接。高效对接供应链组织，充分发挥超大规模交通和物流网络优势，拓展金融、信息等衍生赋能水平。全面对接产业链运行组织，支撑和引领产业转型升级。对接全球价值链分工组织，构建国际物流与贸易新规则，创造国际产业竞争新优势。

围绕大循环、双循环带来的区域经济系统重构，打造引领战略空间拓展和产业联动的现代化物流体系

强化物流服务和组织系统在引领战略空间拓展、关联产业协同中的关键作用。围绕国际、区域、城市群、城市、农村等不同空间尺度的产业链分工合作、城镇带布局、贸易格局调整等要求，超前构建高度匹配、互动融合的现代物流网络。一是打造以“一带一路”为统领的国际物流网络。二是构筑不同层级、不同空间尺度的区域和次区域物流网络，包括跨区域物流系统、城市群物流系统、大城市物流系统和农村物流系统。

着眼现代经济体系和现代流通体系建设，强化物流衔接和促进生产消费，构筑有效拓展供应链、价值链的物流系统

围绕供应链上下游无缝衔接和产业向价值链中高端升级，结合互联网经济下新业态、新模式发展，以需求为导向，以高品质供给为核心，推进传统物流服务向现代物流服务转型，强化物流体系与现代流通体系构建的精准对接，以重点物资、重点领域、重点区域为起步试点，积极拓展金融、信息、通关以及信用市场等增值服务，强化国际供应链、价值链规则等软领域有效衔接。

立足产业链多样化和生产端、消费端的细分市场，建设分类化、专业化的服务不同空间区域的现代物流系统

坚持精准对接、高效匹配的原则，强化需求捕捉能力，分类构建高效串接原材料产地、加工业基地、消费地等的多样化、专业化物流系统，优化空间结构，推动集装箱、大宗物资以及冷链、危险品、汽车整车、快递包裹、快速消费品以及针对电子商务等特种物流系统发展，强化航空物流、航运物流等国际国内专业化物流网络构建，研究发展符合我国实际的高铁货运系统。树立空间、功能“留白”理念，充分预留发展空间，及时动态调整。

围绕大循环、双循环新发展格局，加快构建现代物流体系

围绕社会主义现代化建设战略部署，以更好满足人民日益增长的美好生活需要为根本目的，统筹发展和安全，着眼加快建设现代化经济体系，立足构建以国内大循环为主体、国内国际双循环相互促进的新发展格局，坚持扩大内需的战略基点，按照高质量发展和现代流通体系构建要求，加快建设现代物流体系。

构建适应新发展格局下国土空间和产业布局特征的“通道+枢纽+网络”的物流设施布局

加快推动国家物流枢纽网络建设。围绕“一带一路”建设、京

津冀协同发展、长江经济带发展、粤港澳大湾区建设、长三角一体化发展等战略实施，依据国土空间规划，在国家物流骨干网络的关键节点，选择部分基础条件成熟的承载城市，启动国家物流枢纽布局建设，根据发展需要，适当拓展承载城市规模，培育形成一批资源整合能力强、运营模式先进的枢纽运营企业，促进区域内和跨区域物流活动组织化、规模化、网络化运行。

优化物流通道和网络功能结构。增强对强大国内市场建设和中西部地区产业布局支撑能力，优化物流网络布局，增强铁路运输骨干作用，降低陆路物流成本。强化沿海港口新发展格局下物流节点功能，加强内陆地区物流枢纽建设，将具有长距离运输需求的货源向若干节点集聚，利用干线铁路沿主要方向开展点对点运输，利用公路和铁路支线、专用线等开展节点货物的快速集散，建立跨区域通道化、区域内网络化的物流组织新格局，改变当前以公路运输为主的分散物流格局。

构建现代数字物流信息资源整合平台。建设国家交通运输物流公共信息平台，促进部门、市场主体物流公共数据互联互通和开放共享。扩大物流相关信息公开范围和内容，为物流企业和制造业企业查询提供便利。打造骨干物流信息平台，探索市场化机制下物流信息资源整合利用新模式。畅通物流信息链，强化供需精准匹配，促进信息匹配、交易撮合、资源协同。

提升物流效率与产业链升级带动水平，降低物流成本、流通成本和交易成本

加快国际物流、智慧物流、绿色物流等专业物流发展。加强陆上边境口岸型物流枢纽建设，完善境外沿线物流节点、渠道网络布局。推进通关一体化改革，推进跨部门协同共管，推动口岸物流信息电子化，提高口岸物流服务效率，提升通道国际物流便利化水平。推动中欧班列发展，利用进口博览会等平台引导班列运营公司加强与中亚、欧洲沿线各国的大型生产制造企业对接，“量身定做”班列物流服务产品。加快绿色物流、绿色仓储等发展，带动上下游企业发展绿色供应链。发展数字物流，推进货、车、船、飞机、站场、港口等物流要素数字化。

以降低循环流通成本为突破口推动物流与相关产业联动发展，携手做大做强。顺应构建新发展格局的产业布局调整和产业链协同升级，以物流为载体提高要素流动效率，实质性高效打通生产端与消费端联动全链条各环节。正确认识在物流市场规范化、专业化，以及外部成本内部化过程中，物流成本短期内上升客观规律，围绕切实推动产业结构调整和消费提档升级，做大做强物流产业，精准提高物流服务水平，扩大辐射范围，加强消费服务保障，增强关联产业市场竞争力，强化供应链，延伸产业链，提升价值链，以做大蛋糕的方式摊低物流成本。

健全支撑现代物流体系建设的政策支持体系

创新物流用地支持政策。加强物流发展规划与空间规划等衔接。加大土地政策支持力度，多种渠道盘活存量闲置土地。按照政府和市场分工分类建设公益性基础设施和经营性物流设施，试点探索仓储用地上盖物业和分层分类出让等供给方式。

创新投融资支持方式。加强重点物流领域、市场、平台、企业等支持力度。推动政策性金融、普惠性金融以及产业资金等融资方式创新。支持符合条件的物流企业以及关联企业通过发行各类债务融资工具以及资产证券化等方式，拓展融资渠道。有序推动数字金融发展。研究探索基于区块链、供应链等金融产品，引导资金流向实体企业，加大对小微物流及关联企业的融资支持力度。

建立符合我国国情特点的物流成本统计评价体系。按照支撑新发展格局和高质量发展要求，完善我国物流行业统计指标体系，既与国际接轨，便于开展横向比较，也要符合我国国情特点和发展阶段特征，使相关指标更加科学、真实地反映物流业发展实际情况、物流企业经营情况，以及制造、流通企业成本构成情况等，以便科学制定相关政策，合理调控社会物流成本。

建设应急物流体系，提升突发事件循环保障能力

应急物流体系对于保障突发事件时期产业链、供应链问题，保障国内国际经济正常循环运转意义重大。2020 年临近春节突如其来的新冠肺炎疫情，肆虐全国，波及全球，对人们正常生活、工作、出行以及经济社会发展带来重大影响。统筹安全与发展，综合考虑平时与急时，加快完善应急物流体系，精准补齐系统短板，强化系统韧性，已成为当前及未来我国交通与物流发展，保障国际国内产业链、供应链稳定运行的重要任务。

我国应急物流体系存在短板

我国交通运输和物流体系在应对特大地震、泥石流等突发事件，以及此次新冠肺炎疫情防治攻坚战中发挥了重要作用，有效保障了特殊时期人员物资流转，但也暴露出应急响应与防护保障能力不足、精准化运输物流组织服务效率偏低、跨领域协同联动保障机制不畅、智能化自动化技术装备应用水平不高等突出问题。

交通物流保障能力总体充足，但应急响应迟滞，跨国际、跨区域、跨领域统筹协调机制不畅，现代治理能力短板明显

疫情期间，前方疫区医疗器械及防护物资告急与后方储存物资不能及时有效调配之间的矛盾充分暴露，不是运不了、没车运，而是不知谁来运、往哪儿运、如何交接，凸显交通物流应急服务保障

能力跟不上，加快建立供需匹配的应急运输服务体系任重道远。针对各国对我国国际航空运输、远洋海运等管制性举措的应急响应机制不清晰，缺乏有效及时的针对性应对方案和措施。交通物流现代化治理能力不足，各方“保安全”与“保畅通”矛盾突出，专业性运输物流企业无法发挥专业作用。应急情况下对重点区域旅客出行链“刻画”不足，大数据被闲置，不能及时有效共享，增加了跨区域、跨部门联防联控难度。

交通物流、配送快递及防护设施结构性、功能性问题突出，专业化、应急性物流和供应链服务体系建设急需加强

我国城市物流、配送、快递设施及防护保障设施短缺等问题突出，交通枢纽、物流园区和城市配送设施布局不合理、功能不完善、衔接不顺畅，无法应对隔离性运作需求，与高速铁路等优质资源配套机制不健全，干支搭配运输能力、组织能力有待提升，衔接换乘和“最后一公里”短板明显，影响了应急物资快速调拨。物流、快递服务能力区域发展不平衡，地区性保障能力差异突出，在多地“封城、封区、封路”情况下，粮油果蔬、医药及废弃物等应急物流保障能力不足等问题凸显。精准匹配生产和生活物资产供销特征的供应链物流系统建设亟待加强，疫情防控应急物资从生产一线到防疫前线的运输物流有效保障受到严峻挑战。

交通物流智能化、自动化技术装备研发和规模化应用不足，大数据自动监测和预警等精准性、稳定性有待提升

此次疫情充分显示利用现代信息等新技术创新运输组织、配送、快递等方式，推广使用无人机、无人车等新技术新装备的重要性。目前我国无人机、无人仓、无人驾驶、城市物流大脑以及互联网、云计算和区块链等技术快速发展，交通物流自动化、智能化、网络化水平虽然有了长足进步，但技术装备运行稳定性、多场景应用广泛性、急时能用可用性等仍显不足，距离大规模市场化应用仍有较大差距，大数据、云计算等新技术下的应急监测、精准预警等效果还不理想。

转变理念，顶层谋划，加快构建国家应急物流体系

加快推动我国物流业高质量转型，更加注重依托网络融合拓展提升系统韧性、弹性，并保障产业链、供应链稳定，以常备性应急物流、专业化供应链物流等为基础，建设国家应急物流体系，重塑国家物流供应链总体架构。

补齐专业化应急物流设施短板，提升服务与组织功能、覆盖范围、保障能力和共享水平

强化专业物流枢纽布局。完善“通道＋枢纽＋网络”国家物流设施体系，以航空货运机场、中欧班列集结中心等专业物流枢纽为重点，构建“核心集聚＋多点支撑”枢纽格局。加强海外关键枢纽战略布局，提升平时、急时协同能力。引导骨干物流企业参与枢纽建设，强化设施专业化运营基础。

补齐应急物流设施短板。强化重点枢纽应急物流能力建设，提升公共物流及配套设施共享利用水平。高效整合储备、运输、配送等存量资源，强化应急物流组织中心作用。加快补齐城市群都市圈大城市，以及城乡专业物流、配送、快递等应急设施短板。强化危险品、冷链、特种设备、无人机等专业物流能力建设。

战略性布局智慧物流新基建。加快发展物联网、物流大数据中心、智能仓库等新型基础设施，加快仓储、运输、分拨配送等设施数字化、智慧化、自动化升级，推进自动驾驶、无人机、“零接触”等新技术新设备应用。

建设统一开放的物流市场体系，培育壮大龙头骨干型物流企业，提升应急物流保障能力

坚持平急结合，深化要素市场化配置改革。加快构建现代物流市场体系，营造良好环境，完善和畅通物流要素配给与流动渠道，确保不同性质物流主体平等获取发展要素，推动要素配置按照市场规则、市场价格、市场竞争实现效益最大化和效率最优化。

推动专业化骨干物流企业发展。围绕应急物流力量提升，培育壮大融合、强大、专业、具有国际国内网络拓展能力的本土化物流企业。强化航空物流企业培育，鼓励物流企业开展航空物流快递资源整合，打造覆盖全球的国际航空物流网络。鼓励骨干航空物流企业采取多种方式壮大机队规模。

构建多元化应急物流保障格局。强化“政府、国企、社会、国际”等多元力量统筹，打造一批能力多元、资源共享、运行协同的本土化龙头物流企业，构建“骨干 + 末端”“专业 + 综合”“国有 + 社会”“物流 + 产业”协同分工、资源共享的多元化市场主体格局，做优做强骨干企业。

创新应急物流组织模式和联动方式，提高突发事件及时响应水平和产业链、供应链循环保障能力

加快构建国家航空物流网络，提升空铁联运组织效率。以骨干航空物流企业为依托，以专业化枢纽货运机场和其他机场为载体，强化国际国内航线干线轴辐放射和干支顺畅链接，织就高品质、高时效、专业化的国家航空物流网络。研究构建专业化高铁快铁货运系统。推进货物空空中转、空铁联运等模式落地，提供一票到底等全链条便捷服务。

积极发展应急物流产业，强化供应链安全保障。推动应急物流及关联领域联动产业化发展。依托专业货运枢纽和平台，打造应急物流组织中心，制定应急物流组织方案，搭建应急物流大数据平台。强化危险品、冷链、精密仪器、特种设备、货运无人机等专业航空物流能力建设。加强应急物流基地配套保障，规划建设分拣包装等专业设施，完善机场周边应急物资生产与储备、检测实验室、血液中心等产业配套，打通应急产业供应链。

建立和进一步完善国家应急物流统筹协调机制

建立重点风险应急物流联防联控机制

完善跨部门、跨区域、跨行业针对性、预案性应急物流保障和风险防控机制，建立完善公开、透明、及时的信息发布和共享机制。研究制定国家应急物流保障行动标准化、流程性指导规范，作为各地方、各部门、各单位和民众应对突发事件的基本指导。建立物流大数据监测预警系统，提升自然灾害、突发事件、国防安全等应对响应能力，合理设置安全冗余，提高系统韧性。坚持“由专业企业、专业人士做专业的事”，充分发挥专业性运输物流企业主体作用，提高社区、小区、企业单位等多元化主体参与深度和协同程度，增强整体应急响应和保障能力。

统筹应急物流资源调配和共享共用机制

健全跨部门、跨区域交通物流突发事件应急联动处置机制。开通重特大灾害事故应急救援绿色通道，强化装备物资运输、救援人员投送等物流保障。完善应急资源征用补偿机制，制定征用补偿标准，建立各级主管部门之间、主管部门与企业之间合理的分担机制。创新政府监管方式，引导时刻、线路、航线等要素向先进生产力集聚，向具有融通拓展能力的骨干物流主体优化配置，有序推动干线运输、区域分拨、多式联运、仓储服务、跨境物流、城市配送等服务资源高效集聚。

推动跨业跨界跨域深度融合发展，畅通交通物流与经济社会大循环

一直以来，交通运输与物流既是经济社会发展重要的基础和纽带，也是先进技术、业态更新、模式创新的试验应用载体和新兴产业的孵化成长平台。随着经济社会发展进步，特别是在现代信息技术应用、资源利用方式变革和商业模式创新的推动下，我国交通运输与经济社会发展的循环关系正在发生巨大变化，交通物流正在深度融入现代经济运行和创新发展，成为对产业发展、经贸流通、城镇国土开发等具有重要影响力的引领性行业。推动交通、物流与经济社会关联领域深度融合发展，对于支撑以扩大内需为基点，构建以大循环、双循环新发展格局具有重要作用。

交通物流与国民经济循环运行呈现深度融合新趋势

历史上，交通物流与经济社会各部门、各领域、各环节的联系一直十分紧密，并随着经济社会的发展不断调整适应，相互促进。自现代交通方式出现以来，远洋运输与国际贸易、海上军事力量同步扩张，铁路运输与工业革命、区域开发齐头并进，汽车与道路运输和工业化、能源革命共同推进，当前现代信息技术、商业模式创新带动共享交通等新业态新模式快速涌现等，均显示出交通物流与经济社会融合发展的自发需求，二者在融合中发展前进，也在融合中改变着传统生产生活方式和世界政治经济格局。

随着以互联网为代表的现代信息技术、供应链技术和金融服务

等的创新，以及人类物质文化生活水平快速提升和社会文明不断进步，交通物流与经济社会融合的广度、深度出现前所未有的变化，尤其是两者深度融合，在遵循融合一般规律的基础上，呈现一些新的特征与趋势。第一，网络信息技术在融合中的作用更加凸显，交通物流与经济社会之间的融合呈现突破边界的趋势，这种突破不再是简单的互为因果的共生关系，而是真正成为有机整体，正在改变经济社会发展形态，改变国民经济生产、流通、消费之间的关系。第二，交通物流与经济社会融合效应倍增，尤其是新业态、新模式不断涌现，经济发展和社会进步催生了推动速度、质量变革的新动能，拓展了经济辐射和要素流转循环的空间尺度。第三，交通物流与经济社会融合发展面临的风险和不确定性增多，对既有的政策秩序、法律边界等提出了新挑战。从全球范围看，现阶段交通物流与经济社会融合程度大大超过以往任何历史时期，其顺应时代变迁、技术进步和业态更迭，更大程度上打破了传统边界，交通物流成为引导经济社会要素流动、相互渗透、模式创新的重要因素，使两者成为一个相互促进支撑更为紧密的有机整体，推动交通物流自身以及经济社会发展方式深刻变革，对供需精准匹配与系统整体升级产生深远影响。

着眼大循环、双循环格局，推动交通物流与经济社会深度融合发展

把握基本规律与发展趋势，对标国际先进规则和惯例，从跨业、跨域、跨界三个维度分类分层推进

交通物流与经济社会融合联动，其实质在于“跨”字，如要素

资源的跨领域整合、运营思维与逻辑模式的跨领域应用等。笼统归纳，主要集中于跨业、跨域、跨界三个维度，在推进交通运输与物流关联领域深度联动的基础上，重点围绕产业、空间、社会及其他领域三个大的界面系统展开（见图6-4）。所谓跨业，是指产业层面的跨领域融合联动，包括一、二、三产业，也包括传统产业与新兴产业。所谓跨域，是指时间及国土空间尺度范围的融合联动，包括国际、国内，以及国内空间上的区域、城际、市域、县乡村等，以及线上线下虚拟与现实空间之间，空间尺度的“跨”往往和时间高度关联。重点对标国际先进规则和最佳实践，深度参与国际相关标准制定与修订，促进不同地区和行业标准、规则、政策协调统一。所谓跨界，是除上述经济产业以及时间空间之外的其他界域，包括社会民生领域、生态环境领域等。三个维度融合在内容等方面存在交叉，但侧重各不相同。

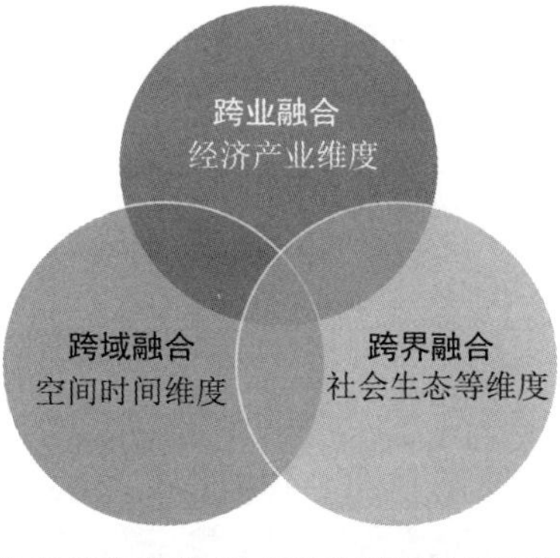

图6-4　交通物流与经济社会融合发展分析审视的三个维度

一是围绕产业融合规律与趋势，按照现代流通体系建设要求，推动交通物流与关联产业深度融合，全面支撑现代经济体系建设。

在跨业融合层面，交通物流拥有比较优势，一方面其本身作为串接生产与消费多环节的基础和纽带，是国民经济循环运行的支撑。另一方面，其本身作为服务业，特别是生产性服务业，在整个经济循环运行中具有重要作用。在制造业服务化大趋势下，可融合联动空间十分广泛。更重要的是，随着技术进步，交通和物流在围绕产业链层面的分工与串接、承载关联产业发展等方面的地位日益突出，对于建设现代经济体系作用显著。这既体现在基础设施建设方面，也体现在交通和物流装备方面，比如，高铁可以带动全产业链，发展意义重大。又如，交通物流与互联网等现代信息技术等联动扩展，所形成的共享经济等业态模式，对于改造传统产业，促进新兴产业发展意义重大。此外，新能源、电动汽车、民用运输飞机、船舶等跨业融合，作用同样显著。

二是围绕国内大市场建设和大循环、双循环联动，培育枢纽经济、通道经济等融合新业态，发挥交通物流在促进要素跨区域流转、拓展国际国内发展空间等方面的重要作用。随着交通物流网络建设完善，交通物流与产业布局、国土格局、人口分布等的关联更为深刻，其支撑、引领以及锚固作用日益突出。除“通道经济”带动之外，当前围绕综合交通枢纽和物流枢纽的“枢纽经济”，也成为带动区域经济增长的重要途径与手段。随着与现代互联网及企业组织运营模式深入对接，交通枢纽、物流枢纽与通信枢纽协同发展形成的“组织枢纽”带动作用进一步凸显。未来，这一作用还将在我国以“一带一路”为核心的全方位对外开放新体系建设之中强化。依托运输物流通道与枢纽节点织密国际国内组织网络，嫁接植入口岸、贸易、信息、金融结算与规则等功能，强化围绕经济走廊的国际产能合作等紧密联动，形成跨境多式联运和物流走廊，带动产业、贸易、经济走廊发展。

三是着眼人们对美好生活的需要，提升交通物流与社会民生、生态环境等领域的融合对接水平，畅通产业、社会、生态大循环。全面开启社会主义现代化国家建设新征程，以及更好满足人们日益增长的美好生活需要，要求充分发挥交通物流在促进公共服务均等化、区域协调发展、乡村振兴发展、扶贫脱贫攻坚等方面的重要作用，突出普遍服务基础性和精准性。在发挥交通物流支撑新型城镇化、促进国土开发作用的基础上，更加强调对贫困地区脱贫攻坚引领作用，更加强调对县城县域经济的带动。围绕可持续发展，强调交通运输和物流绿色化、低碳化发展。围绕交通运输和物流发展导向调整、结构优化以及载体平台功能拓展，促进绿色经济、绿岛枢纽经济等新业态发展，强化交通、物流与蓝色海洋经济需求对接。贯彻落实新时期军民融合战略要求，突出交通物流对国家战略安全的支撑保障。

以通道经济、枢纽经济等重点领域为突破口，强化开放型平台联动，统筹传统新型、存量增量、硬件软件、国内国际等分类施策，分步推进

交通物流与经济社会融合是历史性的扩散渐进过程，为更好推动交通物流与经济社会深度融合，必须立足需求，顺应规律和趋势，结合发展阶段，抓住关键领域和关键环节，围绕传统领域与新兴领域、存量资源与增量资产、硬件设施与软件系统等，分步骤、分阶段、分区域分类有序推进。

一是突出融合形成新领域、新业态，强调新技术、新模式对于传统领域的提质升级，结合东中西东北、城市县城乡村等差异，分类施策。在现代信息技术和服务模式下，交通物流与关联领域率先越界渗透，形成网约车、共享单车等诸多新兴业态。依托快递等运输业态模式升级，极大促进电商、送餐等业态发展，激发了新需求，培育了新动能。现实中，交通物流很多存量资产亟待盘活升级，特别是在中西部地区，由于发展阶段不同，同为一种运输方式、一个发展领域，却呈现出明显的阶段代际差异。如深圳、上海等枢纽已步入“枢纽社区”，而西部地区连集多种运输方式为一体的“交通综合体”都十分罕见。对于传统领域，需要根据区域发展阶段差别，推进差异化融合发展和差异化提质升级。

二是精准对接国内大循环、国内国际双循环，充分融入全球经济，充分释放交通物流“流量效应”，联动提升自由港、自由贸易试验区等平台经济效能。依托国内自由贸易试验区、海南自由贸易港以及保税区等开放型平台，强化交通物流与开放型经济要素、经贸规则、金融方式等创新联动，打造现代化临港经济、临空经济等新范式，探寻形成以货流、客流为实体，资金流、信息流以及商流等在国内国际更广域空间范围层次上的高效率流转模式和高水平配置方式，形成带动国民经济循环发展和经济高质量发展的新动力源和新增长极。

三是在强调交通物流基础设施硬件领域融合拓展的同时，更加突出运输服务、物流组织、互联网智能管控、运营网络等软性领域的融合联动。长期以来，交通运输和物流更多被作为硬性基础设施而备受关注。随着我国交通运输和物流基础设施网络不断完善，运输服务、智能管控系统等软性领域提升更为紧迫，其渗透领域更广、空间更大、功效更明显，特别是在现代信息技术和金融模式下，围绕网络平台以及组织经营网络化发展意义重大。

明晰定位，合理分工，充分发挥市场与政府推动融合发展的作用和优势

从国民经济大循环发展看，实践走在理论之前，市场走在政府之前。回顾历史，交通物流与经济社会融合所催生的新模式、新业态，都是企业等市场主体先行探索实践而来的。在跨领域深度融合中，很多是传统领域之外的企业或机构先行实践并向纵深推广发展起来的，即“外行推动”，比如，网约车的出现源于交通运输行业外 IT 网络工程师的创新探索，集装箱在远洋运输中的推广源于卡车运输巨头的尝试等。政府在融合过程中，有正向和反向两种作用。正向作用是把握市场发展规律趋势，顺势而为，助力助推，并完善相关政策，营造良好环境予以保障。负面作用，即担心新事物冲击传统格局，或迫于既得利益集团压力，对融合新事物、新业态、新模式予以严格限制。或者，尽管接受新的融合趋势，但仍以传统思维模式予以管控治理，影响融合效益发挥。必须结合交通物流自身的属性特点，明确市场与政府各自的分工，合力推进各部类、各领域深度融合发展。

一是强化创新驱动，按照现代经济体系建设和循环运行，充分发挥市场主体在交通物流与经济社会融合萌芽起步阶段的源生性诱发作用。融合缘起因素很多，包括技术进步、行业竞争、新产品巨额价值增值、成本控制等，其中以价值增加、效率提升、成本降低等为核心的竞争力提高，是根本动因。特别是在以“流量经济”为典型表征的现代经济大循环中，融合的动力和趋势更加突出。促进融合的活动主要依靠企业，企业主体在融合创新的价值挖掘中更具有主动性和探索性。如果市场机制够完善，其会按照市场经济基本规律进行资源优化配置。但前提是市场机制运行有效，能够对风险加以预防控制。为此，要重点培育一批具有全球竞争力和融合拓展力的现代流通企业，推进跨界融合改造，形成更多高效支撑新发展格局的流通新平台、新业态、新模式。

二是着眼国家战略导向，充分发挥政府在推动交通运输与经济社会深度融合中的助力、引导和监管职能。各领域之所以出现融合有两个重要条件，一是技术进步，二是政府放松管制，交通物流与经济社会融合也不例外。物流发展市场化程度相对较好，除部分物流基础设施外，物流市场运行等总体可以依靠市场机制发挥调节作用。但交通运输具有很强的基础性和公益性，很难完全发挥市场机制作用，政府有效管控甚至直接提供某些公共供给十分必要。政府调控的一个重要原则是“助推不干扰”，对融合给予一定开放度和尝试期。一方面，营造有利于创新和有效竞争的政策环境，激发市场主体创新主动性，为市场探索融合、挖掘价值提供机制保障。另一方面，以开放的态度看待融合形成的新事物、新业态、新模式，避免简单套用传统惯性模式加以管控，减少不必要的干扰，政府监管重点应放在防风险、防垄断、防恶性竞争等方面。再一方面，对看得准且有重要经济社会价值的融合趋势，政府需要直接给予必要的助推和引导。需要正确处理好各级政府关系，包括中央、地方，中央各部门、地方各部门，地方与军方，以及与其他国家的政府部门和国际机构等的关系。

第七章
加快完善国内统一大市场，畅通市场循环

健全市场体系基础制度，坚持平等准入、公正监管、开放有序、诚信守法，形成高效规范、公平竞争的国内统一市场，[①]塑造市场化、法治化、国际化营商环境，是建设统一开放、竞争有序的现代市场体系的主要内容，是健全社会主义市场经济体制的题中之义，更是推动经济高质量发展、未来实现现代化目标的重要支撑。国内统一大市场体现在各类市场形态、市场主体、区域城乡市场之间、内外部市场规则的协调匹配和统一融合，既要通过改革创新疏导市场体系不健全、不完善的深层次问

① 引自《中共中央关于制定国民经济和社会发展第十四个五年规划和二〇三五年远景目标的建议》。

题，坚持和完善社会主义基本经济制度，充分发挥市场在资源配置中的决定性作用和更好发挥政府作用，推动有效市场和有为政府密切结合，又要通过创新发展促进市场内在机能提升而使得市场形态从低级向高级阶段、从不发达向发达状态演变，在统一融合过程中不断促进国内统一大市场的规模扩大、规则完备和影响力提升。

加快完善国内统一大市场，推动构建双循环新发展格局的意义和机制

从经济循环视角看，流通体系在国民经济中发挥着基础性作用，构建以国民经济大循环为主的新发展格局，必须把建设现代流通体系作为一项战略任务抓牢抓实。市场是商品和服务交换的空间场所，也是配置资源的机制，还是流通体系的重要载体。展望“十四五”，进一步贯彻新发展理念，坚持深化供给侧结构性改革的主线不动摇，充分发挥市场在资源配置中的决定性作用和更好发挥政府作用，推动经济高质量发展，就要统筹推进现代流通体系和相应的高标准市场体系建设。形成供需互促、产销并进的良性循环，推动供给和需求在更高水平实现动态均衡，迫切需要加快完善国内统一市场。

打造顺应需求结构和产业结构升级的多层次市场体系，促进供需匹配

畅通国内大循环的关键是，依托强大的国内市场，贯通生产、分配、流通、消费各环节，打破行业垄断和地方保护，形成国民经济良性循环。从宏观市场的统一来讲，是为了满足人民群众日益增长的美好生活需要，促进各层次市场供给与需求相互匹配，并推动供给与需求在更高层次、更高水平上实现动态均衡，从而更好增进

社会整体福利。[①] 当前，迫切需要针对市场上低端、同质化产品供给过剩，更加绿色、更加安全、更好体验性的中高端产品供给不足等结构性问题，创新优化供给体系，努力纠正市场供求错配，关键是顺应迈入高收入国家行列、中等收入人群持续扩大的中长期发展趋势，不断提升供给结构对需求变化的适应性和匹配度，这对于推动经济高质量发展而言至关重要。

从国际社会比较看，部分国家和经济体因历史或现实原因导致自身供给体系与需求体系之间出现断层。国内市场缺乏供求的有机关联，需求体系与本国供给体系脱离，而与外部供给体系的联系更为紧密，表现为国内消费流失海外，工业中间环节依赖国外原材料和零部件进口，由此造成产业与消费的脱节以及产业链、供应链不安全等风险。所以，我国要吸取其他经济体的前车之鉴，更加重视畅通供给体系与需求体系之间的市场循环，在供给与需求之间构建起有机而坚实的“桥梁”，努力推动供求匹配，并在更高层次上推动实现动态均衡。通过创新和完善国内统一市场，启动内生消费与投资直接扩充生产规模，既是宏观层面稳增长、畅通供求循环的内核所在，也是微观层面激励民间投资、生产、创新、就业与收入等良性循环的关键所系。展望“十四五”，我国居民消费将加速从数量型转向质量型，对商品和服务的质量要求越来越高，相应来看，供给升级滞后已经成为市场规模扩大的结构性障碍。为此，要破除体制机制壁垒，着力强化有效供给，提供更多高性价比的商品和服务，尤其是充分释放教育、养老、医疗、家政等消费潜力，进一步

① 郭丽岩．着力建设高标准市场体系 [N]. 经济日报，2020 年 10 月 2 日第 8 版．

提升生活服务质量，充分发挥服务业拓宽就业、提高收入、稳定消费的多重功能，增强市场高质量供给的效能，满足人民群众更加多元化的美好生活需要。

构建旨在促进供求匹配的多层次市场体系，指的是分成高、中、低端市场，促进供求在各个层次上的匹配。一方面，推动中低收入人群从生存消费向安全消费升级；另一方面，推动中高收入人群由大众化消费向更高品质的品牌消费升级（见表 7–1、图 7–1）。这两个层面的消费升级是并行不悖、互为支撑的，而且安全消费升级将为品牌消费升级提供更为广泛的消费者基础。构建多层次市场体系，就是要匹配这种不同层次或者说消费档次的升级需要，使得不同收入阶层的消费需求都得到充分且较好满足，这是当前打通消费环节堵点的关键，也是畅通国民经济大循环的主要机制之一。

表 7–1　需求层次论对应的消费市场及消费行为特征

需求层次	市场特征	消费行为特征
生理需求（低）	满足最低衣食需求层次的市场	消费者只要求产品具有一般功能，一般对价格敏感，而对品质和安全敏感度低
安全需求（中低）	满足“安全”标准的市场	消费者越发“挑剔”，更加关注产品对自身和家庭绿色、安全消费的影响
社交需求（中）	满足“交际”要求的市场	消费者更加关注品牌和质量，希望通过品牌商品和服务来提升自身的对外交际形象
尊重需求（中高）	满足商品和服务与众不同要求的市场	消费者更加关注商品和服务的象征意义，求知需求和审美需求在这个层次上充分释放
自我实现需求（高）	满足按自己标准定制商品和服务的市场	消费者更加青睐体现自我个性的高端定制商品和服务，对高端品牌有极强的归属感与塑造欲望

资料来源：宏观院课题组

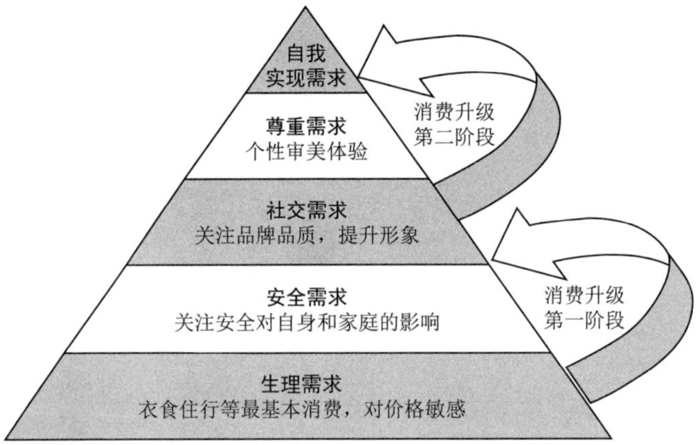

图 7-1 需求层次论对应的两阶段消费品质升级示意

资料来源：宏观院课题组

多层次的市场体系还体现在丰富的市场形态方面。这指的是顺应消费升级趋势，当前和未来一段时期，新一代信息技术的广泛应用将加速汽车、住宅、家电等实物市场销量增速的放缓，而相应的租车、租房、家政、健身休闲等衍生服务市场规模显著扩大，服务消费占居民消费支出比重不断提升。针对这种消费结构升级的发展趋势，要培育和发展出更加丰富的市场形态，重点是构建现代服务市场，强化服务市场与传统商品市场的有机融合，从而加速推动全国范围的消费结构升级，提供更多优质优价的商品与服务，全面保障民众健康与安全，提高消费满意度和幸福感。

进一步打破区域间产品和要素流动的藩篱，形成产销并进的良性循环

畅通市场循环的关键是找准流通环节的堵点与梗阻，着力破除

各种阻碍产销并进的显性或隐性壁垒。从阻碍市场循环的“软性”或者说隐性壁垒看，地方保护、区域封锁、违规给予优惠政策或减损市场主体利益等不符合构建全国统一大市场的现象仍然存在。例如，地方政府采购或招标容易倾向选择本地企业，为了使本地企业中标，个别存在与当地企业合谋、设计外来企业陪标及设置隐性门槛等情形，同时还存在一些阻止本地原材料或特殊产品外销，以重复检查或多重标准妨碍跨区连锁经营等不尽规范的行为。另外，个别地区财力较强，仍沿用一定规模奖补返等方式吸引外来投资，也在客观上阻碍了全国统一大市场的加速形成。疫情发生以来，各地纷纷出台促消费政策，个别措施仍有地方保护色彩，例如，消费券仅限于当地使用、购车补贴仅限于当地厂商生产的汽车等。

从硬性壁垒看，市场流通设施存在短板，制约全国统一市场建设的步伐。从传统商贸设施看，内陆边远城市尤其是城乡接合部的商贸物流、冷链、仓储、结算等市场基础设施陈旧，消费“最后一公里”仍然存在堵点，售后维修、以旧换新和循环利用等服务与东部发达地区差距明显。商贸设施参差的原因在于区域发展不均衡，部分欠发达地区商贸设施“补短板”项目的投资吸引力不足，社会资本参与度不高，加之地方平台负债率较高，影响了投资有效性与持续性。从新型网络化市场设施看，建成进程与互联互通程度可能会影响国内统一大市场的建设步伐，部分地区新型网络设施投入缺口较大，目前覆盖率较低，与我国即将引领全球新一轮智能化消费的民众期待和发展愿景相比，还有一定差距。

超大规模市场和产业发展需要超大规模的要素资源支撑，但是与商品市场化程度相比，要素市场化进程尚待加快，要素资源配置效率需要进一步提升。从外部来看，原油、天然气、铁矿石等能源资源对外依存度过高，不仅进口成本高，而且面临断供和不安全风险。当前，全国统一的大宗商品市场尚未形成，区域之间因为存在地方保护倾向而导致能源资源市场分割现象。虽然不少地方都在建设能源资源交易平台，比如继上海、重庆之后，浙江、广东和其他内陆地区也规划建设天然气等大宗能源交易平台，但全国并没有“拧成一股绳”，尚未形成具有国际影响力的交易平台和交易枢纽，难以谋求与消费和进口大国身份相称的国际市场影响力与话语权。新冠疫情在全球扩散期间，原油等重点大宗商品及其金融衍生品市场缺乏有效的统一风险管控手段，曾经出现了“原油宝穿仓”等损害投资者利益和银行信用的不良事件，暴露出市场交易平台功能缺失尤其是风险防控联动机制设计不足等问题。从更深层次看，当前仍然存在制约要素市场化配置的一些障碍，主要是市场垄断、政策干预、区域和行业壁垒等造成的市场扭曲。针对这些问题，未来要进一步打破要素在区域之间、国内市场与国际市场之间自由流动的限制，努力将其配置到生产效率最高的领域和行业，这是激发市场主体活力、降低流通成本、优化行业利益分配格局的关键，也是我国拓宽全球要素资源配置空间和提升国际供应链布局能力的依托。

保障各类市场主体准入公平和产权保护到位，夯实市场循环的制度基础

以国内大循环为主构建双循环新发展格局，要充分发挥我国超

大市场规模优势，促进形成强大国内市场，向重大市场化改革要活力要动力，加快构建统一开放、竞争有序的现代市场体系，夯实国内统一大市场建设的制度基础。加快完善国内统一市场，需要辩证处理好政府与市场的关系，切实转变政府职能，大幅减少政府对资源配置的直接干预，进市场准入畅通，实现市场充分竞争，同时加强事中事后监管，凡是市场机制可以调节的交由市场机制充分发挥配置作用，凡是微观主体通过竞争能够解决的，交由微观主体自主决定。市场准入负面清单制度是现代市场体系的组成部分，确立并不断完善全国统一的市场准入负面清单制度，是全面增强国内市场影响力、吸引力和号召力的重要实践，也是当前形势下确保各类市场主体准入公平、稳定市场主体投资和经营预期的关键抓手。市场准入负面清单制度在准入环节实行的是“非禁即入”管理模式，大幅放宽了准入门槛，配合事中事后监管和优化服务改革，正在且必将进一步促进政府治理方式发生根本转变，从而支撑国家治理体系和治理能力现代化。我国从 2018 年正式发布全国统一的市场准入负面清单以来，历经了两年动态调整后，该项制度不断健全和完善，既彰显了我国深入推进供给侧结构性改革、破除各类市场准入壁垒的信心，又表明了我国按照高质量要求彻底改善营商环境，以全面深化改革推动制度型开放的决心。

加强产权保护是完善社会主义市场经济体制的重要方面。以历史和国外为鉴，如果产权保护不力，会在一定程度上制约企业经营的自由度与消费者消费的自主性，也将影响商品和要素的自由流动，可能阻碍市场公平竞争，进而构成妨碍市场循环的梗阻与瓶颈。增强企业家对自身财产的安全感，有助于稳定企业发展前景，增强投资创业信心与意愿。鉴于此，迈入新时代以来，我国进一步强化产权保护的法治建设，加快完善平等保护各类产权的法律法规体系，健全产权执法司法保护制度。优化民营经济发展环境，构建亲清政商关系，促进非公有制经济健康发展和非公有制经济人士健康成长，弘扬优秀企业家精神，更好发挥企业家作用。努力把保护企业家精神的政策落到实处，依法平等保护民营企业产权和企业家权益，高度重视私人财产权利保护，有利于解除微观主体创新创业的后顾之忧，更好激发企业家精神，从而夯实市场循环的微观基础。

确保产业链和供应链安全稳定需要创新与完善国内统一市场

我国人均 GDP 已跨越 1 万美元门槛，达到高收入国家水平，国内中等收入群体愈加壮大，人口城镇化水平进一步提高，全面小康实现之后，人民对美好生活的需求必将不断提升，从而支撑和催生更大规模的国内市场。当前，新一轮科技创新和商用场景创新进展加快，企业乃至国家之间的竞争更多瞄准的是 AI（人工智能）和 5G 等新科技开启的市场应用，新技术新业态积极推动形成新市场新供给。对前沿技术的商业应用而言，市场应用场景无疑是最稀缺的资源，我国拥有的最大资源优势就是国内的统一大市场。为了激发市场活力，需要以问题为导向，正视自身原创性科技、关键性技术和设备供给不足、生产性服务环节发育不完善等制约产业转型升级的短板，集中攻坚克难。需要关注的是，国际市场上原有的全球开放型供应链，正在转变为区域封闭或半封闭的供应链，美欧等发达经济体强调供应链安全，通过提升供应链弹性以降低对国外供给的依赖，提升自身对产业链的主导权。在此背景下，受到美欧以国家安全名义持续强化对技术出口和并购的限制，我国所面临的供应链安全风险也明显增大。需要认识到，只有国内统一大市场才是握在手中的战略资源，当先进的技术、设计工具、材料设备不再可能依靠外部市场供应，自主品牌产品也被国际市场排斥时，就需要以国内大市场确保科技自立，为自主品牌新产品市场应用提供广阔的试验场。从这个意义上讲，以国内经济大循环为主构建新发展格局的关键是，立足强大国内市场确保国内经济大循环的持续性和畅通性，即以强大国内市场巩固我国企业在产业价值链上的位势并支撑其不断攀升，从而全面增强国内经济循环的后劲。

加快完善国内统一大市场，畅通市场循环的核心内容[①]

习近平指出“要建设统一开放、竞争有序的市场体系，实现市场准入畅通、市场开放有序、市场竞争充分、市场秩序规范，加快形成企业自主经营公平竞争、消费者自由选择自主消费、商品和要素自由流动平等交换的现代市场体系”[②]。其中，统一性不仅是指国内市场在地理范围上的空间统一，而是指规则、标准等市场机制统一有效，各类微观市场主体能够按照统一的市场规则和标准自主经营和公平竞争。加快完善国内统一大市场，指的是各类市场内部及彼此之间、市场规则、市场主体之间、城乡和区域市场之间、国内与国际市场等的统一融合。[③]市场统一性是健全完善高标准市场体系的内在要求和首要标准，通过强化市场的统一性，加快从分割的区域市场走向一体化的全国大市场，这是市场循环畅通的核心意涵，也是以国民经济大循环为主构建新发展格局的有力支撑。本节主要聚焦研究国内统一大市场在五个层次上实现统一融合的必要性与实现机理（见图 7-2）。

---

① 本节相关内容系国家高端智库办委托宏观院市场所的课题《创新和完善国内统一市场研究》的研究成果。

② 习近平强力部署建设现代化经济体系，参见新华网 http://www.xinhuanet.com/politics/2018-02/06/c_1122373759.htm。

③ 郭丽岩 . 着力建设高标准市场体系 [N]. 经济日报，2020 年 10 月 2 日第 8 版 .

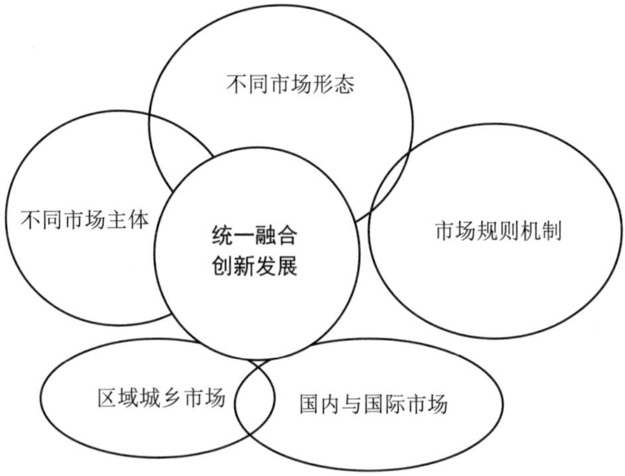

图 7-2 国内大市场在五个层次上的统一融合示意

资料来源：宏观院课题组

不同市场形态之间需要统一融合

大力促进商品市场、要素市场、服务市场的同步发育与深度融合，增强商品市场内部的终端产品和上游原材料市场的统一融合，促进土地、资本、劳动力、科技和信息数据等要素市场的融合创新，为实体经济发展提供坚实支撑等内容，是构建国内统一大市场的直接内容。展望“十四五”，着力点是创新发展新型市场和市场发展的新模式与新样态，培育市场发展的新增长点与新支柱，促进线上与下线市场、现货与期货市场、实物和虚拟市场的充分融合创新。

我国商品市场与服务市场的融合发展趋势日益明朗。展望未来一段时期，预计居民家庭在医疗养老、教育培训、文化娱乐等服务领域的消费支出还将大幅提升。为了满足人民日益增长的美好生活需要，迫切需要通过深化结构性改革，逐步解决服务市场存在的供求结构性失衡问题，着力增加更高标准的优质服务供给。针对我国品牌建设滞后与品牌消费激增之间的矛盾，未来通过市场的优胜劣汰，预计自主化的高端原创品牌所占比重将大幅提升，企业竞争将更多集中于原创设计、科技信息、融资租赁、维修保养等价值链增值环节。智能化消费时代已经来临，随着国内有关智能化商品和服务市场应用标准一致性工作逐步推进，智能化产业链上下游企业之间的业务匹配度不断提升，前期出现的盲目上马、服务跟不上、品质难保证等无序发展问题将有明显改观。未来，对于提升商品和服务市场融合度而言，加快物联网、大数据、云计算、人工智能等新一代信息技术与生活服务市场的充分融合，促进相应的终端消费市场应用场景开发是关键所在。随着服务市场与商品市场的加速融合，不断推动数据信息流通共享、数据资源整合开发，将进一步密切实物商品的产销与衍生服务市场的开拓。

提升国内中间投入品市场与终端消费品市场的统一融合。当前，部分行业关键原材料、核心零部件还需依赖进口，不仅进口成本高昂，而且面临一定断供风险，存在安全隐患。一段时期以来，我国中间投入品市场面临“两头挤压”的困境，美国等发达国家在吸引制造业回流，周边发展中国家凭借低廉成本优势正在挤占我国低端代工商品的市场空间。在此背景下，通过推进对外部原材料和部件的国产化替代或者是出口转内销等方式，增强国内中间投入品与终端消费品市场的关联性和匹配度具有相当大的现实意义。由此可见，通过促进国内上下游商品市场的密切衔接，更好抵御国际市场不确定性风险，这是以国内经济循环为主构建国内国际双循环相互促进新发展格局的一个重要方面。

在促进国内市场统一融合的过程中，要着力加快要素市场内部的融合以及要素市场与其他商品市场之间的融合。近年来，尽管我国要素市场化改革取得了重大进展，但要素市场化改革仍然滞后于商品市场化的改革步伐，尤其是那些支撑研发创新和服务消费者的科技和数据要素，迫切需要推动市场有序开放和进一步统一融合。例如，要加快促进技术市场从封闭式走向开放式，增强高校等科研机构主动衔接和开拓市场的主动性，提升其市场竞争与服务的主体意识，逐步削弱其对行政科研经费的依赖；与此同时，着力扭转大型企业在技术装备方面对进口的惯性依赖，鼓励其更多采用国内自主创新技术和促进国产自主品牌装备替代，从而培育和提升国内技术市场的中介功能，进一步增强其黏合技术供需双方的纽带作用。又例如，数据作为新型要素，要在强化对用户数据隐私保护、杜绝任何数据滥用行为的基础上，通过健全市场交易规则促进数据要素市场有序发展。同时，对于那些凭借市场支配地位控制某些重要数据开发利用、妨碍数据统一市场建设的行为要及时查处和惩戒。

市场规则机制需要有效统一

为了保证市场经济高效有序运行，所有市场法规与制度之间必须统一融合。特别是，产权制度等规范和保护市场主体权益的基本制度，信用、监管、公平竞争、反垄断等规范竞争秩序的制度，以及防范市场风险和维护市场稳定的相关法律法规之间的统一融合，尤为关键。对加快国内统一大市场建设而言，市场制度规则等内在要素的统一尤为关键。各种市场主体能够按照统一的市场规则自主进行生产经营活动，是十九大报告中提出的“市场机制有效”的重要保障。以市场准入负面清单制度的统一性为例，党的十八届三中全会《决定》提出“实行统一的市场准入制度，在制定负面清单基础上，各类市场主体可依法平等进入清单之外领域”。[①] 此后历经7年时间，我国逐步确立了全国统一的市场准入负面清单制度，这是顺应实现经济高质量发展的要求，对政府与市场关系进行的重新塑造，有利于从根本上实现市场准入畅通、开放有序、竞争充分和秩序规范，从而加快形成现代市场体系。我国现行的市场准入负面清单严格采取的是“全国一张清单”管理模式，这正是从制度层面体现加强国内统一大市场规则体系建设的典型实践。所谓“全国一张清单”管理，指的是在全国范围加强市场准入类管理措施的清理和规范，严禁各地区、各部门自行制定和发布具有市场准入性质的任何形式的“负面清单”，严禁各地区、各部门擅自增减或调整清单里的管理措施。根据统一性原则，要求各地方和各部门在限期内自查自清与全国统一负面清单相违背的规定和做法，由此进一步确保市场准入负面清单的权威性，从而有利于促进市场准入环节的制度规则统一。

不同市场主体需要融合创新

市场主体是支撑市场体系运行的微观单元，指的是参与市场交易活动的生产经营者、要素提供者、消费者和中间商等。各类企业

① 摘自党的十八届三中全会《中共中央关于全面深化改革若干重大问题的决定》（2013年11月）。

主体，无论是国有、民营、外资，还是大中小微何种规模，都是自主经营、自负盈亏、自我发展、自我约束的法人实体和竞争主体，必须可以自主参加市场活动，根据市场信息进行生产经营决策。推动市场主体在平等互利的基础上充分融合发展，如创新和完善混合所有制经济等，是加快全国统一大市场建设的重点。

当前，市场还存在隐性壁垒和信贷配置不公等问题，这在一定程度上妨碍了不同性质企业的有序融合。一是虽然已全面实施了市场准入负面清单制度，但在清单之外的部分经营效益和市场前景较好的行业领域，仍存在隐性门槛等，存在以规模、资质、股比等限制民营主体参与市场竞争的情形，这种准入而不准营的问题需要进一步得到解决。在基层招标过程中，仍存在针对民企设置不合理条件的问题，同等资质的情况下民企中标率可能不及国企，也存在所谓“国企中标、民企干活”之类的现象。二是在深化混合所有制改革创新、促进不同所有制企业有序融合方面，还有提升空间。就混改意愿而言，地方国有企业大多期望与央企集团下属子公司进行混改合作。部分经过混合所有制改革的企业，尚未建立现代企业制度，非公有资本进入后没能显著提升企业运行效率，不同所有制企业融合的经济效益未能充分体现。三是尽管针对中小企业融资难、融资贵出台了一系列措施，但是银行机构针对小微型企业仍存在不敢贷、不能贷的情形，同时也缺乏会贷和善贷意愿和能力，大中小微不同规模的企业在获得信贷资源方面仍存在较明显的差距，这在客观上也限制了不同类企业的融合发展。

区域和城乡市场需要统一发展

党的十九大报告明确指出：“中国特色社会主义进入新时代，我国社会主要矛盾已经转化为人民日益增长的美好生活需要和不平衡不充分的发展之间的矛盾。”加快建设国内统一大市场的一个重要内容是解决区域之间和城乡之间市场发展的不平衡不充分问题。各级政府和各个部门应采用规划、财政等政策手段及相应工具，为全社会经济活动创造统一的宏观经济环境，破除由部门或区域之间的摩擦给商品流通与资源流动造成的现实障碍，协调平衡公平与效率双重目标，从而实现区域和城乡市场发展的局部利益与全国统一市场发展的整体利益和谐。

清理废除妨碍统一市场和公平竞争的各种规定和做法，是破除区域分割、提升市场统一性、开放性，全面加强统一市场监管的重要基础。有必要以反对地方保护、区域分割为重点在全国继续开展监管稽查活动，重点清理各种与市场公平竞争、公共安全目标相违背的各类“土政策”及干扰统一执法的“保护伞”行为，着力强化基层市场监管执法的一致性与有效性。针对性清理各地阻碍商品和要素自由流动、企业自由迁移的政策。废除围绕籍贯、规模、资产、资质设置的阻碍并购和连锁经营的限制性条款或行为。根据国际发展趋势和国内产业发展水平，加快完善全国统一的商品技术标准体系，防止地方标准构成市场准入与流通的技术壁垒。支持并鼓励企业根据市场竞争需要跨区域迁移，切实解决跨地区经营企业汇总纳税等一揽子问题。

国内国际市场需要融合发展

我国对世界经济增长的贡献已达 30% 以上，预计未来 5 年贡献比重还将进一步上升。国内外市场统一融合是统一市场的重要意涵，我们不可能关起门来创新和完善国内统一大市场，而要以全面开放促进国内外市场统一发展为重点，这是推动国内国际双循环相互促进的主要机理，也是当前构建的新发展格局不同于以往旧格局的主要特征。我国是开放型经济体，全球化和国际贸易自由化已将我国完全融入世界经济体系。未来，我国改造传统产业，发展新兴产业，推进产业迈向中高端，所需要的先进资本、技术、人才以及管理等仍然离不开全球市场配套，而且未来由新动力形成的新供给更需要同国际市场的新需求进行有效对接。可以说，积极对接国内与国际两个市场，有效配置内外部两种市场资源，是促进国内规模做大和统一性增强的重要机制。我国超大规模的市场需求与日臻完善的市场制度体系，无疑是争取国际贸易谈判利益、改善我国企业外贸环境、吸引境外投资的最大砝码，加快建设国内统一大市场，不断丰富市场对外开放的层次和内容，是“稳外资”和“稳外贸”的重要抓手与支撑，有助于坚定全球投资者对我国市场发展的信心。无论是当前，还是未来，加快建设国内统一市场，都不是把所有海外消费吸引回国、把所有外需转化成内需，而是要有效满足自身和世界需求，让全球共享我国统一大市场发展的红利。从这个角度来讲，我国促进国内市场供求动态匹配的过程，也正式推动全球经济供求再平衡的过程。后疫情时代，我国率先复归正常发展轨道，甚至可能以抗疫成功为契机实现跨越式发展，有助于全球经济尽快走出疫情冲击的萧条阴霾。

促进国内国际市场统一融合，不仅是指国内国际市场融合发展，还包括国内国外市场规则之间的有效融通，这是我国主动推动国内经济与国际经济双循环相互促进，从而谋求与自身经济贡献度相称的全球治理参与度和影响力的关键所在。当前，国际经贸规则面临重大调整，主要经济体经贸摩擦将加剧，外部环境更趋复杂，这就要求我国进一步提升开放层次，从商品和要素流动型开放转向制度型开放。制度型开放的重点在于规制层面，关键是促进国内规制与国际通行规制接轨，体现内外部市场监管规则的统一性。我国作为世界贸易大国参与全球治理和经贸规则制定，既需要对国内一些不适应国际市场新变化的体制机制进行改革，加快清理现有法规规章与国际通行规则不相符合的内容，也需要以新的理念、新的机制、新的方式参与国际事务，以此提高我国在国际资源配置、投资与贸易规则制定中的影响力和话语权。

推动国内统一大市场加快融合发展的主攻方向

深入贯彻习近平新时代中国特色社会主义思想，按照全面深化经济体制改革的总体部署，使市场在资源配置中起决定性作用和更好发挥政府作用，聚焦形成支撑社会主义现代化强国发展的统一开放、竞争有序的现代市场体系这一目标。在“十四五”时期，着力破除区域分割、准入隐性壁垒、规则不统一、要素配置不公等瓶颈，促进准入畅通、开放有序、竞争充分、秩序规范，加快完善现代产权制度和要素市场化配置机制，强化竞争政策作用，促进国内国际市场规则融通，强化市场监管能力，加快促进形成强大国内市场，实现要素自由流动、价格机制灵活、市场公平竞争、主体优胜劣汰的市场高质量发展，为满足人民群众日益增长的美好生活需要提供坚实保障，实现以国民经济大循环为主构建国内国外双循环相互促进的新发展格局。

推动传统要素和新型要素市场一体化发展

深入推进土地、资本、劳动力、科技、信息大数据等重点领域要素市场化改革，健全要素市场运行机制，完善要素交易规则和服务体系，力争把要素配置到产生边际回报最高的领域，着力提高市场配置效能，为加快建设国内统一大市场提供关键要素支撑。

健全保障要素自由流动的产权机制和价格机制

一是加快完善要素产权交易机制。促进要素资源有效交易，从根本上需要明确产权归属和受益主体，界定清楚国土空间各类资源产权归属，凡是产权变动就要采取合法方式并经过法定程序。推动建立评估准确、过程透明、定价合理的要素交易机制，确保要素产权各类权能的所有者均能获得合法正当收益。推动实施自然资源有偿使用，按照市场规律完善交易规则和价格机制，促进要素资源自由流动和有序交易。

二是健全反映要素稀缺价值的价格机制。深化电力、石油、天然气等能源市场体系建设，可竞争性环节交由市场定价，需维持公共部门定价的管网型自然垄断环节要严格遵守成本监审规则，确保定价公开透明。在一般竞争性市场领域，原则上全部交由市场主体根据供求和成本结构自主定价，避免任何形式的政府干预和扭曲价格的行为。通过价格杠杆推动不可再生资源生产外部性的内部化，健全体现生态价值和环境损害成本的资源环境价格机制。

三是培育发展区域要素共同市场。推动要素在更多主体之间、更广范围内合理配置，推广长三角城市群建立发展要素共同市场的经验，加快发展布局合理的新型交易平台，完善统一交易规则和服务标准。吸引更多的部门和交易主体广泛参与多层次要素市场的建设和运维，鼓励交易主体根据实际需要跨区选择交易平台，促进交易平台规范化建设的同时提高平台竞争力。

四是打造具有国际市场影响力的交易枢纽。整合国内分散的能源资源类大宗商品交易平台，通过并购、交叉持股等市场化方式提高交易平台整体性，制定统一的交易规则和标准，集全国之力打造若干家具有国际影响力的专业化交易平台。健全完善大宗商品市场交易体系，推动期货与现货市场统一监管，加快推出更多以人民币计价的国际化期货期权品种，谋求提升国际市场影响力。

促进传统要素市场一体化发展

其一，土地要素市场。保持土地承包关系长久稳定，清晰界定农村土地所有权、承包权、经营权归属和权益实现方式，促进有序流转和规模化经营。加快建设城乡统一的建设用地市场，推动农村集体经营性建设用地通过出让、租赁、入股等方式入市交易，完善建设用地入市增值收益分配机制。明确宅基地财产权，参照城市住宅交易规则，推进其抵押和有偿流转。加快土地流转市场平台建设，通过完善竞争交易机制提升土地市场化配置率。

其二，劳动力和人力资源市场。深化户籍改革，除特定地区之外的城市户籍全面放开，实现户籍、居住证和身份证三证合一。推动国有企事业单位市场化选人用人，健全反映劳动力供求、地区发展水平的薪酬动态调节机制和充分体现知识、技术等创新要素价值的收益分配机制。深化人才发展体制机制改革，全方位促进人才自由流动，健全以创新能力、实效贡献为导向的人才评价体系。完善各类基本社保转移接续，扩大异地结算范围和电子化结算，解除专业人才和劳动力跨区域流动的后顾之忧，确保进城务工人员及其家属享有市民化待遇。实行更加开放的人才政策，构筑集聚国内外优秀人才的科研创新高地。

其三，金融创新和统一监管。促进多层次资本市场健康平稳发展，提高直接融资比重，健全市场化利率形成和传导机制，全面增强金融有效服务实体经济的能力。坚定推进利率和汇率市场化改革，通过积极参与国际分工和经济循环推动人民币国际化进程。全面实行股票发行注册制，建立常态化退市机制，着力提高上市公司质量，增强股票市场价格发现能力。优化调整各类资本市场风险定价机制，使资本回报与风险水平动态匹配。健全完善统一监管体制，加强宏观审慎监管和微观功能监管，提高监管透明度和法治化水平，按照权责一致原则，落实地方金融发展与风险防范责任。加强国际监管合作，积极参与国际金融规则与监管标准制定，在密切防范风险跨境传导的基础上，促进国内国际资本市场有序融通。

推动新型要素市场一体化发展

其一，创新数据要素市场。加快培育国内统一的数据市场和交易平台，统一国内与数字相关的产权认定、保护、交易和使用规则，完善与国际接轨的数据资产价值评估标准，密切衔接国内外数据市场规则，促进国内外数据市场连通发展，为构建双循环新发展格局提供新型要素支撑。加强数据资源整合和安全保护，在确保隐私保护到位的前提下，鼓励市场主体进行科技创新和应用探索,充分发挥数据要素的市场价值,同时提高数据治理的科学性、规范性和有序性，防止垄断资料来源和渠道的企业滥用市场支配地位。

其二，融通科技要素市场。确立以企业为主体、以科研人员为主力的科技市场化体制。建设全国性、区域性科技大市场，推行符合国际惯例的科技市场促进政策，推动科技成果高效转移。完善专利技术和知识产权鉴定、评估与交易机制，为更多专利技术和知识产权入市交易创造条件。从制度源头保护好知识产权，加大侵权行为处罚力度，重点查处恶意或重复侵权行为，在此基础上提高跨国知识产权审查质量与审查效率，促进国内国际两个科技市场、两类科技资源互通有无。同时，积极完善知识产权海外维权机制，提升我国企业海外维权能力，以更好地化解国外市场风险。

推动商品和服务市场在统一融合中繁荣发展

加快培育 5G+ 人工智能消费市场

加快 5G 示范城市的组网进程，努力扩大 5G 市场基础用户规模，大力推进全国范围的商业化应用，支撑高速化、智能化新型消费加快发展。排查 5G、人工智能相关的工业设计软件、关键设备和元器件的海外供应风险，针对性制定保障供应预案。通过对长三角和珠三角数十家人工智能企业的调研发现，人工智能有望率先实现更大规模商用的领域是智能安防、智能家居、智能驾驶、智慧健康、智慧旅游、智慧教育等。[①] 亟待建立健全针对人工智能领域市场应用创新的审慎包容监管机制，鼓励有条件的地区划定人工智能应用试验区，为人工智能产品和服务应用提供商用平台，例如，加快推进与无人驾驶、智能网联车市场应用相关的城市交通基础设施智能化改造。探索人工智能相关专利、品牌等无形资产质押贷款机制，加大对人工智能相关共性技术示范应用的财政支持，引导社会投资者积极参与示范项目建设运营。加快推进智能化消费市场的标准化工作，尤其是加快出台涉及网络安全、隐私保护等的强制性标准，规范新兴市场竞争秩序。

① 郭丽岩，王彦敏．以智能化应用带动消费升级 [N]. 经济日报，2020 年 6 月 12 日．

大力繁荣发展服务市场

加快破除服务业领域的各类垄断尤其是隐性壁垒，切实推动生活服务业有序开放，在竞争性市场领域实现服务价格市场化决定。探索“互联网 +”服务应用的新业态和新模式，聚焦发展数字生活、健康养老、智慧教育等新兴服务业，培育平台经济和共享经济，满足消费结构升级需要，即推动发展享受型消费占居民消费支出的比重在当前基础上（见表 7-2）稳步上升，争取在“十四五”末期能够达到 50% 左右。引导企业由销售实物产品和售后维修等低附加值环节向提供综合解决方案、个性化智能化衍生服务等高附加值环节升级能力，推动生产性服务覆盖从研发、产业化到市场开拓的全部链条，打造高端化、品牌化专业性服务机构，拓宽在国际市场上的影响力。

表 7-2　我国与主要经济体居民消费支出结构情况　　（单位：%）

消费支出结构情况	中国	美国	日本	德国	英国	韩国
生存型消费	66.1	34.8	50.8	49.3	49.2	43.6
食品和烟酒	30.5	8.5	17.4	13.7	12.0	16.0
衣着	7.3	3.2	3.7	4.7	5.4	6.1
居住	22.2	19.0	25.5	24.1	27.1	18.5
生活用品及服务	6.1	4.1	4.2	6.7	4.7	3.0
发展享受型消费	33.9	65.2	49.2	50.7	50.8	56.4
医疗保健	7.4	21.3	3.7	5.2	1.8	5.1
交通和通信	13.2	12.1	13.9	17.3	15.5	15.5
教育、文化和娱乐	10.9	11.1	10.0	9.9	11.3	14.0
其他商品和服务	2.4	20.7	21.6	18.3	22.2	21.8
金融保险	—	8.0	—	6.1	6.1	—
旅馆住宿	—	6.9	7.8	5.3	9.5	8.3

资料来源：表中数据为 2013—2017 年的平均值，中国数据来自国家统计局住户调查数据，其他经济体数据来自经济合作与发展组织国民账户数据。生存型消费与发展享受型消费的划型来自宏观院市场所

加快各类所有制和不同规模企业融合发展

创新发展混合所有制经济

完善基本经济制度，进一步优化国有经济布局和调整结构，在国家安全、国民经济命脉所系的关键行业领域发挥战略支撑作用，同时在一般竞争性领域为民营市场主体释放要素与市场空间。在做强做优做大国有资本的前提下，广泛激发社会资本通过控股、参股和交叉持股等多种方式，推动经济产权深度融合，深化国有企业混合所有制改革，创新发展混合所有制经济。在条件允许的情况下，尽可能扩大民间投资者股比，鼓励发展非公资本控股的混合所有制企业。同时，引导拥有土地、资本、资质、专家等体制内资源的国有企业更多通过市场化机制与民营企业开展深入合作，破除制约民营企业发展的各种壁垒，勠力同心加快建设世界一流企业。总之，要通过多种形式促进不同所有制企业充分融合发展，为加快建设国内统一大市场提供坚实的微观主体基础。

融通大中小微不同规模企业

完善促进中小微企业和个体工商户发展的法律环境和政策体系。促进大中小微企业基于产业链、供应链、资金链、创新链实现四链融通发展，发挥大企业在企业融通发展过程中的引领作用，基于不同规模企业特色和优势，推动形成“热带雨林”式的创新链群和相关企业群落，打造多点对多点的网状式协作体系。提升小微型企业与大中型企业的合作层次，从传统的产品组装、技术外包等浅表层次，提升至产业生态系统的深层次融合，确保协作多方在信息对称、地位平等的前提下实现共生共荣、互惠发展。尤其是要不断提升中小微企业参与网络协同创新的专业化能力，在细分市场打造专精特“小巨人”企业和单项冠军企业。

推动区域城乡多层次消费中心发展

加快建设国内统一大市场，需要以维护和提升国内市场的空间统一性为目标，着力提升区域市场发展的均衡性，引导各地区更好发挥比较优势、协同发展，形成各具特色、优势互补的区域城乡市场发展新格局。促进区域城乡市场协同发展的重要抓手之一，是培育建设多层次消费中心。消费中心可以理解为以中心城市为依托、辐射周边、综合承载能力强的消费高地或者说集聚区，一般来说，其具有服务体系健全、配套设施完善、内外循环畅通、供给业态丰富、引领集聚突出等特征，大致上也可以分为国际和全国性消费中心，区域性消费中心以及地方特色消费中心。[①] 特大城市和一些超大城市拥有相对高水平的供给体系，本地居民消费升级意愿和能力较强，而且对国内外消费的吸引力较强，无论是供给侧，还是需求侧，都有基础打造成具有全国性甚至是国际影响力的消费中心，更好发挥联通国内与国际市场的纽带作用。例如，在长三角、粤港澳大湾区、京津冀有望形成国际性消费中心，需要进一步打造与世界级城市群相匹配的市政设施和商贸流通枢纽，从而强化国际性消费中心的市场辐射作用与带动力。我国幅员辽阔，每个较大的经济地理区域都有部分省会和综合实力比较强的地级市有望发展成为区域性消

① 见《关于以新业态新模式引领新型消费加快发展的意见》（国办发〔2020〕32 号）。

费中心，要进一步健全这些城市的消费支撑功能和服务体系，强化其对周边地区的辐射带动能力，形成区域性的消费高地或者说消费集聚区，从而带动不同区域市场较快消费结构升级。对一些中小城市和县级市而言，依托当地优势打造特点鲜明的消费集聚区或网红商业街区，形成地方特色消费中心。针对基层地区，需要加快城乡接合部和农村商贸设施建设，加快功能型市场平台建设，支持电商快递直通乡村，打通物流配送、上门安装和售后服务等消费普及的“最后一公里”。综上，促进上述三个层级的消费中心梯次发展、优势互补，有助于升级优化区域市场发展格局，进而加速形成覆盖全国的统一大市场格局。

促进国内国际市场发展与规则融通

充分拓展国内市场发展的外部空间，构建以强大国内市场整合国际市场资源的战略平台，有助于形成以国内大循环为主的新发展格局，关键是提高国内与国际市场之间双向开放的层次与水平，进一步扩大我国参与国际经贸规则制定的影响力和话语权。首先是高水平塑造国内国际市场双向开放的新格局。加快国内服务业市场的双向开放，不断提升我国自由贸易协定（FTA）的范围、数量和质量，培育一批具有全球资源配置能力的骨干企业，积极融入并维护现有国际秩序规则。持续完善外资准入负面清单及鼓励外商投资产业目录，在服务业、制造业、采矿业、农业加快推出开放新举措，条件允许的情况下在更多领域允许外资控股或独资经营。着力推进“一带一路”共建，积极构建更加广阔的国际商贸合作网络，创新互惠合作新模式。其次是积极参与全球治理，以维护我国核心利益为目标，联合有利益交集的经济体，争取在国际市场规则调整过程中，获得主动权和话语权。加快对接国际组织关于公共机构的惯例，力争让新的国际经贸规则更多吸纳我国关于竞争中性的相关主张。淡化国企在涉外经营活动中的行政色彩，提升政府补贴的公平与效率，完善对政府补贴的公平竞争审查机制。以此为基础，在国际论坛、多边峰会中明确阐述我国关于公共实体（国有企业）的定位与立场。加快制定和落实相关法律法规，强化国内外规则的统筹衔接。进一步完善《外商投资法》及相应制度，持续跟踪国际社会和全球投资者关切的问题，将相关内容及时增补进外资管理办法，持续营造市场化、法治化、国际化营商环境。最后也是最为关键的是，健全完善国家安全审查制度机制，在确保国家安全和核心利益不被侵犯的情况下，着力提升国内市场对全球投资者和消费者的吸引力。

加快建设国内统一大市场，畅通市场循环的改革举措

制度是决定各种要素投入最终形成多大规模供给和何种结构供给的关键因素，通过推进体制机制改革促进新供给匹配新需求，是加快建设国内统一大市场的重点保障。“十四五”时期是全面建成小康社会之后的第一个五年规划期，也是面向2035年基本实现现代化的第一个五年规划期，我们需要凝聚理论和实践共识，加快促进形成强大国内市场，构建双循环新发展格局，通过全面深化经济体制改革更好满足人民群众对美好生活的新期待，通过建设高标准市场体系，推动供给和需求在更高水平上实现动态平衡。

公平竞争：进一步强化竞争政策作用

健全公平竞争审查机制，推进统一市场建设

以公平竞争作为各级政府和各政府部门制定与出台政策的基本立场和原则，健全重大政策事前评估和事后评价制度，畅通参与政策制定的渠道，进一步强化竞争政策作用，避免和制止有违公平竞争原则的经济政策出台，加强产业政策、投资政策在出台之前和执行过程中与竞争政策的充分衔接。完善公平竞争审查制度体系，健全考核、督查与追责主体责任制，建立防止滥用行政权破坏公平竞争的长效机制，切实提升政府部门在公平竞争自审自查过程中的自觉性与执行效力，尤其是推进基层落实公平竞争审查。与此同时，通过规范执法大力推动普法，查处滥用行政权排除或限制竞争的案

件，重点规范公共工程招标和集中采购过程中的不当行为，提升微观主体参与市场竞争的公平感与满意度。

加大反垄断和反不正当竞争执法力度，维护公平竞争

提升竞争政策实施的统一性和权威性，打破行业垄断和地方保护，在全社会范围加强竞争倡导，提高市场主体的公平竞争意识，培育公平竞争的社会文化氛围。加快推进《反垄断法》修订和补充立法工作，针对数字经济、人工智能、物联网、平台经济等新形态新模式，建立健全包容审慎监管制度框架，同步完善相应的反垄断执法指南。进一步推动反垄断执法常态化，防止垄断企业滥用市场支配地位排除和限制竞争的行为，防止具有竞争关系的企业之间达成垄断协议，制止可能妨碍竞争的兼并重组行为。健全竞争性市场结构，防止市场过度集中导致的囤积居奇、串谋涨价等不正当竞争行为，保障统一市场竞争秩序。

平等准入：健全统一的市场准入负面清单制度体系

继续推动放宽市场准入限制

以中央“十四五”规划建议为指引，紧密围绕国家重大战略和地方经济发展需要，聚焦医疗、教育、文化、金融等重点服务业领域，以进一步放宽准入限制为改革方向，探索调整相关市场准入管理措施，并健全与放宽准入相配套的保障机制建设。选取市场主体意愿强烈、竞争规则健全的区域先行先试，在能够妥善控制放开风险的前提下，真正放开一些具有含金量和吸引力的领域，适当突破法律法规限制大胆尝试，并及时评估放开准入试点效果，总结提炼经验教训。在条件具备和成熟的情况下，通过及时推动相关法律法规完善修订，以期把放开服务业市场准入的地方成功经验在全国更广阔地区复制，进而形成持续放宽市场准入的长效机制。

强化“全国一张”准入清单的管理模式

在全国范围，落实市场准入负面清单管理制度，强化负面清单修订和全国统一实施的权威性与有效性，真正做到确保所有市场主体“非禁即入”。严禁各部门、各地方在准入环节擅自发布以负面清单名义或是具有负面清单性质的管理措施文件。完善负面清单动态调整机制，每年通过修订负面清单，将国务院“放管服”改革的最新进展体现在新版的负面清单当中，由此促进市场准入负面清单与行政审批清单的动态匹配，为市场主体提供可预期的明确指引。促进市场准入负面清单与行政审批清单、政府权责清单的衔接和配合，全面提升市场规则一致性，降低制度性交易成本。做好市场准入负面清单与外商投资负面清单的联动与协同，对外商投资者而言，想要投资国内某一市场领域，需要先查看外商投资负面清单，如果清单没有列出就需要查看全国统一的市场准入负面清单，如果市场准入负面清单列为禁止类，则不能从事该项投资经营活动，如果列为许可准入类，则经过相应政府部门审批后即可从事，如果两张负面清单上都没有列出，则可以自行投资经营。

通过负面清单管理数字化提升市场准入效能

建设高标准市场准入体系，探索市场准入效能评估的方式方法。建设全国市场准入大数据归集平台，运用区块链、人工智能等高科技手段，采集和挖掘准入政策合理性、审批办理便捷度、市场主体满意度等信息，建立分析模型和评价系统，对不同地区市场准入效能进行针对性评估。健全市场准入负面清单的信息公开机制，依托全国一体化的在线政务服务平台，在线公开相关清单事项的设立依据、审批层级和对应部门以及申办流程等便企服务内容，通过打造“透明清单”提高市场准入服务的快捷便利程度。根据准入效能评价结果，不断规范市场准入环节的行政审批行为，推动缩短审批流程，不断优化政府准入服务，全面增强市场主体对准入环节的满意度。

开放有序：持续优化市场化、法治化、国际化营商环境

健全巩固“放管服”改革成效的长效机制

完善行政许可事项清单动态修订机制，清理规范清单之外的违规审批行为。深入实施《优化营商环境条例》，以更大决心和力度破除各类市场主体投资实业的堵点和难题，尤其是清理民营企业在开展经营和业务拓展过程中面临的歧视性标准，清除在竞争性领域从事连锁经营与自愿退出的全部限制，大幅提升各地政府机构提供营商服务的意识与水平，打造一流的营商环境，巩固和不断提高我国在世界营商环境排名榜上的位次。

推广复制优化营商环境的案例实践经验

2018 年以来，我国在全国较大范围开展了多批次营商环境评价，已经覆盖直辖市、计划单列市、省会城市和部分地县级市，2020 年继续完成 80 个地级以上城市和 18 个国家级新区的营商环境评价工作。[①] 展望“十四五”时期，进一步总结提炼主要城市优

---

① 国家发展和改革委员会 . 中国营商环境报告 2020[M]. 北京：中国地图出版社，2020.

化营商环境过程中，令企业和民众满意与支持的举措和典型经验，根据重点领域改革方案和最佳实践编写案例，广泛促进各地之间的相互交流和学习。引导和鼓励各地开展差异化实践探索，打造卓越营商服务示范平台，充分发挥示范城市的标杆引领作用，推动有效改革举措落地并加快推广复制，以进一步提升我国营商便利度和投资者满意度。

公正监管：提升市场综合监管能力

构建覆盖全品种、全流程的市场监管体系

整合各部门资源建立健全公共安全风险评估和应急处置机制，提高市场监管综合执法的及时性、有效性与可靠性，为促进国内统一大市场安全发展提供重要支撑。引导和鼓励相关市场主体主动披露可能危及公共健康安全的风险责任信息，具备条件的地区和行业可以强制企业披露质量安全信息与节能环保保障水平。重点完善食品药品等商品与服务市场质量安全标准体系，从原材料开始追溯源头，强化全流程监管全覆盖，降低特种设备生产和使用过程中的不安全风险，对导致或放任不安全风险演变成重大事故的责任主体采取终身禁入的惩戒性措施。展望“十四五”，针对智能化商品和服务建立健全包容审慎监管模式是一项主要工作，适应人工智能商品与服务市场跨界融合的新趋势、新特征，建构线上与线下密切配合的监管平台和监管流程，如稳步推进智能网联车、无人驾驶路测试验，在安全保障到位的城市推进无人驾驶出租车等真实应用场景运营牌照的发放等，强化对于新业态、新模式采取更加包容且审慎的

监管方式，允许前沿科技在可控范围拓展市场应用场景，但必须以保障人民群众生命健康安全为监管底线。

大幅提高生命健康安全标准所占比重

为保障国内统一大市场安全运行，提升市场综合监管能力，需要建立健全与之相配合的质量安全标准体系。现有针对主要行业领域的强制性标准，主要集中于产品性能和规格参数之类的具体标准，而保障人民群众生命健康安全的标准，在强制性标准体系当中的占比并不高，这也制约了质量安全监管依据标准与综合执法能力的提升。中央“十四五”规划建议，着重强调安全发展的重大意义和工作部署，为此建议大幅增加确保与人民生命健康安全相关的强制性标准，争取到 2025 年超过 30%，到 2035 年超过 60%，进而为保障市场安全发展和人民群众健康安全，提供制度保障和技术保障。于建立健全针对人工智能商品和服务的包容审慎监管体系而言，需要构建与人工智能、物联网等领域所涉及的基础安全性指标相应的标准，包括隐私保护、数据应用、物联网接入、互联互通、网络安全等行业标准体系，对什么是智能化商品和智能化层次做出界定，以便消费者自主选择和更好维护消费者利益，也便于市场监管部门以此为指引优化拓展质量安全监管对象和范围，并为其科学规范执法提供标准依据。与此同时，要健全全国统一的智能化标准信息查询平台，集中公示国家、行业和地方相关标准信息，为企业和消费者提供线上查询与查证真伪等相关标准化服务，由此维护市场运行秩序。

诚信守法：加强社会信用制度体系建设

推动信用信息有序收集和共建共享

强化社会信用基础制度建设，夯实全国统一大市场建设的信用制度基石。将信用贯穿到市场监管全流程的主要方面，进一步规范市场竞争秩序，引导和鼓励企业自律行为。加强部门社会信用信息搜集标准化工作，促进公共部门信用信息互联互通，有条件的部门和领域推动信用信息上云共享，作为数字化政府治理的有机模块发挥应有作用。在全社会范围加强信息公开，并推动共建共治共享机制建设。推动政府公共部门归集的信用信息与市场共享平台归集的信用信息进一步融合和交互验证，避免信用信息源头和渠道不清。

强化和规范信用信息应用

健全“互联网＋大数据”的社会征信体系，针对市场主体开展多维度信用评价，鼓励和推进公共部门利用信用评价结果联合开展守信激励与失信惩戒，推动重点行业领域建立失信黑名单和相应的动态发布机制，对严重违法失信主体依法予以限制或终身禁入。强化商品和服务质量诚信建设，支持生产企业与地方公共平台联合建立汽车、家电等销售和售后服务企业黑名单并在互联网上公示，以便消费者甄别和开展维权。推动主要区域旅游景区联盟建立景区及周边餐饮、住宿、娱乐和休闲服务提供商的服务黑名单，强化针对强制消费、劣质高价等欺客宰客不正当竞争行为的失信惩戒。有序推动信用服务市场建设，在确保安全发展和隐私保障的前提下，发挥公共信用服务和市场化信用服务不同类型机构的比较优势，健全信用信息基本服务与可增值服务互为补充的多层次信用市场体系。

一方面加强基础公共信用产品有效供给，另一方面鼓励发展个性化信用服务产品。作为制度建设的一部分，还应建立完善失信企业权益保障机制，为其提供改过自新的机会——信用修复机制，同时强化全社会的督促监督。

第八章
深入推进区域重大战略实施，畅通城乡区域间循环

加快构建以国内大循环为主体、国内国际双循环相互促进的新发展格局是习近平总书记和党中央积极应对国内外形势变化做出的重大战略抉择，对于“十四五”规划发展具有纲举目张的作用，为提升我国经济创新水平和增强竞争新优势提供了科学路径。城乡区域是构建以国内大循环为主体、国内国际双循环相互促进的新发展格局的空间载体。新阶段推动城乡区域发展，应积极向我国广阔纵深空间和多梯度增长、多样化发展要动力要支点要支撑，在高水平城乡区域协调发展中营造新的供需平衡，促进要素城乡区域自由、有序、有效流动，打通城乡区域间经济循环的堵点，充分挖掘激发我国超大规模市场优势和内需潜力，增强高质量发展的多样性、稳定性、安全性，加快形成新发展格局。

构建新发展格局与推动城乡区域协调发展的逻辑关系

中央全面深化改革委员会第十五次会议提出，要把构建新发展格局同实施国家区域协调发展战略、建设自由贸易试验区等衔接起来，在有条件的区域率先探索形成新发展格局，打造改革开放新高地。应该说，双循环新发展格局构建依赖我国城乡区域多梯度、多样化、多层次的发展，反过来双循环新发展格局的加快形成有利于促进城乡区域协调发展迈向更高水平。

构建新发展格局依赖我国广阔纵深的城乡区域空间

我国国土幅员辽阔、人口众多，各地区经济社会发展差异显著，这为在不同时期推动经济增长提供了广阔的战略回旋和纵深发展空间。从大的区域板块看，20 世纪八九十年代至“十五”时期，东部地区一直是全国经济增长的拉动地区。1999—2006 年，东部地区生产总值年均增长 12.2%，远高于东北（10.5%）、中部（10.6%）和西部地区（10.7%）。“十一五”（2006—2010 年）至 2019 年，中西部地区逐渐成为全国经济增长最快地区。我国之所以在 1998 年亚洲金融危机和 2008 年全球金融危机后，仍然保持较高增速，很大程度上因为我国具有较大的纵深发展空间，特别是改革开放 40 多年来经济的快速增长，也得益于增长动力地区由东部沿海向内地层级传递。

当前，加快构建新发展格局同样依赖我国广阔的区域发展空间，要进一步激发不同区域的比较优势和发展潜力，为国内大循环提供多层次、多样化支撑，为国内国际双循环相互促进提供依托。从城乡发展阶段看，当前我国已经进入城镇化后半场，城镇化水平进一步提高还有较大空间，农业农村农民现代化的动力正在不断增强，城乡建设发展仍将带来更多投资消费新增长点。此外，随着海洋强国战略的深化实施，我国区域发展的战略部署空间正加速从陆地向海洋拓展，经略大洋也将为新发展格局的加快形成提供蓝色空间支撑。

构建新发展格局需要区域发展战略深化实施带动

党的十八大以来，习近平亲自谋划、亲自部署、亲自推动了京津冀协同发展、长江经济带发展、粤港澳大湾区建设、推进海南全面深化改革开放、长江三角洲区域一体化发展、黄河流域生态保护和高质量发展等重大区域发展战略，进一步完善支持四大板块发展的政策，不断丰富完善我国区域发展的理念、战略、规划和政策体系，推动我国区域发展进入新境界。重大区域发展战略的提出实施和西部大开发、中部崛起、东北等老工业基地振兴发展的深化推进，对于协调推进“四个全面”战略布局、实现“两个一百年”奋斗目标和中华民族伟大复兴的中国梦，具有重大现实意义和深远历史意义。

深入推进实施区域发展战略，有利于进一步优化全国生产力布局，有利于为扩大内需源源不断拓展新增长空间，有利于为跨区域经济循环发展提供纽带，有利于加快形成国内统一大市场，有利于进一步完善改革开放空间格局，有利于更好地从全局组织生产、分配、流通、消费等环节，促进国民经济良性循环，为加快构建新发展格局提供区域动力和支撑。

构建新发展格局有利于激发城乡区域发展优势

近年来，由于增长动力和内外部发展条件发生变化，城乡、区域和陆海的一些传统优势正在削弱，新的优势正在形成，潜在优势有待培育激发。同时，比较优势的发挥不再是孤立的，更加依赖城乡区域之间的深化协作。例如，长期以来，农村的劳动力、居民储蓄资金、农业原材料等源源不断向城市集聚，农村生态环境、文化资源等优势未能得到挖掘并转化为经济价值；中西部地区的劳动力、能源矿产资源优势未能有效转化为本地发展优势；海洋国土开发程度相对较低，对海洋生物、能源、矿产等资源挖掘也较为滞后。

构建新发展格局要坚持扩大内需这个战略基点，加快培育完整内需体系，把实施扩大内需战略同深化供给侧结构性改革有机结合起来，以创新驱动、高质量供给引领和创造新需求，不断催生形成城乡区域发展投资消费新增长点，这将有利于进一步激发城乡、各地区和海洋蓝色空间的特色优势，带动传统优势发挥，加快培育形成新优势，促进地区比较优势充分发挥并转化为发展动能。

构建新发展格局有利于促进城乡区域协调联动发展

改革开放以来特别是党的十八大以来，党中央、国务院制定实施了系列推动城乡、区域和陆海发展的重大战略、规划和政策，促进城乡区域发展格局不断优化，形成了一批新的增长点、增长极，美丽乡村建设、海洋经济发展成效显著，区域发展总体上呈现出协调性不断增强、活力竞相迸发的良好局面。但是，随着内外部发展环境加速变化，我国经济社会结构深化调整，各类新老问题交织共存，区域发展还存在诸多不平衡、不充分、不协调问题，包括东西差距没有发生根本性改变、南北分化呈扩大趋势、东北和西北等地区经济下行压力大、特殊类型地区短板弱项依然突出、城乡二元结构依然存在、陆海统筹尚处于起步阶段等。

加快构建新发展格局，要破除妨碍生产要素市场化配置和商品服务流动的体制机制障碍，降低全社会交易成本，这就需要进一步通过深化要素市场化配置改革，促进国内统一大市场形成，以及更好衔接和利用国际市场及其资源，从而更充分激发市场活力和潜力。这将为城乡区域协调发展营造更好发展环境和制度保障，有利于促进城乡区域间要素自由流动，增强经济发展的自主性、稳定性，进一步促进实现城乡之间、区域之间、陆海之间实现良性互动。

以实施区域重大战略为引领促进构建新发展格局

发挥区域重大战略引领作用，推动城乡区域协调发展，促进城乡区域要素自由流动和高效配置，加快畅通国内经济大循环，深化与国际市场交流合作，为加快构建新发展格局提供多梯度、多层次、多样化的区域高质量发展空间载体。

推动京津冀、长三角、粤港澳大湾区等有条件的区域率先在畅通经济循环上取得新突破

三大动力源区域具备率先推进经济循环的条件和优势

京津冀、长三角和粤港澳大湾区是支撑我国经济创新增长的重要增长极，是中国科技创新、产业集聚的重要承载地，是中国经济发展的精华所在，是未来中国经济由高速增长转向高质量发展的重要动力源和新引擎，具备人力资本集中、科技水平高、制造能力强、产业链供应链相对完备、市场潜力大和改革开放条件好等诸多优势。2019年，三大动力源区域人口占全国近30%，创造经济总量占全国比重超过40%。三大动力源区域有条件有责任在加快形成新发展格局中先行探索、取得新突破，为全国构建新发展格局提供先行示范，并注入强劲活跃的新动能。

三大动力源区域在新发展格局中肩负共性使命担当

从战略功能上看，三大动力源区域应在全国新发展格局构建中勇担使命，至少体现在以下5个方面。

一是全国科技自立自强的开路先锋。面向世界科技前沿、面向

经济主战场、面向国家重大需求、面向人民生命健康，全面推进科技创新中心和综合性国家科学中心建设，优化布局建设重大科技基础设施、国家实验室、国家重点实验室，提升科技创新硬实力，增强科技创新自主性，引领推动加快建设科技强国。

二是全国产业创新发展的领头雁。强化科技创新成果在未来产业培育、实体经济发展方面的转化应用，形成一批国家级、世界级产业集群，切实壮大提升我国经济创新力和国际竞争力，在新场景应用、新模式创造、新规则和新标准制定等方面提升软实力，成为全国产业转型升级和创新发展的领头雁。

三是全国扩大内需的强劲动力。充分激发三大动力源区域营商环境优、市场主体发育充分、经济发展效益好、居民消费水平高等方面的优势，围绕科技创新、产业发展、新型基础设施建设等积极培育更多新的投资增长点，瞄准城乡居民消费结构升级持续扩大消费，繁荣消费经济，为全国扩大内需提供重要支撑。

四是全国经济安全运行的压舱石。优化创新链、产业链、供应链布局，加快提升产业链、供应链现代化水平，促进科技、金融更好服务实体经济发展，提高产业链、供应链稳定性，确保大体量经济稳定增长和可持续发展，持续发挥全国经济安全运行的压舱石作用。

五是连接国内国际市场的枢纽桥梁。继续发挥国际交往平台多、对外开放程度高、国际规则衔接好等开放优势，积极参与全球经济治理，推动国际贸易和投资便利化，提升全球资源的配置能力，打造成为连接国内国际市场的枢纽桥梁，更好支持国内和国际双循环良性互动，积极开拓对外开放合作共赢新局面。

各有侧重率先推进畅通经济循环

由于京津冀、长三角和粤港澳大湾区在经济结构及总量、开放条件和资源要素禀赋等方面存在一定差异，特别是肩负的战略使命也各有侧重。在促进经济循环发展方面，也应立足自身基础条件和发展需要先行探索。例如，京津冀侧重在科学研究理论创新、创新链产业链协作、消费市场一体扩容升级、公共服务共建共享等方面取得新进展。长三角区域侧重在突破关键核心技术封锁和产业创新、跨区域世界级产业集群形成、要素市场一体化和基本公共服务一体化等方面取得新突破。粤港澳大湾区侧重在前沿领域应用创新、深化要素市场化配置改革、务实推进与港澳合作、构建对外开放新格局等方面取得新成效。

以长江经济带、黄河流域生态保护和高质量发展战略实施为依托促进东中西梯度循环联动

以流域为纽带推进上下流域经济协作

以母亲河长江和黄河为纽带，实施长江经济带发展、黄河流域生态保护和高质量发展两大战略，开辟了我国大江大河治理和流域经济发展的新境界。实施长江经济带发展战略，要坚持共抓大保护、不搞大开发，把修复长江生态环境摆在压倒性位置，要探索出一条生态优先、绿色发展新路子。实施黄河流域生态保护和高质量发展战略，要把握重在保护、要在治理的战略要求，把黄河长治久安和流域生态环境保护放在重要位置，坚持走绿色、可持续的高质量发展之路。在新发展格局背景下，更要突出发挥长江、黄河两大母亲河的重要纽带作用，积极推进流域经济要素优化配置，探索流域经

济内部上下游循环互动的新路径、新模式，深化推进长江流域和黄河流域的经济交流协作，全面推动流域生态环境大保护和经济社会高质量发展。

促进产业梯度转移承接

长江经济带发展、黄河流域生态保护和高质量发展两大战略均涉及东中西三大板块 9 个省区，战略区域范围内地区之间的技术梯度差异大、经济发展层次多、资源禀赋多样，是我国推动发达地区与欠发达地区、东中西部协调共同发展的战略依托。可以预见，随着新发展格局的加快构建，东部沿海的劳动密集型、资源能源依托型、内陆消费市场拉动型的产业将继续向中西部地区转移，沿海地区一些总部企业，继续将营销管理、技术、资金等环节转移扩散到中西部地区，带动当地产业转型升级。长江经济带发展、黄河流域生态保护和高质量发展两大战略的深化实施，为两大战略区域内部东中西地区产业梯度转移协作提供了良好的战略环境和政策机遇，有利于促进东中西部要素循环流动。

推动东西联动双向开放

从对外开放格局看，长江经济带和黄河流域均具有东西联动双向大开放的特殊优势，拥有贯穿东西的对外交通大动脉和完善的物流运输体系，既有我国对外开放的前沿，也有促进对外开放合作的纵深内陆。此外，区域内布局建设自由贸易试验区、临空经济区、保税区、港口、口岸等各类型对外开放平台载体。长江经济带发展、黄河流域生态保护和高质量发展战略实施，有利于更好衔接和统筹“一带一路”建设，为国内经济大循环与国际大循环相互促进提供新空间。

深入实施西部大开发、中部崛起和东北振兴战略，为构建新发展格局提供回旋空间

优化重塑区域板块新优势

加快构建新发展格局依赖区域比较优势的充分发挥，也有利于加速优化重塑区域比较优势，为推动西部大开发形成新格局、推动东北振兴取得新突破和促进中部地区加快崛起提供新机遇，同时中西部和东北地区的发展也为新发展格局构建提供了纵深回旋空间。随着国家区域战略部署的不断完善、产业结构的深度调整、进出口结构的优化、交通信息等基础设施的完善、东西双向全方位对外开放格局的逐渐形成等，四大板块的一些传统优势正在削弱，一些新的优势正在催生形成。例如，东部对外开放和创新优势、西部特色资源和向西开放优势、中部人力资本和新型工业化优势、东北地区的装备制造和冰雪经济优势正成为区域发展的新基础新条件（见表 8-1）。这些区域优势的发挥既是加快形成新发展格局的基础，也有利于促进四大板块协同发展，从而为国内大循环形成提供支撑。

表 8-1 四大板块区域比较优势变化

	传统优势	新优势
东部	改革开放先行；政策优势；非公经济等	科技创新及人才优势；国际化营商环境；陆海统筹；京津冀（雄安新区）、粤港澳大湾区建设、海南等重大战略优势等
西部	能源、原材料等自然资源；劳动力；西部大开发战略优势等	“一带一路”向西向南开放条件；生态环境禀赋；文化资源等
中部	交通区位；能源、自然资源；劳动力及教育资源等	枢纽经济；教育及人力资本；加工制造能力；生态环境承载力等
东北	老工业基础；农业生产基地等	装备制造；东北亚开放合作；文化、冰雪经济；特色农产品等

因地制宜提高科技创新及产业创新能力

虽然各板块自然资源、人力资本、科技创新条件和产业发展基础差异较大，但都各自形成了较为完备的加工制造能力，科技创新能力建设上也各有特色。加快构建新发展格局依赖于科技自主创新能力提升和现代制造大发展的有力支撑，这就需要充分激发各地区的科技创新潜力，进一步提高生产制造能力。东部地区面向全球竞争市场在未来产业培育和发展上要不断取得新突破，中西部地区在传统制造业升级和战略性新兴产业培育上发力，东北地区集中在高端装备制造创新能力和市场竞争力提升等方面重点攻关。应立足不同发展水平地区的自身比较优势和条件，促进错位互动和协同联动发展，引导创新链、产业链、要素链跨区域联动，既要充分激发地区的特色产业创新优势，也要因地制宜引导新技术、新产业、新业态、新模式发展，确保不同地区有都有获得新发展的机会（见图 8-1）。

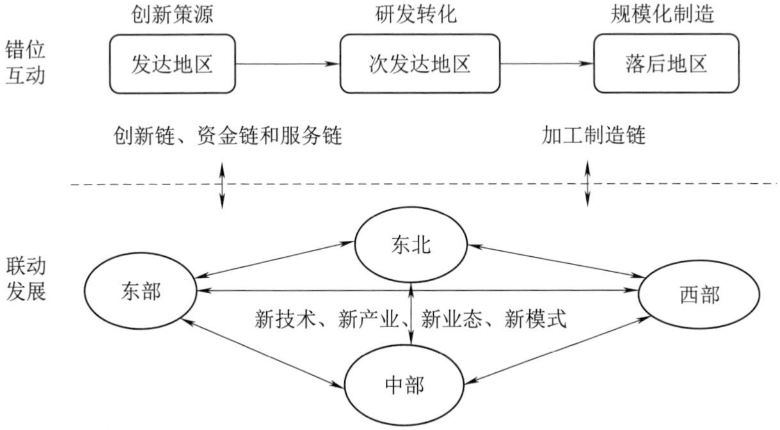

图 8-1　不同发展水平和创新梯度区域联动发展

积极拓展区域消费投资新增长点

不同区域居民消费能力、市场水平、对外开放程度以及投资需求不尽相同，这为加快构建新发展格局提供了多样化的扩大内需空间支撑。东部地区国际消费市场大、居民消费支出能力强、高端消费品市场发育充分，新型基础设施建设的能力条件相对成熟，应进一步挖掘高端消费和新型基础设施建设的市场潜力。广大中西部和东北地区消费市场层次差异大，基本公共服务和传统基础设施建设短板还比较多，应积极培育满足不同层次需求的消费市场，加快补齐基本公共服务和基础设施建设短板。此外，涉及跨区域板块之间互联互通的重大信息、交通、水利、能源等基础设施建设投资仍有较大缺口和投资空间。

积极向海发展，为构建新发展格局提供陆海统筹循环新支撑

提升海洋科技创新能力

海洋科技自立自强是建设海洋强国的关键支撑和强大保障。目前，相比美、英、日等老牌守成的海洋强国，我国海洋科技创新能力还有较大短板，特别是在全球化逆流抬头背景下，海洋产业技术、零部件及配套设备封锁持续加剧，核心电子元器件、关键基础产品、关键材料、基础工艺等受制于人的窘况亟待破除。应对海洋强国建设的目标要求，切实提高海洋科技创新能力。在深海关键技术与装备、深水油气资源开发、海水养殖与海洋生物技术、海水淡化、船舶与海洋工程装备制造等领域，加快推进核心技术、关键共性技术和前沿技术的产业化和国产化。对于短期

内自主创新无法获得重大突破且在国际上处于跟跑地位的领域，支持通过多种海外合作方式获得技术升级。鼓励涉海企业、科研院所与国外相关机构开展联合设计与技术交流，共同推进全球海洋科技创新取得新突破。

培育壮大海洋经济增长点

积极面向国际国内海洋市场结构调整变化的新趋势，既要不断增强海洋产品在国际市场上的竞争力和占有率，更要积极扩大涉海领域的国内大市场。从海洋产业结构优化发展角度看，一是要加速海洋渔业、海洋船舶工业、海洋盐业等传统产业优化升级，逐步化解部分产能过剩问题；二是培育海洋药物和生物制品业、海水淡化、海洋可再生能源、海洋装备制造等战略性新兴产业，加快发展成为海洋支柱产业；大力发展海洋领域生产性服务业和生活性服务业，促进海洋服务业通过模式创新向产业链高端延伸，不断增强拉动就业和支撑经济增长的能力，构建结构合理、开放兼容、自主可控、具有国际竞争力的现代海洋产业体系。特别是，新冠肺炎疫情暴发以来，国际滨海旅游市场受到巨大冲击，我国境外领域内化趋势明显，这也将为我国滨海旅游消费市场提供新的机会。

加强陆海互联互通建设

统筹对内对外港口、交通基础设施建设，提高陆海互联互通合作水平，为陆海经济联系、拓展海外经济通道提供设施保障。一方面，优化国内航运港口体系建设，完善环渤海、长三角、珠三角、东南沿海、西南沿海等区域港口群建设，深化沿海港口、内河港口及陆海一体化交通运输体系建设，密切沿海与内地腹地经济联系。另一方面，积极拓展开发国际航线和出海通道。促进与“一带一路”沿海岸线国家的互联互通，发挥深圳、上海等全球海洋中心城市的引领作用，加强港口和基础设施建设规划、技术标准体系的对接，推进国际骨干通道建设，鼓励企业参与海外港口管理、航道维护、海上救助，逐步形成连接亚洲各区域以及亚、欧、非之间的基础设施网络，构建对接全球互联互通大格局。

持续扩大海洋开放合作

深入推进“21 世纪海上丝绸之路”建设，积极建设国际合作海上支点，加强海洋领域的国际投资合作，拓展海洋经济合作发展新空间。坚持以市场为导向，加强与美国、挪威、法国、澳大利亚、日本、韩国、新加坡等国家涉海企业的合作，不断提高在全球海洋产业价值链分工中的地位和作用。支持企业“抱团出海”，参与建设境外产业园区，将海外园区打造成海洋领域优势装备和优质产能的重要输出平台。此外，在海洋开放合作过程中，应协调好 21 世纪海上丝绸之路建设与国家海洋权益维护关系，加强与沿海岸线国家的政策交流沟通、文化交流沟通和民间组织信息交流沟通，积极参与维护国际和地区海洋秩序，着力维护拓展国家海洋权益，切实保障国家海洋安全。

统筹新型城镇化和乡村振兴战略促进城乡循环联动

随着新型城镇化和乡村振兴战略的统筹深化实施，城乡之间将从简单供求关系向分工关系转变，农村以向城市输出农业原材料、劳动力等为主将逐渐转向城乡要素双向流动、城乡经济协作，工农互促、城乡互补、全面融合、共同繁荣的新型工农城乡关系正加快形成，城乡循环联动性不断增强。

提高城镇化水平和质量

2019 年我国城镇化率已经达到 60.6%，城镇化也已进入后半场。近年来，消费对经济增长的贡献率正在大幅提升，2014 年以来持续超过出口和投资对经济增长的贡献（见图 8-2）。此外，我国是世界第一人口大国，拥有世界上最大规模的中等收入群体并且将不断扩大，城乡区域消费升级必定带动消费经济大发展。从供需关系看，城市消费引领带动全社会消费结构转型升级，消费侧倒逼供给端质量提升与供给侧持续创造消费新热点同为趋势，高品质工业制成品、健康及文化教育娱乐消费等出现大规模增长，消费对经济增长的贡献有望持续保持较高水平。此外，新型城镇化建设也将带动更多新的投资增长点。下一步，应把新型城镇化战略实施作为扩大内需重要引擎，深化城镇化制度改革，有序引导农业转移人口市民化，增强城市基本公共服务供给能力，提高城市治理水平，加快宜居宜业宜游品质城市建设，在提高常住人口城镇化水平的同时，稳步提高户籍城镇化率。

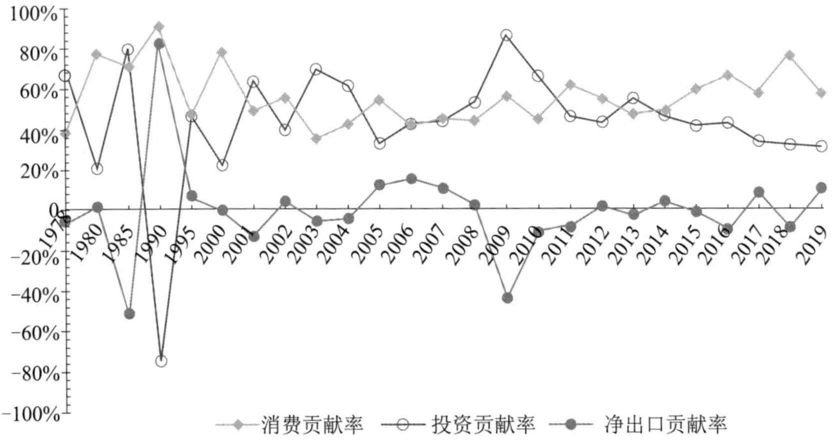

图 8-2　1978—2019 年我国消费、投资和净出口在 GDP 中的贡献率

资料来源：《中国统计年鉴》（2019 年），2019 年中国统计公报

积极发挥县城和乡镇的城乡循环支点作用

城乡经济有效循环是全国经济大循环的重要组成部分，也是实现国内国际双循环相互促进的重要支撑。县城和乡镇是促进城乡融合发展、城乡要素交流的最前端，是就近就地吸纳农业转移人口城镇化的重要载体。下一步，一方面应进一步增强县城的承载力，完善县城的基本公共服务供给，提高县域经济发展能力，为新型城镇化和城乡融合发展提供载体支撑；另一方面积极发挥各类乡镇在新型城镇化中的最底部作用，分类推进乡镇建设，为农业发展提供田间地头要素保障，为农村发展发挥支撑带动作用，为农民发展增强公共服务供给。

以城带乡全面促进乡村振兴发展

乡村振兴发展为新发展格局的加快形成提供了农业农村发展新空间。城市在资金、人才、科技、信息等要素集聚方面具有先天优势，在基础设施、文化教育医疗卫生等公共服务供给方面明显优于农村。农村优势主要表现在具有广阔的土地空间、充足的劳动力资源、丰富的农产品资源、良好的生态环境和深厚的农耕文化等方面。随着新型城镇化战略和乡村振兴战略的深化推进，将有利于推动城市优势向农村延伸，改变城市要素过度集中的状况，促进城乡优势互补，挖掘农村沉睡资源，激发农村比较优势和发展活力。为此，农业农村功能将进一步得到挖掘、拓展和延伸，如农产品和生态产品供给、农村消费市场培育、农耕文化传承等，以及促进农业与工业、物流、文化创意、旅游观光、康养、电商等产业融合发展，有望形成更多新的经济增长点。

构建区域战略安全体系，增强新发展格局稳定性

为提高国内大循环的稳定性和更好衔接国际大循环，应充分发挥区域主体功能优势，建立健全保障国家经济安全、粮食安全、生态安全、边疆安全和能源矿产安全等战略需要的区域战略安全体系。

提升优势地区发展效率，保障国家经济安全

中心城市和城市群等经济优势区域，综合承载力强，发展效率高，是确保我国经济安全的重点区域，历来是区域政策发力的重点。应进一步提高人口和经济要素的综合承载能力，增强科技创新支撑能力，夯实产业园区平台载体建设，在提升产业链、供应链现代化水平积极作为，提高产业链稳定性，打造一批世界级、国家级产业集群，提升产业市场竞争力，在新场景应用、新模式创造、新规则和新标准制定等方面提升软实力。此外，要深化经济体制改革，实施更加灵活开放政策，持续扩大对外交流合作，在国际大循环上发挥支撑作用。

巩固生态功能区的生态供给能力，保障国家生态安全

生态功能区是承担生态服务和生态系统调节维护功能的重点区域，涉及陆海全域国土，对维护我国生态安全具有重要作用，对保

障经济社会可持续发展意义重大。应尊重我国生态空间演变规律和现状特征，构建完善以青藏高原生态屏障区、北方生态屏障带、东北森林带、南方丘陵山地带、近海海洋海岸带、长江、黄河流域等为骨架，以其他国家重点生态功能区为支撑，以点状分布的国家禁止开发区域为重要组成部分的陆域生态安全格局。统筹海洋生态保护与开发利用，构建以海岸带、海岛链和各类保护区为支撑海洋生态安全格局。应坚持山水林田湖草系统治理，增强生态产品生产能力，持续提升生态系统质量和稳定性，为高质量发展奠定牢固的生态根基。与此同时，建立健全生态地区生态产品价值转化机制，践行绿水青山就是金山银山理念，积极发展生态经济，增强生态地区自我发展能力。

增强农业地区农产品供给能力，保障国家粮食安全

农产品主产区是指具备较好的农业生产条件，以提供农产品为主体功能，以提供生态产品、服务产品和工业品为辅助功能的区域，对保障国家粮食安全具有战略作用。粮食及其他农产品，既是食物保障，也是重要的工业原材料。稳固粮食生产、确保粮食安全是实现国内大循环的基础性保障。农产品主产区应坚持“宜农则农、宜粮则粮”，突出其保障国家粮食安全和重要农产品有效供给的主体功能，稳固《全国主体功能区规划》确定的“七区二十三带”为主体的农产品主产区格局。应不断优化农业生产力布局，加强粮食生产功能区和重要农产品生产保护区建设，巩固提升畜牧产品优势区，加快培育水产品优势区。对于农业地区，除增强农业综合生产能力

外，还应积极发展特色农业经济，在全国新发展格局中既要稳定提升粮食保障战略地位，还要积极畅通农业经济发展循环。

提高能源和矿产富集地区可持续发展能力，保障国家能源和矿产安全

能源和矿产资源富集地区往往是生态系统比较脆弱地区，也是资源输出地区，在保障国民经济发展中发挥重要的能源和原材料保障作用。《全国主体功能区规划》确定在我国山西、鄂尔多斯盆地、西南、东北和新疆等能源富集地区建设能源基地等，在风能资源丰富的西北、华北和东北以及东部沿海地区布局建设大型风电基地，在山东半岛、长三角、珠三角、河西走廊、兰新线、青藏线、宁夏和内蒙古沙漠边缘等地区建设太阳能基地，在西南、西北、中部、东北和东部沿海分布建设一批矿产开发和加工基地等。为支撑保障加快构建新发展格局，应继续稳固能源和矿产富集地区的能源、矿产资源产出能力，持续加大勘探力度，有序推进资源开发。与此同时，应积极推进能源和矿产资源就地加工转化，提升能源和矿产富集地区的资源经济发展质量，为这些地区可持续发展提供动力。

有序推进边疆开发开放，保障国家边疆安全

边疆地区是维护边疆安全的战略要地。目前，陆地沿边省区受远离市场中心等多种因素制约多数发展水平相对滞后，又是少数民族地区和生态地区，但在维护保障国家边疆安全方面均长期做出突

出贡献。2020 年新冠肺炎疫情暴发以来，国际疫情防控形势日益复杂，境外疫情扩散蔓延给我国疫情防控带来新的挑战，边疆地区在维护国家传统安全的基础上，又新增疫情防控等新安全保障任务，在国家安全保障网体系中占据越来越重要的地位。下一步，应进一步强化沿边省区腹地支撑作用、提升边境地市战略补给能力、稳固边境旗县前沿阵地建设，积极构建边疆省、市、县三级边疆安全体系，积极畅通通边交通、信息等基础设施大通道建设，分区分段精准提升稳疆固疆能力，为新发展格局构建筑牢安全防线。此外，还需要发挥边疆地区对外开放前哨作用，积极推进边疆地区与周边国家城市交往合作，有序引导人口和经济要素向沿边地区流动，提高边疆地区自我发展能力。

强化举措促进畅通城乡区域循环

优化区域政策供给，精准发力、因地制宜增强发展动力，更好协调重大区域利益关系，强化人口、经济要素和动能跨区域传导互动，在协调发展中更好地营造新的相对平衡，为新发展格局构建提供多样化、多层次的区域空间支撑。

为发展要素自由高效流动积极创造条件

分类分步推进市场一体化建设

深化市场化改革，打破区域分割和利益藩篱，消除区域间、行业企业间市场壁垒、生产许可垄断、价格垄断、销售渠道垄断等诸多不利于市场公平竞争的行为或现象，加快清理和废除妨碍统一市场和公平竞争的各种规定和做法，促进人员、技术、资本、货物等要素跨区域有序自由流动，稳步推进国内统一大市场建设。一是率先推动长三角、京津冀、粤港澳等区域市场一体化，为全国市场一体化建设提供先行示范。二是对于市场化程度不高的区域，积极推动要素市场共建，促进市场信息互通、市场共同监管、市场信用体系互认等，支持共建要素交易平台。三是着力打破区域行业企业间市场垄断阻隔，全面实施全国统一的市场准入负面清单制度，深入实施公平竞争审查制度，消除歧视性、隐蔽性的区域市场准入限制。四是完善区域交易制度。建立健全用水权、排污权、碳排放权、用能权额度初始分配与交易制度，完善自然资源资产有偿使用制度，为生态地区等提供更多发展权益。五是促进城乡市场一体化建设。全面放宽城市落户条件，逐步消除城乡户籍背后的社会保障差距鸿沟，以城乡统一的用地市场建设为抓手，全面推动城乡要素市场一体化，促进城乡要素双向自由流动、平等交换和均衡配置，争取将更多优质要素能够有效配置到农村经济发展的重点领域和薄弱环节。

促进跨区域重大基础设施互联互通

着眼破除制约区域联系的硬通道瓶颈、缓解区域资源环境压力等战略性需求，研究适时推动实施一批跨区域重大基础设施工程。一是针对西南、西北等地区交通瓶颈制约，加强跨区域高铁、高速公路等交通设施建设，畅通跨区域要素交流的交通大动脉。针对都市圈、城市群内部交通联系短板问题，加快推进交通网络化建设。二是持续研究西北调水工程方案。比较各种西北调水补水方案，适时启动调水工程，根本性解决西北缺水问题。三是推动重大信息设施建设。加快布局 5G 网络建设，统筹海底光缆网络与陆地网络协调发展，加快打通连接丝绸之路沿线国家的陆海信息通道等。四是为更好衔接能源产销，应进一步完善能源输送通道包括电网、油气管道等布局建设。

积极推进全国新发展格局的战略支点建设

充分发挥已有区域平台的承载作用

目前，在全国已经布局建设有国家级新区、国家自主创新示范区、综合性国家科学中心、国家级承接产业转移示范区、国家高新技术产业开发区、自由贸易港和自由贸易试验区、国家级临空经济区、国家级经济技术开发区、海洋经济发展示范区等一批重要区域发展平台，业已成为带动区域发展、促进区域合作的重要支撑。这些重大区域发展平台可为构建新发展格局提供了战略支点。

应深化研究新阶段推动重大区域平台建设的重大政策举措，继续发挥好重大区域平台的各自战略功能，既要积极融入全国新发展格局，加快形成带动区域高质量发展的强劲动能，更要依托既有发展条件和能力，在促进跨区域改革创新互动、创新链协同、产业链协作、要素流动和国内国际市场连接等方面增强落地承载作用，切实为全国新发展格局形成提供战略支点。

研究推进战略腹地区域和城市建设

利用好我国战略腹地广阔优势，从全国双循环新发展格局的全局角度，在跨省交接区域、各地区除省会城市以外的副中心城市或具有战略枢纽地位的城市中，研究遴选一批战略性腹地区域和战略腹地城市，在国家产业项目布局、重要平台载体建设、政策体制创新等方面给予一定支持，增强发挥这些区域、城市衔接中心城市发展、带动周边区域开发开放和承接东部沿海产业转移等方面的战略功能作用，打造成为服务支撑全国新发展格局形成的枢纽或节点。

推动建设一批对外开放合作新空间

随着改革开放进一步深化和“一带一路”建设的全面推进，我国对外经济联系日益紧密，各地区均将获得新的开放条件和发展空间，应重点聚焦提升产业空间的开放性，积极搭建各具特色的外向型经济发展空间。一是建设一批具有国际影响力的国别产业合作园区。京津冀、长江经济带、粤港澳大湾区、海南等重大国家战略区域，是我国改革开放的先锋和窗口，应以这些战略区域为重点，进一步面向全球扩大开放，鼓励和支持国际产业深化合作，推动建设一批有国际影响力的国别合作产业园区。二是建设一批国际门户枢纽城市。随着中欧班列大规模运营、自由贸易试验区的深化建设，沿海、沿边、内地将依托国际商贸、国际物流配送等业态的发展，兴起一批外向型、国际枢纽型城市，应着眼全国对外大通道枢纽体系建设，优化布局建设一批国际门户枢纽城市，避免在外向型经济发展上无序竞争。三是有序引导产能投资走出去。近年来，我国东部沿海地区外资撤离和向东南亚国家转移趋势明显，这种现象符合市场经济规律。应遵循市场化规模，积极正面引导我国的优势产能产业企业更好地“走出去”，深化国际合作，推动在国外建设产业园区、科技研发平台、港口、产业基地等，为国内产业走出去和国际产能合作提供载体和对接平台，既能够拓展我国产业企业发展的境外市场空间，也能够带动国内相关产业企业的转型升级，并促进存量产业空间的优化。

完善重大区域利益补偿及协调机制

健全面向重点战略功能区域的利益补偿机制

农产品主产区在粮食安全、生态功能区在生态安全、边疆地区在边疆安全、能源矿产地区在能矿安全等方面长期发挥着战略保障作用，需从维护国家战略安全角度加强利益补偿。

对农产品主产区，加大中央财政奖励和转移支付力度，财政资金充分保障大规模推进高标准农田建设，强化农产品质量安全提升，支持一、二、三产业融合发展，提升农业经济增长动力，支持农业地区增强县域经济实力，建立粮食主产区与主销区间利益补偿机制。

对生态功能区，完善生态补偿制度和生态产品价值实现机制，增强生态功能区的绿色发展动能。鼓励生态受益地区与生态保护地区通过资金补偿、对口协作、产业转移、人才培训、共建园区等方式建立横向生态补偿关系。

对边疆地区，加强战略预置研究和政策安排，支持军民融合发展和开展边境贸易，出台特别人口政策，引导部分人口向边境地区集聚，建设一批人口和经济要素集聚度较高的边境重点市县，增强对邻国边境城市的辐射带动作用。

对能矿地区，加强能源矿产资源勘探和战略储备，发挥中央企业和地方国企的带动作用，提高能矿产业安全性，健全能矿资源输出地与输入地之间利益补偿机制，引导发展具有地方特色的能矿经济。

形成动力源、增长极等优势区域之间有效竞争合作的长效机制

经济优势区域之间的市场竞争是合作的基础，符合经济发展规律。但应该看到，目前还存在行政壁垒、行业垄断等诸多隐性障碍，掣肘全国统一大市场的形成，影响国内大循环的质量效益。政府应发挥看得见手的作用，既要为市场发挥配置资源的决定性作用创造条件，也要弥补市场机制的失灵和不足。一方面，进一步增强对重大创新工程、重大产业和基础设施工程、重大民生发展项目的全国统筹布局。另一方面，建立健全区域利益分享机制，激发市场主体参与区域经济协作，促进创新链、产业链、供应链、要素链跨区域一体有效配置。

完善先发地区带动后发地区的帮扶机制

对东北、西北等近年来经济下行压力大、发展困难地区，进一步研究完善对口支援、对口帮扶和对口合作政策，更加注重发挥市场机制作用，围绕营商环境改革、科技创新成果转移转化、消费经济业态培育和对外开放等重点领域，共建一批区域发展平台载体。

对特殊类型地区，在加快补齐基础设施、基本公共服务短板的基础上，强化发达地区创新增长优势与革命老区、民族地区、资源枯竭地区和生态退化地区特色发展条件有机对接，着力培育内生发展动力，确保创造更多高质量发展的机会，促进共同发展。

充分激发城乡区域消费投资增长潜力

支持中西部和东北地区推进再工业化

发挥政府“看得见的手”的作用，支持中西部和东北地区实施再工业化战略，提高中西部和东北地区的制造能力。一方面，就地推动中西部和东北地区能源、资源甚至劳动力转换为产业优势，支持推动产业高质量发展。另一方面，促进产业政策与区域政策协同，制定区域间产业转移激励政策，优化完善产业协作政策，引导东部沿海地区与中西部、东北地区加强科技创新联动、产业园区共建，促进产业有序承接转移，推动发达地区与后发地区在产业领域协同发展。

财政资金引导提高区域投资精准性

各级政府财政资金发挥有力引导作用，积极吸引全社会资金投向基础设施补短板、民生改善和实体经济发展上。支持东部沿海等发达地区在信息化、科技等新型基础设施方面的投资，率先建成一批

5G 城市，持续完善城市现代化功能，引导在科技创新、未来产业发展等方面吸引战略投资者关注等。支持欠发达地区进一步加大在交通、水利、能源、信息等基础设施和基本公共服务领域的投资，在加快补齐基础设施建设和民生发展领域的短板的基础上，对生态功能区、农产品主产区等，加大在生态环境保护、农田建设等方面的投资力度。

因地制宜推动建设一批消费中心

坚定实施扩大内需战略，顺应城乡居民消费结构升级趋势，积极消纳境外消费内化的市场需求，支持全国各地因地制宜建设一批消费中心，包括国际消费中心、全国性消费中心、区域性消费中心和地方特色消费中心，支持培育发展新型消费，发挥不同地区消费供给和消费市场建设比较优势，加快形成不同层级消费中心衔接互动、梯次发展、优势互补和覆盖全国大市场的消费区域格局，以消费中心建设为牵引，积极培育壮大消费经济新增长点，促进新供给增长。

第九章
推进更高水平对外开放，为构建新发展格局提供强大动力

新发展格局绝不是封闭的国内循环，关起门来不仅解决不了经济循环不畅问题，而且会使我国发展落后。新发展格局是要更好地利用两个市场、两种资源畅通国内国际经济循环，既推动我国经济和世界经济生机勃勃、充满活力，又增强发展的主动权和安全性，让开放在新发展格局中发挥“利而不害”的重要作用。因此，要用足用好我国进入新发展阶段后的新优势、新机遇，建设更高水平开放型经济新体制，提升对外开放的质量和效益，促进国内国际双循环。

着力推动“一带一路”大市场循环畅通

推动“一带一路”设施联通

要让“一带一路”大市场循环起来，互联互通是关键，基础设施是互联互通的基石。共建“一带一路”倡议提出7年多来，在各国共同努力下，以铁路、公路、航运、航空、管道、空间综合信息网络等为核心的全方位、多层次、复合型基础设施网络正在加快形成，区域间商品、资金、信息、技术等交易成本大大降低，有效促进了跨区域资源要素有序流动和优化配置。然而，基础设施仍是“一带一路”沿线许多发展中国家面临的瓶颈，进一步推动“一带一路”设施联通，是畅通“一带一路”大市场循环面临的迫切任务。比如，据亚洲开发银行估算，2016—2030年亚太地区在能源、交通运输、电信等领域的投资需求高达22.6万亿美元（见图9–1）。

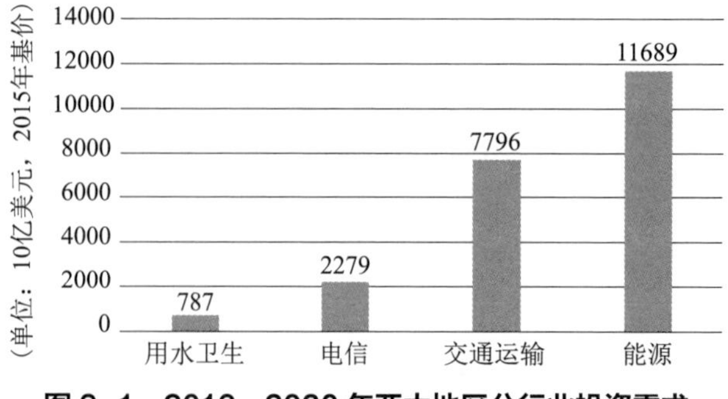

图9–1　2016—2030年亚太地区分行业投资需求

资料来源：国家开发银行，联合国开发计划署，《融合投融资规则　促进“一带一路”可持续发展——“一带一路”经济发展报告（2019）》

未来，我国应同各方继续努力，以新亚欧大陆桥等经济走廊为引领，以中欧班列、西部陆海新通道等大通道和信息高速路为骨架，聚焦关键通道、关键节点、关键项目，着力推进公路、铁路、港口、航空、航天、油气管道、电力、网络通信等领域合作，共同推动陆、海、天、网四位一体互联互通。通过建设高质量、可持续、抗风险、价格合理、包容可及的基础设施，推动各国充分发挥资源禀赋，更好融入全球供应链、产业链、价值链，实现上下游、供需端循环畅通。

深化“一带一路”贸易畅通

贸易畅通是共建“一带一路”的重要内容，也是“一带一路”大市场循环的直接体现。共建“一带一路”倡议提出7年多来，我国与沿线国家的贸易投资规模持续扩大，2013—2019年货物贸易额超过7.3万亿美元，对沿线国家投资额近1100亿美元，成为促进沿线经济增长、增加就业、提高民众生活的重要途径（见图9–2）。

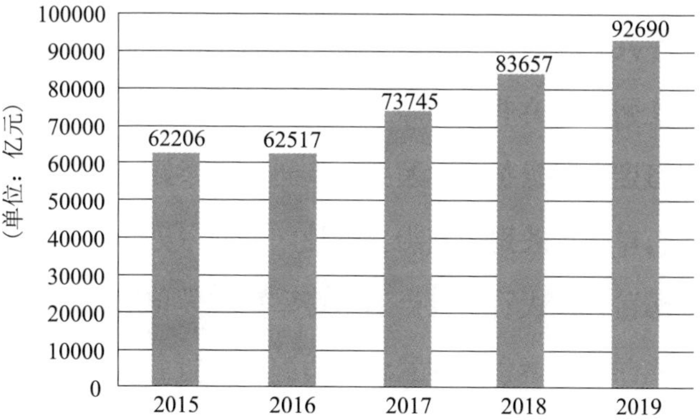

图9–2　2015—2019年我国对“一带一路”沿线国家贸易额

资料来源：国家统计局

未来，应以建设高水平国际运输通道为基础，以打造高质量经贸合作平台为载体，以完善贸易投资自由化、便利化机制为保障，以发展“丝路电商”等新业态、新模式为特色，在项目建设、开拓市场、金融保障、规范企业行为、加强风险防控等方面下功夫，着力推动我国与“一带一路”沿线贸易往来继续扩大、双向投资继续深化、产业合作继续拓展、三方合作和多边合作继续迈进。

一是突出重点。前一个时期是“一带一路”贸易畅通全面布局、总体推进的时期。未来要走深走实，迈向高质量发展，就要聚焦重点、精雕细琢，针对不同合作伙伴、不同合作领域分类精准施策，引导各方面资源重点投向那些贸易投资合作潜力较大的国家和地区，投向那些增长空间较大的行业和领域，投向那些具有示范效应和标杆作用的项目建设，形成更多可视性成果，增强“一带一路”经贸合作的辐射力、影响力和带动力。

二是开放创新。开放是“一带一路”贸易畅通的灵魂。应当构建更高水平开放型经济新体制，削减贸易投资壁垒，向“一带一路”沿线的优质商品、技术和要素开放市场。在“一带一路”沿线倡导反对保护主义，提高贸易投资自由化、便利化水平。适应后疫情时代的新形势，用好“互联网 +”，大力发展跨境电商、数字贸易等新业态、新模式。

三是合作共享。实现互利共赢是“一带一路”贸易畅通行稳致远的强大法宝。应明确惠民生的目标，更好发挥贸易、投资、产业合作对于沿线国家和地区消除贫困、增加就业、改善民生的作用，为当地经济社会发展做出实实在在的贡献，让共建“一带一路”成果更好惠及全体人民。鼓励在沿线投资的中国企业更好地承担社会责任，积极参与当地社区的发展和建设，成为共建“一带一路”的形象大使。

四是绿色发展。生态文明是“一带一路”贸易畅通必须坚持的底色。应大力发展绿色贸易、绿色投资、绿色金融，推动可持续的生产和消费。促进沿线环境产品与服务贸易便利化，扩大环境产品和服务进出口，在我国与沿线重点国家的自由贸易协定中探索纳入环境章节。适应后疫情时代全球供应链布局对公共卫生安全的新要求，推动建立“一带一路”绿色供应链管理体系，加强绿色供应链国际合作。

五是国际标准。“一带一路”是多边合作新机制，贸易畅通应遵循各方普遍支持的规则标准。应支持以世贸组织为基石的多边贸易体制，将贸易畅通与世贸组织规则更好地结合起来。推动企业在项目建设、运营、采购、招投标等环节按照普遍接受的国际规则标准进行，同时尊重各国法律法规。应与沿线国家共同推进联合国2030 年可持续发展议程，加强贸易投资领域的经济技术合作和能力建设，全面均衡地促进经济、社会和环境包容可持续发展。

促进“一带一路”资金融通

资金融通是“一带一路”高质量发展十分重要的支撑和保障，是“一带一路”大市场循环的“润滑剂”。共建“一带一路”倡议提出 7 年多来，资金融通成就有目共睹，但与基础设施互联联通、贸易投资和国际产能合作等的巨大需求相比，融资能力仍有待提升。未来，应着力推动建立稳定、可持续、风险可控的金融服务体系，创新投融资模式，建设多元化融资体系和多层次资本市场，让资金在“一带一路”沿线高效流动起来，推动“一带一路”金融和实体经济的良性循环。

从资金来源看，用好国内资金的同时加强国际资金利用。“一带一路”沿线以发展中国家为主，多数资金实力有限、金融资源配置效率较低。世界银行、亚洲开发银行等国际金融机构虽有兴趣参与“一带一路”建设，但实际支持程度有待提高。亚洲基础设施投资银行组建未久，对“一带一路”的支撑作用正在发挥。因此，目前“一带一路”多双边建设项目仍以我国国内开发性金融和政策性金融资金为主。下一步，应加强多双边金融合作，加强与国际金融机构合作，吸引国际资金进入。特别是以开放、透明、包容的方式支持亚投行发展，借鉴世界银行和亚洲开发银行等多边开发性金融机构经验，推动亚投行创新发展理念、业务模式、机构治理，开发灵活多样的发展融资产品，服务所有成员发展需求，提供更多高质量、低成本、可持续的基础设施投资，为促进亚洲及其他地区经济社会发展提供新动力。

从融资结构看，用好间接融资的同时加强直接融资投入。目前，我国企业融资仍以银行贷款等间接融资为主，股票、债券等直接融资较少。这样的融资结构导致非金融企业杠杆率高企，企业投资能力受到明显制约。下一步，要吸引企业特别是民营企业积极参与“一带一路”建设，必须加快完善资本市场，大力发展直接融资，改善融资结构，增强企业参与基础设施等建设项目的意愿和能力。可考虑在宏观和微观审慎管理框架下，稳步放宽境内企业和金融机构赴境外直接融资，做好风险规避。完善境外发债备案制，募集低成本外汇资金，更好地支持企业对外投资项目。

从融资币种看，用好外币融资的同时加强本币融资发展。2011年1月我国出台允许境内机构使用人民币进行对外直接投资的政策以来，人民币对外直接投资发展迅猛，但在我国非金融类对外直接投资额中的比重仍仅为20%左右。下一步，应稳慎推进人民币国际化，加大人民币在“一带一路”建设项目中的使用，推动本币融资发展，帮助企业规避汇率波动风险，增强对外投资能力。

完善“一带一路”合作机制

从国际经验看，加强机制建设是重大合作倡议行稳致远的强大保障。一些关系全球治理变革和世界政治经济格局调整的重大合作倡议，在发展到一定阶段后，往往需要加强机制建设，推动组织机构实体化、政策磋商常态化、项目建设规范化，才能有效降低制度性交易成本，稳定各方预期，从而保证合作倡议持久深入推进。比如，二十国集团、金砖国家、上海合作组织等均建立健全了宽领域、多层次、常态化合作机制，对于提升各自在全球治理中的地位和功能发挥了重要作用。随着“一带一路”走深走实，需要加强合作机制建设，加大资金、人才等机制化投入力度，形成多层次合作架构，为“一带一路”大市场循环提供坚实的制度保障。

一是完善项目发展机制。基础设施和产能合作等重大项目建设是“一带一路”走深走实的重点。项目建设一般投入大、周期长、影响深，必须完善可持续发展机制，推动项目落地生根、开花结果，才能久久为功、更好惠及沿线国家和人民。比如，完善项目评估和遴选机制，算好“政治账”和“经济账”，优先支持那些既有战略意义，又有经济价值，同时能够有效拉动当地就业、增加当地居民收入、促进当地工业化城镇化进程的基础设施和产能合作项目建设。完善项目合法合规经营制度，规范企业投资行为，鼓励企业在进行项目建设时注重保护环境、履行减贫等社会责任，积极回应当地诉求，实现项目建设中的各方共赢。完善第三方市场合作机制，在“一带一路”框架下探索签署多国参与的市场合作协议，鼓励国内企业与发达经济体跨国公司建立第三方市场合作战略伙伴关系，将发达经济体的技术、我国的资本和产业、第三方市场的要素优势等更加有效地结合起来，促进“一带一路”沿线国家优势互补、共同发展。

二是提升经贸合作机制。缔结双边或多边自由贸易协定，是促进经贸合作最重要的途径，也是推动贸易自由化、便利化的有效机制保障。应按照构建高标准自由贸易区网络的战略部署，结合周边自由贸易区建设和推进国际产能合作，积极推动中国－海合会自贸区、中国－斯里兰卡自贸区等谈判，分地区、分层次确定潜在自贸伙伴重点国别，加强援外培训和能力建设，逐步扩大“一带一路”沿线的自贸协定朋友圈，推动形成“一带一路”大市场。可考虑在“一带一路”高峰论坛机制下，通过贸易畅通工作组等方式探索适合沿线国家国情的自贸协定谈判模板。

三是强化安全保障机制。“一带一路”沿线发展中国家居多，营商环境有待改善，政治、经济、法律等领域风险易发多发，已成为畅通“一带一路”大市场循环必须面对和解决的重要问题。应高度重视境外风险防范，将强化安全风险防范机制作为系统性工程，全面提高境外安全保障和应对风险能力。比如，完善监测和预警机制，探索针对对外投资企业的分类分级风险提示制度。加快与“一带一路”沿线国家商签投资保护协定，为有效防控投资风险提供国际契约保障。探索创设服务于“一带一路”建设的外汇交易产品体系，帮助企业规避在沿线国家投资的汇率风险。通过强化安全保障机制，推动“一带一路”项目更好地建设和运营，也推动企业和人员更加安全放心地走出去，在当地落地生根、持久发展。

以外贸高质量发展为抓手推动国内国际供需良性循环

扩大进口更好联通国内国际市场

扩大进口是联通国内国际双循环的重要一招。一方面，扩大先进技术装备、关键零部件以及优质消费品和服务等进口，有利于优化我国生产要素供给、推动供给侧结构性改革，也有利于满足人民日益增长的美好生活需要，促进国内供需更高层次平衡。另一方面，在世界经济长期疲弱的态势下，通过扩大进口向全世界分享我国经济增长和结构转型升级带来的机遇，有利于为各国优质商品和服务提供有效市场需求，推动全球范围内的供需平衡。近年来，我国进口规模稳步增长、质量不断提高，中国国际进口博览会成为全球优质商品与服务和中国需求对接的主要平台，有力地促进了国内国际市场循环（见图 9–3）。未来应用足用好超大规模市场这张“王牌”，着眼于推动国内国际循环畅通，更好地利用国际资源推动经济高质量发展，使我国成为全球商品和服务的巨大引力场。

一是着眼于满足居民消费升级，扩大优质消费品进口。我国人均 GDP 超过 1 万美元，居民恩格尔系数已进入联合国划分的 20%~30% 富足区间，生存型消费向发展型消费转变、数量型消费向质量型消费转变、模仿型消费向个性化消费转变的趋势十分明显，但本土企业供给结构总体尚未跟上居民消费升级步伐，成为国内供需循环不畅的根本原因之一。这就要求适度扩大优质消费品进口，满足人民日益增长的美好生活需要。可考虑稳步降低进口关税税率，

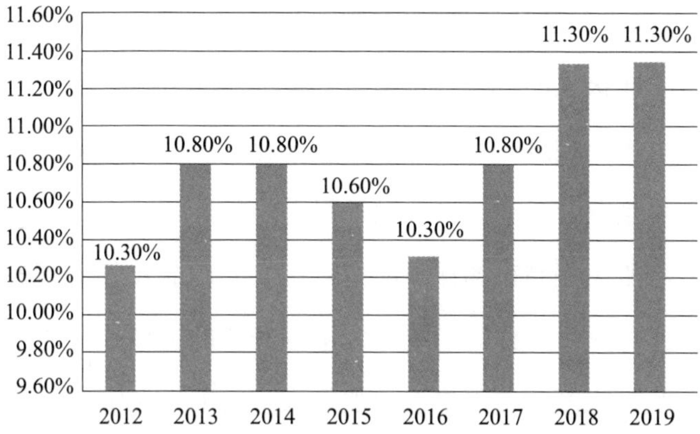

图 9-3　2012—2019 年我国进口占全球份额

资料来源：国家统计局、联合国贸发会议并经笔者计算

支持与居民消费升级密切相关的医药、日用消费品以及康复、养老护理等设备进口，扩大汽车平行进口试点范围。以海南国际旅游消费中心建设为引领，培育若干国际消费中心城市，建设一批示范商圈，增强对国际国内品牌产品的吸引力，打造优质进口消费品集散枢纽，吸引境外消费回流。应进一步畅通进口商品流通渠道，大力支持境内流通企业整合进口和境内流通业务，鼓励进口商品直销，推进大型电商平台企业扩大进口商品销售专区。

二是着眼于深化供给侧结构性改革，扩大先进技术、设备和零部件进口。当前，我国正处在由低层次供需平衡向高层次供需平衡跃升的关键时期，存在低端供给相对过剩、中高端供给相对不足的结构性矛盾，一个关键原因是上游的技术、设备、零部件等中间品供给不足。特别是在高精尖特领域，这个矛盾尤其突出。这就要求我们在自力更生、提升自主创新能力的同时，适度扩大先进技术、设备和零部件进口，更好地引进消化吸收再创新。可考虑适时修订

《鼓励进口技术和产品目录》，对国内急需的先进技术和设备进口实施零关税。积极推动银行业金融机构加大对先进技术和设备的进口信贷支持力度，促进产业结构调整和优化升级。大力支持融资租赁和金融租赁企业开展进口设备融资租赁业务。

三是着眼于提高市场保障能力，扩大农产品及各类资源性产品进口。可将“一带一路”沿线作为重点开拓的进口来源地，加快与有关国家签订水产品、水果、肉类等农产品准入议定书，适度增加优质特色农产品进口。应进一步推动完善国家储备体系，支持和鼓励企业建立商业储备。继续利用外经贸发展专项资金等政策，支持境外能源资源开发，鼓励资源回运，稳定能源资源供应，提高市场保障能力。同时，在有效管理前提下，可适度扩大再生资源进口。

提升出口质量增强国际供给能力

出口是开放型经济条件下推动国内国际市场循环的重要途径。一方面，出口有利于缓释乃至消除国内过剩储蓄，促进国内储蓄与投资、供给与需求的平衡。另一方面，出口增加了国际供给，在国际市场上形成更加充分的竞争，推动国际市场供需平衡和循环。近年来，随着我国产业转型升级，出口产品对国际市场的适配性不断提升，各类物美价廉的消费品出口改善了国外居民福利，工程机械、轨道交通、汽车装备等资本品出口则促进了发展中国家特别是“一带一路”沿线国家的工业化和城镇化（见图9-4）。未来，需适应世界经济疲弱、外需长期不振、保护主义抬头的外部环境基本特征，变规模速度型增长为质量效益型增长，走优质优价道路，不断增强出口产品的国际市场竞争力。

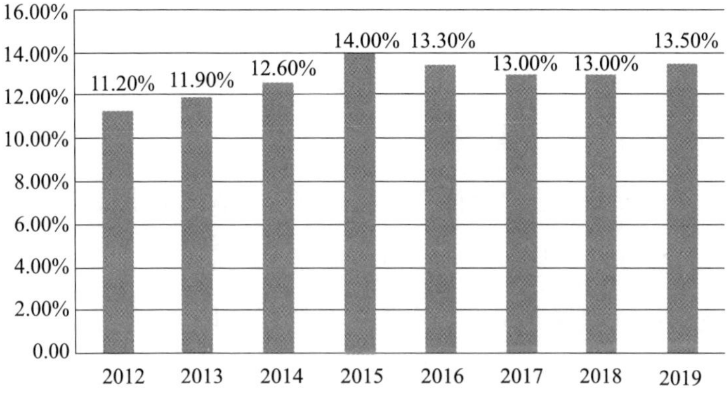

图 9-4　2012—2019 年我国出口占全球份额

资料来源：国家统计局、联合国贸发会议并经笔者计算

一是强化出口竞争新优势。应将产业转型升级作为提升出口质量和效益的根本出路，加快制造业与服务业融合发展，大力提升科技创新、现代金融、人力资源等对制造和出口的服务能力，大力巩固和提升技术、品牌、质量、服务等出口竞争新优势。稳定劳动密集型产品出口，推动相关产业向价值链高增值环节攀升。增强轨道交通、工程机械、通信设备、航空航天、电力、船舶等装备制造出口的综合竞争优势，推动相关产业成为“中国制造”向“中国创造”迈进的典型。稳步扩大人工智能、节能环保、新能源、新材料等产品出口，带动相关新兴产业国际竞争力提升。应深入推进服务业供给侧结构性改革，通过提高服务业发展的质量和效率，增强服务出口的国际竞争力。

二是推动贸易结构优化。优化国际市场结构，在继续深耕发达经济体市场的同时，着力深化与共建“一带一路”国家的贸易合作，逐步提高自贸伙伴、新兴市场和发展中国家在我国外贸中的比重。优化国内区域布局，在继续提升珠三角、长三角、京津冀等东部地区出口的同时，鼓励中西部内陆沿边地区加快融入中欧班列、西部陆海新通道等国际贸易大通道，加快承接产业转移，成为外贸发展新高地。优化经营主体结构，在继续支持中小企业转型升级、聚焦主业、走“专精特新”国际化道路的同时，鼓励行业龙头企业提高国际化经营水平，逐步融入全球供应链、产业链、价值链，形成在全球范围内配置要素资源、布局市场网络的能力。优化商品结构，在通过走差异化竞争道路维护传统产品市场的同时，大力发展高质量、高技术产品贸易，增强出口产品增值能力。优化贸易方式，在做强一般贸易、增强议价能力的同时，提升加工贸易，鼓励向产业链两端延伸。

三是通过走出去带动出口发展。促进贸易与投资更加紧密结合，通过走出去的中国企业带动国内产品、技术、标准、服务出口，拓展海外市场。比如，“一带一路”沿线国家基础设施建设需求较大，我国企业在当地核电、发电及输变电、轨道交通、工程机械、汽车制造等领域进行投资的同时，可带动国内相关领域大型成套设备、零部件、技术和服务出口。

适应全球疫情防控发展服务贸易

近年来，在货物贸易疲弱不振的同时，跨境服务贸易快速增长，已成为国际贸易的新亮点和增长点。WTO 预测，服务贸易占全球贸易的份额将在 2030 年达到 25%，较当前份额上升 9 个百分点。

特别是2020年以来，在疫情全球大流行期间，远程医疗、在线教育、共享平台、协同办公、跨境电商等服务广泛应用，对促进各国经济稳定、推动国际抗疫合作发挥了重要作用。在疫情防控常态化趋势下，服务业开放合作正日益成为推动世界经济发展和畅通国际市场循环的重要力量。对我国而言，加快服务业开放步伐，大力发展服务贸易，是顺应我国产业结构和居民消费升级，推动国内供需更高层次平衡的必然要求。

一是扩大服务进口推动国内服务业供给质量提升。应当立足产业升级需要，加快调整《鼓励进口服务目录》，大力促进研发设计、节能环保、建筑设计、检验检测认证、商务咨询、商贸物流、品牌建设、环境服务等生产性服务进口，有效扩大自发达经济体的技术进口，推动制造业与服务业融合发展。立足居民消费升级需要，稳步扩大生活性服务进口，积极引入教育、文化、健康、育幼、养老等领域的优质服务企业。以粤港澳大湾区建设为契机推动面向港澳的服务市场高度开放。

二是增强优势特色服务出口能力。通过深入推进服务业供给侧结构性改革，提高服务业发展的质量和效率，增强服务出口的国际竞争力。可将服务外包转型升级作为统筹境内外服务业市场的重要抓手，鼓励企业向数字服务和综合服务供应商转型。大力推动发展全域旅游、工程总承包等新业态，巩固提升旅游、建筑等劳动密集型服务出口。探索建设中医药、数字服务等特色服务出口基地，打造特色服务贸易产业群。

三是完善境内外服务市场融合发展的政策体系。应当积极推动清理与服务业开放大方向不符的部门规章，促进内外资服务业市场准入平等，允许外资服务企业在获取政策支持方面与内资企业享有同等权利。应适时动态调整《服务出口重点领域指导目录》，发挥好服务贸易创新发展引导基金作用，推动财税、金融、外汇、信保等加大对服务贸易的政策支持力度，鼓励服务贸易人民币结算，为重点服务和新兴服务出口创造良好的政策环境。

四是拓展服务业扩大开放综合试点。推动北京市新一轮服务业扩大开放综合试点建设取得新突破，建设国家服务业扩大开放综合示范区，围绕服务贸易自由化、便利化，构建配套的体制机制与政策体系。适时在自由贸易试验区、服务贸易创新发展试点复制推广北京市服务业扩大开放的制度创新经验。择机选择一批服务业发展基础较好的城市扩大试点范围，探索各具特色的服务业开放新路径。

顺应科技革命发展新型贸易业态

在新一轮科技革命推动下，跨境电商等新型贸易业态快速成长，成为国际贸易发展的重要趋势。WTO 预计，到 2030 年物联网、区块链等新技术可将全球贸易增速提高 2%。阿里巴巴研究院预计，到 2046 年 80% 的国际贸易将通过互联网由小企业和个人主导。这将对国际市场循环产生复杂而深刻的影响。近年来，跨境电商等新型贸易业态成为我国外贸发展的亮点和特色（见图 9–5），跨境电商进出口总额从 2015 年的 360 亿元增长到 2019 年的 1862 亿元，年均增速高达 50.8%；在新冠疫情冲击下，2020 年上半年仍逆势增长 26.2%，对稳外贸、调结构、推动国内国际市场循环发挥了重要作用。

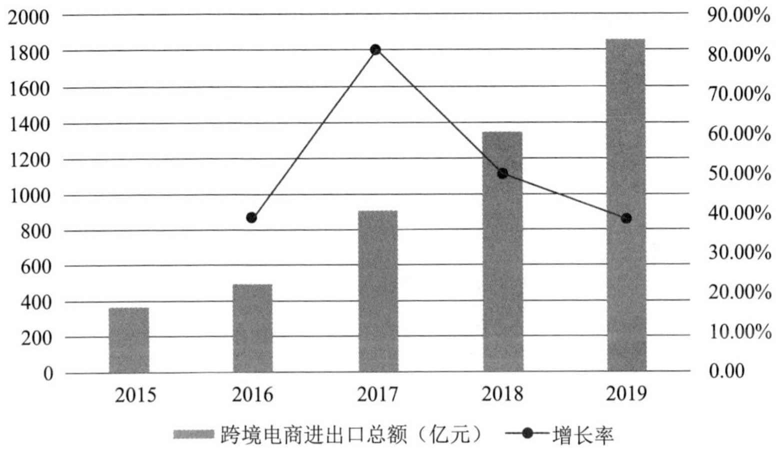

图 9-5　2015—2019 年我国跨境电商进出口规模

资料来源：海关总署

未来，应顺应新一轮科技革命下国际贸易发展新趋势，用足用好我国电子信息、互联网、物联网等领域新优势，培育面向全球的贸易新业态、新模式。在跨境电商领域，应大力推动“互联网 + 外贸”，支持企业更好地通过跨境电子商务扩大对外贸易。面向全国复制推广现有跨境电商综试区的制度创新经验，委托外贸转型升级基地培育一批专业性、垂直型跨境电商平台，促进 B2B（商对商）业务发展。支持跨境电商企业与境外企业强强联合，创新“海外仓”、体验店、配送网店等境外零售模式。在市场采购贸易领域，应深入推进义乌等市场采购贸易试点建设，适时扩大试点范围，在内外贸结合商品市场推广实施市场采购贸易。在外贸综合服务领域，应推动出台支持外贸综合服务企业发展的政策措施，培育一批优质外贸综服企业。在数字贸易领域，应鼓励发展文化艺术、数字出版、动漫游戏开发、软件开发测试、数据处理、信息管理、客户服务、供应链管理等新兴数字贸易出口。在保税业务领域，应在海关特殊监管区域积极发展保税物流、维修、检测、拆解、研发、设计、保税文化艺术品展示、保税货物质押融资等保税服务业态。

引进来和走出去并重推动国内国际产业链供应链畅通

高质量引进来助力供给侧升级

改革开放以来，将外资企业引进来落地生根，是我国融入国际经济循环、以开放促发展促改革促创新的重要路径（见表 9–1）。在当前国际经济环境复杂严峻、一些发达经济体保护主义和单边主义抬头的趋势下，引进来对于国内国际双循环相互促进的意义更加重要，是我国拉住发达经济体跨国公司、深度参与国际产业链供应链的重点方向，是深化供给侧结构性改革、推动国内产业链供应链升级的重要途径，也是联结两个市场两种资源、深化高水平对外开放的重要途径。

表 9–1　2012—2019 年我国利用外资情况

	外商直接投资流入（亿美元）	外商直接投资流入全球占比（%）
2012	1117.2	7.5
2013	1175.9	8.1
2014	1195.6	8.5
2015	1262.7	6.2
2016	1260.0	6.4
2017	1310.4	7.7
2018	1349.7	9.0
2019	1381.4	9.0

资料来源：国家统计局、联合国贸发会议并经笔者计算

新形势下的引进来，要顺应我国比较优势和国际经济环境变化，实现两个转变。

一是从世界工厂向世界市场转变。世界经济增长动能依然不足，逆全球化和保护主义抬头，各国对市场的竞争日趋激烈，市场需求成为最稀缺的资源。谁掌握了市场需求，谁就在吸引投资方面掌握了最大的主动权。我国拥有 14 亿多人口、人均 GDP 超过 1 万美元，新型工业化、信息化、城镇化和农业现代化持续推进，超大规模市场优势不断显现，这使我国成为市场导向型外资企业青睐的投资沃土。目前，美欧日等发达经济体的不少跨国公司都将开拓中国市场作为最重要的战略。这就要求我国系统设计政策框架，通过提高中低收入群体收入水平、推进新型城镇化等措施，巩固提升世界上最庞大的中等收入消费群体，将内需潜力进一步释放出来，让超大规模国内市场成为吸引外资的强大引力场。

二是从政策优惠向营商环境竞争力转变。随着外资企业诉求深刻变化，优惠政策在良好营商环境中的重要性下降，经济运行的市场化、法治化、国际化水平成为良好营商环境的核心竞争力，也成为我国改善营商环境需要着力补齐的短板，包括扩大市场准入的开放度、增强市场竞争的有序性、提高知识产权保护的规范性等。这不仅是外资企业的要求，更是中国企业的要求。这就要求我国以自由贸易试验区、海南自贸港等改革开放新高地建设为主要抓手，在投资、贸易、金融、综合监管等方面对标国际高标准，形成市场配置资源新机制、经济运行管理新模式，通过向全国复制推广相关经验，完善市场化、法治化、国际化营商环境，极大降低市场主体面临的制度性交易成本。

要实现两个转变，推动高质量引进来，可从以下三个方面入手。

一是打造充满活力的市场需求环境。随着收入水平整体提高，我国居民的消费品质、消费结构转型升级，消费需求潜力很大，但仍面临收入分配差距较大、社会保障有待提升、消费环境有待改善等制约。应多措并举提高居民收入特别是中低收入群体收入，完善让居民安心放心消费的政策环境，将消费潜力释放出来。可考虑健全居民收入增长和经济增长同步机制，适应性提高社会保障水平，建立养老、医疗等基本保障随经济发展动态调整的机制。可探索国有企业上缴利润和增值收益直接惠及中低收入群体的体制机制。适时进一步提高个人所得税起征点。坚决打击各类侵害消费者权益的行为，净化消费环境。

二是打造不断开放的市场准入环境。市场准入制度是外商投资进入中国市场的第一道门槛，也是其对我国营商环境的“第一印象”。开放的市场准入环境，是良好营商环境的第一块“金字招牌”。应将放宽市场准入特别是服务业准入作为创造更有吸引力投资环境的重要任务，全面落实准入前国民待遇加负面清单的管理制度，继续修订外商投资负面清单，加快自贸试验区改革创新的复制推广。

三是打造规范高效的知识产权保护环境。当前，一些发达经济体对我国知识产权保护提出关切。事实上，我国一直按照 WTO 要求完善社会主义市场经济体制，主动加强知识产权保护，成就有目共睹，不容罔顾事实的否定。不过，也要客观承认我国在知识产权保护方面仍有改进提升空间，对此外资企业有要求，中国企业更有要求。下一步，应积极指导专利商标的综合执法，更有效地打击各类知识产权侵权行为。加快完善知识产权侵权惩罚性赔偿制度，显著提升违法成本。深化知识产权国际合作，推动构建更加开放包容、平衡有效的知识产权国际规则。可考虑进一步完善知识产权保护中心布局，加快建立更加便捷、高效、低成本的维权渠道。

高水平走出去深化产业链合作

我国企业走出去取得显著成效。截至 2019 年底，超 2.75 万家境内企业在全球 188 个国家（地区）设立对外直接投资企业 4.4 万家，全球 80% 以上国家（地区）都有中国的投资，年末境外企业资产总额 7.2 万亿美元，在全球排名第三位（见表 9–2）。当前和未来一个时期，全球直接投资预计疲弱不振，但各国特别是发展中国家对招商引资的需求仍很迫切。应继续积极稳妥推动企业走出去进行投资和国际产能合作，为国际社会特别是“一带一路”沿线为主的发展中国家提供资本供给，深度参与和引领国际产业链、供应链重构，增强统筹两个市场和两种资源能力，推动双循环相互促进。

表 9–2　2012—2019 年我国对外直接投资情况

	对外直接投资存量（亿美元）	对外直接投资存量全球位次
2012	5319.4	13
2013	6604.8	11
2014	8826.4	8
2015	10978.6	8
2016	13573.9	6
2017	18090.4	2
2018	19822.7	3
2019	21988.8	3

资料来源：《2019 年度中国对外直接投资统计公报》

一是加快对外投资创新，整合优化现代供应链和全球价值链。实现对外投资与国内产业结构调整更加紧密地结合，有序推进钢铁、建材、工程机械、铁路、通信、电网等重点领域的国际产能合作，鼓励企业进行链条式和集群式投资，逐步形成本土跨国公司主导，境内外企业分工合理、高效运作的现代供应链，打造面向全球的贸易、投融资、生产和服务网络。应加快构建对外投资高质量发展的指标体系、政策体系、统计体系和绩效评价体系，创新对外投资方式，打造中国投资的品牌和形象。

二是推动打造对外投资联合体。在产业园区、工程承包等领域，支持投资商、设计商、建设商、装备商、服务商组建联合体，实现优势互补、利益共享、风险共担。指导行业组织与境外中资企业商（协）会组建重点行业投资联盟。促进金融资本与产业资本联合走出去，强化银企合作机制。支持香港法律、会计、审计、工程、设计等专业机构与内地企业联合走出去。支持国内企业与跨国企业、国际机构联合开展第三方市场投资。

三是实施境外经贸合作区创新发展工程。优化国别和产业布局，以“一带一路”沿线国家为重点，以制造和物流为主要功能，培育一批产业定位清晰、发展前景良好的示范性合作区。创新建设与运营模式，支持开发商、运营商、服务商以并购、参股、联合投资等方式共建合作区。探索境外经贸合作区与境内园区结对发展模式，打造利益共享、风险共担的国际合作平台。完善考核评价、金融支持、协调服务等政策体系，加大政策支持力度。

稳慎推进人民币国际化支持双循环

发达经济体的经验表明，本币国际化十分有利于企业规避汇率风险、进行长远谋划，十分有利于增强贸易投资融资能力和国际市场谈判能力，从而十分有利于在国内国际双循环中掌握主动。近年来，人民币国际化进程虽有波折，但总体稳步发展，在跨境贸易投资中的作用逐渐增强，正式纳入国际货币基金组织 SDR 货币篮子成为储备货币。2019 年，人民币跨境收付占同期本外币跨境收付总金额的比重为 38.1%，创历史新高，降低了国内国际市场联通的交易成本，有力地推动了开放型经济发展。然而，与世界主要经济强国的货币相比，人民币国际地位仍有待提升。2019 年人民币在主要国际支付货币中的市场份额仅为 1.76%，在国际货币基金组织成员国持有储备资产的币种构成中市场份额仅为 1.95%。未来，应稳慎推进人民币国际化，不断增强其支付货币功能，持续深化其投融资货币功能，更多发展其计价货币功能，推动其储备货币功能进一步显现，为国内国际实体经济循环提供强大的货币金融支撑。

一是进一步完善人民币国际化的基础设施。健全人民币跨境支付系统，全面实现涉外经济统计、核算、管理中采用人民币作为主要计价货币，进一步便利市场主体使用人民币计价结算。完善人民币跨境收付信息管理系统建设。

二是进一步拓宽人民币跨境投融资渠道。对“一带一路”沿线国家企业发行人民币债券给予更多额度支持。可考虑在宏观和微观审慎原则框架下，稳妥扩大境内企业境外借用人民币试点范围。逐步丰富境外机构投资境内银行间债券市场主体类型，稳步扩大投资规模，给予“一带一路”沿线国家更多额度。逐步放宽境内机构境外发行人民币债券限制。

三是继续稳步开展跨境货币合作。创造条件推动“一带一路”沿线地区在跨境贸易、投资、统计、核算中使用人民币计价结算。可考虑将云南、广西等沿边金融综合改革试验区的个人跨境人民币结算业务拓展至境内外直接投资、金融投资等资本项下，建立个人跨境交易信息共享和监管平台。积极推动人民币在边境贸易中的使用。

四是进一步推动增加人民币作为储备货币的规模。可考虑支持“一带一路”沿线国家央行类机构将人民币资产纳入其外汇储备。率先探索取消“一带一路”沿线国家央行类机构投资境内银行间债券市场的额度限制。

探索科技创新国际合作新路径

美国对我国的科技遏制与打压表明，关键核心技术从来是要不来、买不来的，必须增强自主创新能力，深入实施创新驱动发展战略。同时，自主创新不等于封闭创新，而要善于利用两个市场、两种资源，探索新形势下的国际科技合作新路径，建立开放式自主创新体系。这是我国科技进步的必然要求，也是新发展格局的题中之义。

一是推动企业积极参与新型分工合作。在新科技革命影响下，国际创新合作不一定只有通过资本和商品的跨境流动才能完成，而往往采取开放式创新互联网定制、网格化研发等新型方式，这些方式在人工智能、生物医药等新兴领域体现得尤为明显。未来我国应推动本土企业积极开展新型分工合作方式，如加强和全球龙头药企合作，开展新型药物临床试验；和境外人工智能研发机构在技术研发、标准制定、产品制造等领域开展合作，共同制定人工智能某领域的标准，建设人工智能互联网平台开展个性化定制，通过打造开放式创新平台提升工业机器人等人工智能产品制造水平，等等。

二是通过“引智”实现“引技”。科学技术的载体是人。只要能聚天下英才为我所用，就能在科技创新国际合作方面继续深耕。比如，可在海南自贸港和自贸试验区实施更加便利的外国人来华签证和工作许可制度，为外国高端人才开辟“绿色通道”，放宽外籍专业技术技能人员停居留政策。在个人所得税、住房等领域加大对高层次人才的优惠力度，鼓励发展国际教育和涉外医疗，为境外高层次人才提供生活便利，等等。

将自贸试验区（港）建设成为双循环开放发展新高地

构建投资自由化、便利化规则体系

对外商投资实施准入前国民待遇加负面清单的管理方式，这是自贸试验区（港）制度创新最重大、最有成效的成果之一，也是自贸试验区（港）为全国改革开放做出的最重大探索之一。2013 年以来，自贸试验区共推出 7 版外资准入负面清单，特别管理措施由 190 条减少到 33 条（见图 9–6）。同时，自贸试验区在政府审批流程等方面进行了大量“微创新”，大大提高了市场主体开办和运营的便利度。比如，上海自贸试验区建立“一口受理”机制，外资企业设立备案或审批、区内企业境外投资备案的办结时间分别压缩至 4 天与 5 天。

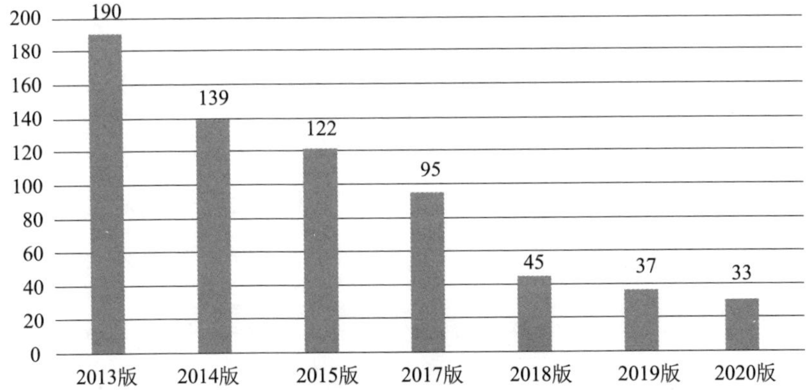

图 9–6　2013 年以来自贸试验区各版外资准入负面清单中的特别管理措施数量

资料来源：商务部网站，笔者整理

未来，自贸试验区（港）要适应新发展格局的要求，在推动投资自由化便利化方面继续走在全国前列，对标国际高标准完善相关规则体系。一是应继续削减自贸试验区外商投资准入负面清单，减少禁止和限制条款，特别是稳步扩大服务业开放。二是在海南自贸港加快探索实施市场准入承诺即入制，在“管得住”的前提下，对具有强制性标准的领域，原则上取消许可和审批，建立健全备案制度，市场主体承诺符合相关要求并提交相关材料进行备案，即可开展投资经营活动。时机成熟时，首先在自贸试验区复制推广这一制度创新经验。三是实行以过程监管为重点的投资便利化，包括建立以电子证照为主的设立便利，以“有事必应”“无事不扰”为主的经营便利，以公告承诺和优化程序为主的注销便利，以尽职履责为主的破产便利等政策制度。

构建贸易自由化、便利化规则体系

经过探索和实践，自贸试验区（港）已基本形成与国际接轨的贸易监管制度，包括打造国际贸易“单一窗口”，加快实施信息互换、监管互认、执法互助，不断优化“一线放开、二线安全高效管住”监管模式，大力促进新型贸易业态发展等，对推动我国外贸发展稳中提质、促进国内国际市场循环发挥了重要作用（见图 9-7）。

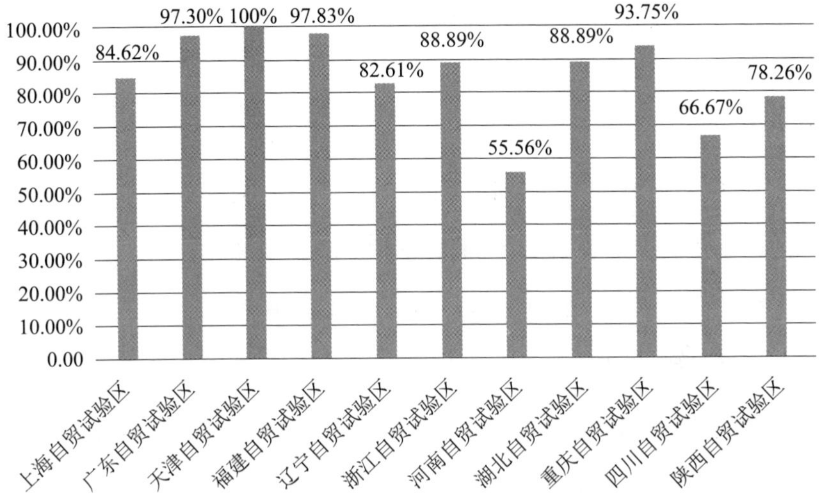

图 9-7　自贸试验区转变贸易发展方式相关试验任务完成率（截至 2018 年 12 月）

资料来源：商务部国际贸易经济合作研究院，《中国自由贸易试验区发展报告（2019）》

下一步，应重点推动海南自贸港在贸易自由便利方面先行先试，在实现有效监管的前提下，建设全岛封关运作的海关监管特殊区域，对货物贸易实行以“零关税”为基本特征的自由化、便利化制度安排，对服务贸易实行以“既准入又准营”为基本特征的自由化、便利化政策举措。各自贸试验区也应在贸易自由化、便利化方面深化探索，比如探索在取消物理围网前提下，实施以企业为单元的电子账册监管模式；积极推动与境外在检验检疫领域的审核结果互认，大幅缩减审核程序，推动优质消费品进入自贸试验区；由传统的逐单核查全面转为审计核查，大幅缩短通关时间，等等。

深化改革建设国际一流营商环境

营商环境是一个国家和地区综合竞争力的直接体现。近年来，我国出台了一系列改革举措，显著改善了营商环境，在世界银行《2020年营商环境报告》中的排名上升到第31位，较2017年提高了47位。但是，与国内外市场主体的期望相比，与国际一流水平相比，我国营商环境仍有改进提升的空间。自贸试验区（港）作为新时代改革开放新高地，在建设国际一流营商环境方面应当仁不让，通过优化营商环境吸引集聚国内外优质要素和资源，成为双循环相互促进的关键枢纽。

一是更大力度促进制度型开放。将自贸试验区（港）作为我国重要边境后规制与国际高标准规则接轨的先行区，在各类所有制企业关系、知识产权保护、补贴政策、数字经济、产业链监管等领域进行制度创新，超越程序性、技术性的细节改革，深化政府与企业、市场的权利义务关系调整，提升市场对资源配置的决定性作用，全方位打造媲美主要发达经济的一流竞争环境。同时，深入探索边境后领域国际高标准规制与社会主义市场经济体制的交汇点与接榫部，释放规则摩擦压力与风险，探索完善风险防控体系。

二是更大力度建立健全公平竞争制度。公平竞争制度对促进要素高效配置具有重要意义，也是打通双循环堵点、推动国内国际市场深度融合的重要一招。自贸试验区（港）应强化竞争政策的基础性地位，确保各类所有制市场主体在要素获取、标准制定、准入许可、经营运营、优惠政策等方面享受平等待遇，政府采购对内外资企业应一视同仁。加强和优化反垄断执法，打破行政性垄断，防止市场垄断，维护公平竞争市场秩序。

三是更大力度推动高端产业和新兴业态发展。经过 7 年多试验，自贸试验区（港）在一些大的制度创新方面已经取得重大突破并复制推广。未来，在继续以制度创新为核心的同时，可以增加“产业发展”这个关键词，将制度创新成果落实到产业发展层面，千方百计集聚高端优质要素，拉长产业链，形成产业集群，围绕国家有需要、各自贸试验区（港）有优势的高端产业和新型业态发展，推进系统性、集成性制度创新，使自贸试验区（港）既成为改革开放新高地，也成为产业发展新高地。

推动改善有利于双循环相互促进的全球经济治理环境

支持 WTO 改革完善多边贸易体制

成立于1995年1月1日的WTO，是在关税与贸易总协定（GATT）基础上形成的全球唯一一个多边贸易组织。当前，WTO 面临巨大压力和挑战，特别是美国扬言退出 WTO，使其面临“跛足”风险。但其通过一系列国际协定构建的多边贸易体制，仍是国际贸易活动得以顺利开展的规则基础，也是国际经济循环得以畅通运行的重要制度保障（见表 9–3）。同时，世贸组织并不完美，无论是在谈判功能方面，还是在审议和监督功能方面，尚未完全实现《马拉喀什建立世界贸易组织协定》确定的目标，亟待改革完善。在此形势下，维护 WTO 多边贸易体制的主渠道地位，支持其进行必要改革，对于我国更好地参与国际经济循环、为开放发展创造更好的国际规则环境，具有重要的现实意义。

表 9–3　WTO 规则体系

附件1	1A：货物贸易多边协定	1994年关税与贸易总协定
		农业协定
		实施卫生与植物卫生措施协定
		纺织品与服装协定（已废止）
		技术性贸易壁垒协定
		与贸易有关的投资措施协定
		关于实施1994年关税与贸易总协定第6条的协定（反倾销协议）

续表

		关于实施1994年关税与贸易总协定第7条的协定（海关估价协议）
		装运前检验协定
		原产地规则协定
		进口许可程序协定
		补贴与反补贴措施协定
		保障措施协定
		贸易便利化协定
	1B：服务贸易总协定	
	1C：与贸易有关的知识产权协定	
附件2	关于争端解决规则与程序的谅解	
附件3	贸易政策审议机制	
附件4	诸边贸易协定	民用航空器贸易协定
		政府采购协定
		国际奶制品协定（于1997年底废止）
		国际牛肉协定（于1997年底废止）
其他已达成的诸边贸易协定		信息技术产品协定
正在谈判的诸边贸易协定		环境产品协定
		国际服务贸易协定（TISA）

资料来源：笔者整理

推动 WTO 改革应坚持三项基本原则：一是维护非歧视、开放等多边贸易体制的核心价值，为国际贸易创造稳定和可预见的竞争环境；二是保障发展中成员的发展利益，纠正世贸组织规则中的“发展赤字”，解决发展中成员在融入经济全球化方面的困难，帮助实现联合国 2030 年可持续发展目标。三是遵循协商一致的决策机制，在相互尊重、平等对话、普遍参与的基础上，共同确定改革的具体议题、工作时间表和最终结果。

推动WTO改革应主要集中在四个领域。一是解决危及WTO生存的关键和紧迫性问题。包括尽快解决上诉机构成员遴选僵局，加严对滥用国家安全例外的措施的纪律，加严对不符合WTO规则的单边措施的纪律，等等。二是增加WTO在全球经济治理中的相关性。包括解决农业领域纪律的不公平问题，完善贸易救济领域的相关规则，完成渔业补贴议题的谈判，推进电子商务议题谈判开放、包容开展，以及推动投资、发展、中小微企业等新议题的多边讨论，等等。三是提高WTO的运行效率，加强成员通报义务的履行，改进WTO机构的工作。四是增强多边贸易体制的包容性，尊重发展中成员享受特殊与差别待遇的权利，坚持贸易和投资的公平竞争原则。

推动重点机制建设扩大互利共赢

“冷战”结束后特别是国际金融危机爆发后，随着世界经济发展和国际力量对比变化，全球经济治理体系在传统的布雷顿森林机构外，形成若干有利于新兴市场和发展中国家的利益与诉求，有利于推动世界经济强劲、可持续、平衡和包容增长，有利于国际市场畅通运行的重要机制，其中最突出的是G20和金砖国家合作机制。我国在这两个机制中已经拥有重要地位和影响力。未来，积极推动这两个重点机制建设，扩大与各成员国互利共赢，有利于我更好地参与引领全球经济治理，为双循环新发展格局创造更好的国际经济合作环境。

一是推动加强 G20 机制建设。G20 是国际经济合作主要论坛。在 2016 年举行的 G20 领导人杭州峰会上，我国运用议题和议程设置主动权，引导峰会形成一系列具有开创性、引领性、机制性的成果，首次全面阐释我国的全球经济治理观，首次把创新作为核心成果，首次把发展议题置于全球宏观政策协调的突出位置，首次形成全球多边投资规则框架，首次发布气候变化问题主席声明，首次把绿色金融列入 G20 议程，特别是在《G20 深化结构性改革议程》下建立了一套量化指标体系（见表 9-4），在全球经济治理中留下了深刻的中国印记。下一步，应继续推动巩固提升 G20 作为国际经济合作的主要论坛地位，鼓励、支持新兴经济体和发展中国家借助 G20 平台更多参与全球经济治理。一是可考虑倡议设立常设秘书处，推动 G20 实现从短期政策向中长期政策转型，从危机应对向长效治理机制转型，进一步巩固其作为全球经济治理重要平台的地位。二是可考虑倡议设立 G20 宏观经济政策协调机制，会同国际货币基金组织密切跟踪全球主要经济体财政货币政策动态，及时评估其外溢效应并提出应对措施建议。三是可考虑倡议设立 G20 创新政策对话机制，就创新创业等领域的政策进行合作交流，提高相互间政策的合力。四是可考虑倡议设立 G20 新工业标准委员会，推动成员国合作制定国际通行规则和标准，充分照顾不同国家的国情和诉求。五是可考虑倡议设立 G20 成员国间的技术交易系统，鼓励技术转让，推动开展研发合作。

表 9-4　G20 深化结构性改革指标体系

<table>
<tr><th rowspan="2">G0结构性改革
优先领域</th><th colspan="2">结构性改革指标</th></tr>
<tr><th>政策指标</th><th>产出指标</th></tr>
<tr><td>促进贸易和投资开放</td><td>贸易和投资隐性壁垒指标或
跨境贸易指标</td><td rowspan="4">劳动生产率</td></tr>
<tr><td>促进竞争并改善
商业环境</td><td>创业壁垒指标或创业指标</td></tr>
<tr><td>鼓励创新</td><td>公共研发支出（占GDP比重）和
研发税收优惠（占GDP比重）或
研发总支出（占GDP比重）</td></tr>
<tr><td>改善基础设施</td><td>公共投资（占GDP比重）或投资
（占GDP比重）</td></tr>
<tr><td>推进劳动力市场改革
及获取教育与技能</td><td>—</td><td>就业率、劳动生产率</td></tr>
<tr><td>促进包容性增长</td><td>—</td><td>共享繁荣指标或
基尼系数</td></tr>
</table>

资料来源：《G20 深化结构性改革议程》

二是推动提升金砖国家合作。随着新兴市场和发展中国家群体性崛起，它们越来越多地通过各种机制参与全球经济治理和区域经济合作，其中最重要、最具全球影响力的当属金砖国家合作机制。2017 年 9 月在福建厦门举行了金砖国家领导人第九次会晤。这次会晤不仅决定共同打造金砖合作第二个“金色十年”，而且我国作为东道主首次提出“金砖 +”的概念，举办了新兴市场国家与发展中国家对话会，邀请埃及、几内亚、墨西哥、塔吉克斯坦、泰国 5 国领导人与金砖国家领导人一起，围绕“深化互利合作、促进共同发展”的主题进行了讨论。“金砖 +”概念的提出和新兴市场国家与发展中国家对话会的举办，某种程度上是金砖国家合作机制走向更加开放、更具弹性、更好推动南南合作和全球经济治理的重要标志。未来，应继续推动提升金砖国家合作，畅通金砖国家之间的经济循环，推动形成金砖国家大市场。可以考虑的方向包括以下 5 个：一是推动创新合作。充分发挥金砖国家在创新方面各自的优势，比如俄罗斯在航天、军工等领域的优势，印度在计算机、软件等领域的优势，我国在 IT、装备制造等领域的优势，推动打造创新联盟、技术交易平台等，实现联合创新。二是推动开放合作。推动金砖国家制定新形势下的贸易、经济、投资合作路线图。可以考虑先期形成互惠性贸易投资安排，在 WTO 承诺基础上相互降低关税等壁垒，实现一批实实在在的早期收获成果，然后进一步考虑建立金砖国家自贸区的可行性。三是推动进一步落实经济伙伴战略，在重要领域进一步密切合作。比如，在产能合作、能源合作等方面可以考虑出台一些标志性合作项目。在落实经济伙伴战略过程中，可以借鉴 G20 杭州峰会经验，在一些领域探索提出指标体系，适当加强对落实情况的评估和监督。四是加强发展战略对接。推动“一带一路”倡议与金砖各国战略对接，共同推动经贸大市场、金融大流通、基础设施大联通、人文大交流。五是扩大合作受益范围。积极推动“金砖 +”模式，欢迎新兴市场和发展中国家通过不同方式、不同身份参与金砖合作，不断扩展金砖合作的朋友圈，为推动南南合作，进而完善全球治理探索新路经。

促进国际区域合作畅通区域次区域经济循环

冷战结束至国际金融危机爆发前，是全球经济治理体系的大发展时期。这一时期，各类区域次区域合作取得长足进步，深化了区域内经贸关系，推动了区域内市场畅通，促进了区域内优势互补和经济循环。我国在不少区域次区域合作中都发挥着重要作用。未来，应将深化区域次区域合作与扩大内陆沿边开放更加紧密地结合起来，提升境内外联动发展水平，增强我国在区域经济循环畅通中的引领力和带动力。可重点考虑的方向包括：促进中国－东盟互联互通和产能合作，推动重大项目落地；深化上合组织经济合作，推动园区建设，商签贸易便利化协定；推动编制实施澜湄跨境经济合作方案；落实《大图们倡议贸易投资合作路线图》，制订投资贸易合作行动计划；推动中亚经济合作，设立“大贸易”机制并制定新贸易战略；推进大湄公河经济走廊建设，推动省长论坛、商品展等活动机制化；加强亚欧经贸互联互通，推动制定《贸易投资便利化行动计划》，等等。

加快构建高标准自由贸易区网络

从各国实践看，设立自由贸易区是推动国内国际循环相互促进的有效途径，已经被世界各国普遍采用。一方面，自由贸易区是由各参与方政府共同谈判达成的成果，反映了各方在货物贸易、服务贸易、投资、产业发展乃至技术标准等方面的主要诉求，其最终条款能够最大化反映各参与方的共同经济利益。另一方面，设立自由贸易区为贸易、投资、金融、科技等合作构建规范的法律框架，大幅消除各方开展经济合作的壁垒，对于打通经济循环特别是国际经济循环的堵点具有明显作用。根据 WTO 统计，截至 2019 年向 WTO 通报的有效 RTA（区域贸易协定）达 304 个，其中 2000 年后建立的占 72.3%。目前，我国已签协议的自贸协定有 17 个、正在谈判的有 11 个、正在研究的有 8 个，已初步形成符合我国国情和对外开放需要的自由贸易区网络（见表 9-5）。未来应按照既定战略，加快推进构建立足周边、辐射“一带一路”、面向全球的高标准自贸区网络，为双循环相互促进提供强大的贸易投资自由化动能。

表 9-5　我国自贸协定签署、谈判和研究情况

已经签署的自贸协定	RCEP　中国-柬埔寨　中国-毛里求斯 中国-马尔代夫　中国-格鲁吉亚 中国-澳大利亚　中国-韩国 中国-瑞士　中国-冰岛　中国-哥斯达黎加 中国-秘鲁　中国-新西兰　中国-新加坡 中国-新加坡升级　中国-智利 中国-智利升级　中国-巴基斯坦 中国-巴基斯坦第二阶段　中国-东盟 中国-东盟升级　内地与港澳更紧密经贸关系安排
正在谈判的自贸协定	中国-海合会　中日韩　中国-斯里兰卡 中国-以色列　中国-挪威 中国-新西兰自贸协定升级谈判　中国-摩尔多瓦 中国-巴拿马　中国-韩国自贸协定第二阶段谈判 中国-巴勒斯坦　中国-秘鲁自贸协定升级谈判
正在研究的自贸协定	中国-哥伦比亚　中国-斐济　中国-尼泊尔　中国-巴新 中国-加拿大　中国-孟加拉国　中国-蒙古国 中国-瑞士自贸协定升级联合研究

资料来源：中国自由贸易区服务网，2020 年 11 月

一是扩大自贸区覆盖范围。周边层面，力争与中国所有毗邻国家和地区建立自由贸易区，不断深化经贸关系，构建合作共赢的周边大市场，近期以积极推进中日韩自贸区谈判作为主要抓手。“一带一路”层面，结合周边自由贸易区建设和推进国际产能合作，积极同“一带一路”沿线国家商建自由贸易区，形成“一带一路”

大市场。全球层面，争取同大部分新兴经济体、发展中大国、主要区域经济集团和发达国家建立自由贸易区，构建金砖国家大市场、新兴经济体大市场和发展中国家大市场等，近期以亚太自贸区（FTAAP）建设、中欧自贸区研究和谈判为主要抓手。

二是扩展自贸区议题范围。在与发达经济体的自贸区谈判中，参照国际通行规则及其发展趋势，结合中国发展水平和治理能力，加快推进知识产权保护、环境保护、电子商务、竞争政策、政府采购等新议题谈判。在与发展中国家的自贸区谈判中，适当纳入产业合作、发展合作、全球价值链等经济技术合作议题，推动我国与自由贸易伙伴的务实合作。

三是提升自贸区规则标准。在传统议题领域，关键是逐步将准入前国民待遇加负面清单模式推广应用到服务贸易和投资领域谈判中，提高服务和投资开放度。在新议题领域，关键是在知识产权、环境保护、电子商务等领域明确价值理念并形成可操作、可落地的规则体系。应深入研究 USMCA（《美墨加协定》）、CPTPP（《全面与进步跨太平洋伙伴关系协定》）、欧日经济合作协定等发达经济体主导的自由贸易协定的规则标准，尽快形成符合中国国情并与国际接轨的自由贸易规则体系。

后　记

构建以国内大循环为主体、国内国际双循环相互促进的新发展格局，是与时俱进提升我国经济发展水平的战略抉择，也是塑造我国国际经济合作和竞争新优势的战略抉择，对“十四五”和未来更长时期我国经济社会发展将产生重要而深远的影响。为什么在这个阶段提出构建新发展格局？其理论逻辑和核心内涵是什么？当前面临的主要优势和制约因素有哪些？未来的主攻方向和主要着力点在哪里？这些都是理论界和学术界需要回答的重大理论和现实问题。

中国宏观经济研究院是首批国家高端智库试点单位，也是国家发展和改革委员会的直属研究机构。中国宏观经济研究院始终把为中央宏观决策和国家发展改革委中心工作服务作为立院之本和第一要务，多年来对许多重大问题、重大战略、重大规划、重大改革和重大政策等进行了较为深入和前沿的研究，提出了诸多被中央宏观决策采纳的政策建议和创新性观点，产生了较大的社会影响。新发展格局提出以来，社会各界空前关注，中国宏观经济研究院主动回应热点，科学解读政策，形成了一批质量较高的理论文章和研究成果。为更加系统全面地阐述新发展格局，回应社会关注，回答上述问题，中国宏观经济研究院根据党的十九届五中全会精神，集中力量出版本书，希望通过这种方式为新发展格局的构建做出自己的一份贡献。

中国宏观经济研究院院长王昌林研究员负责本书的总体框架设计和牵头撰写工作，科研管理部主任杨萍研究员负责本书的整体把握和协调指导。具体各章参与人员为：第一章王昌林、杨萍、荣晨等，第二章杜飞轮，第三章盛朝迅，第四章卞靖、陈曦，第五章谭永生，第六章樊一江，第七章郭丽岩，第八章张燕，第九章杨长湧。

囿于研究水平和写作时间，书中难免有不当和疏漏之处，敬请读者批评指正。

2020 年 12 月